列島の戦国史4

室町幕府分裂と畿内近国の胎動

天野忠幸

吉川弘文館

企画編集委員

池　　享

久保健一郎

刊行のことば

関東の享徳の乱（一四五四年〜）、京都を中心とする応仁・文明の乱（一四六七年〜）に始まり、大坂夏の陣（一六一五年）をもって終結するとされる戦国時代は、日本史上最も躍動感にみなぎる時代であり、多くの人々の関心を集めている。NHK大河ドラマの舞台の圧倒的多数がこの時代であるのは、その証左といえよう。そこでは、さまざまな英雄が登場し、戦乱を乗り越え時代を切り開いていった姿が描かれている。

甲斐の武田信玄が定めた「甲州法度之次第」で、「天下」は「戦国」なのだから、すべてに優先して武道に励み武具を用意することが肝要だとされているように、戦国時代はまさに戦乱がうち続く世の中だった。それでは、なぜそのような世の中になったのだろうか？　ふつう思い浮かぶのは、足利幕府が弱体化し権威が失墜したため、実力がものを言う分裂抗争が広まったということだろう。その勝者が戦国大名となって群雄割拠の時代を迎え、「天下」をめぐる争いの末、徳川氏が勝利を収め太平の世を生み出したとされるのである。こうした考え方は、新井白石の

『読史余論』や頼山陽の『日本外史』などでも示される、江戸時代以来の通説であり、今日に至るまで強い影響力を有しているといえる。

しかしこれだけなら、単に全国政権が足利幕府から徳川幕府に変わり、社会は平和を回復したということで終わってしまう。実際には、足利幕府と徳川幕府はともに武家政権だが、その支配のやり方は大きく違っていた。たとえば、検地や宗門改を通じて全国の土地や住民を把握することなど、足利幕府も含め中世の国家権力が行ったことはなかった。それだけ、国家による社会や民衆の掌握・管理が強化されたのである。戦国争乱は、そうした新しい政治秩序を生み出すための胎動でもあった。しかもそれは、支配者側の意図によってだけでなく、受け入れる社会の側の変化を基礎としてもたらされたものだった。だから、戦国争乱の意味を理解するためには、英雄たちの動きだけでなく、社会のあり方にまで視野を広げる必要がある。しかもその社会は、民衆が日々の暮らしを営む在地から、海を通じて日本列島と結ばれていた東アジアまでの広がりをもっていたのである。

こうした考えに基づいて、「列島の戦国史」シリーズでは以下に示す編集方針がとられている。まず時間軸として、対象時期を四段階に区分し、それぞれの時期の争乱の特徴を明らかにすることである。第一段階は十五世紀後半で、足利幕府の全国支配は動揺するが、享徳の乱にしても応仁・文明の乱にしても、幕府支配体制の内部抗争という性格をもっている。第二段階は十六世紀前半で、管領細川政元が将軍足利義材（義稙）を廃した明応の政変（一四九三年）を契機に、幕府の全国支配は崩れ、各地で守護の家督騒動や守護代の「下剋上」など、新秩序建設をめぐる覇権争いが展開する。第三段階は十六世紀後半で、東の河越合戦（一五四六年）・西の厳島合戦（一五五五年）における、北条氏・毛利氏という新興勢力の勝利に象徴される地域覇権争いの基本的決着をうけて、その覇者である戦国大名同士の領土紛争（「国郡境目相論」）が展開する。十六世紀末へ向かう時期には、中央で生まれた織田・豊臣権力が各地の戦国大名と敵対・連携し、最終的には小田原合戦の勝利（一五九〇年）により全国制覇（「天下統一」）を達成する。第四段階は十七世紀初頭で、新たな全国政権の主導権をめぐる争いが展開し、徳川氏の勝利で決着する。

また空間軸として、京都や畿内を中心にとらえることなく各地域社会の動向を重視し、一方で周辺の東アジア地域の動向にも目を配ることである。前者については、近年、享徳の乱と応仁・文明の乱の連動性が注目されているように、一方的に中央の政治動向が地方に影響を及ぼすというものではなく、地方には独自の政治状況が存在し、かつそれが中央の状況とも関わって進行していくという、いわば双方向的関係があったことを重視したい。織豊権力による全国制覇の過程も、「惣無事」の強制のような服従の押しつけとして描くのではなく、受け入れる地方の側の対応やその背景にも目を配ることが大切である。したがって、地域社会の政治・経済・文化の状況や、それらを踏まえた戦国大名の領国統治の理解が欠かせず、十分にページを割くこととなった。なお、各巻で同じ事柄について異なる見解・評価が示されていることもあるが、執筆者各自の考えを尊重し、あえて一致させていないことをお断りしておく。

本シリーズを通読されることにより、史上まれに見る社会変動期であった戦国時代を、総合的に理解していただければ幸いである。

二〇二〇年三月十五日

企画編集委員
池　享
久保健一郎

目　次

将軍の更迭・追放・殺害の反動――プロローグ

混迷の畿内か

本巻で扱う時期は、おおよそ、明応《めいおう》の政変を引き起こし、「半将軍」と称されるほどの権勢を誇った細川政元《ほそかわまさもと》が暗殺された永正《えいしょう》四年（一五〇七）から、足利義昭《あしかがよしあき》と織田信長が上洛した永禄《えいろく》十一年（一五六八）までの約半世紀である。

対象となる地域は畿内近国、東は越中《えっちゅう》・美濃《みの》・伊勢《いせ》から、西は伯耆《ほうき》・美作《みまさか》・備前《びぜん》で、足利《あしかが》将軍家が直轄した「室町殿御分国《むろまちどののごぶんこく》」にほぼ該当する。この地域の守護《しゅご》の多くは足利一門で、「二十一屋形《やかた》」と称され、常時在京し幕政に参加していた。

公家（朝廷）、武家（幕府）、寺家（寺社）という三つの荘園領主《しょうえんりょうしゅ》が集住した首都京都を、十五世紀後期、奈良興福寺《こうふくじ》大乗院《だいじょういん》の尋尊《じんそん》は、「天下」と呼んだ。そもそも「天下」は、平安時代には天皇が直接統治する洛中を指し、承久《じょうきゅう》の乱以後、幕府が所在する鎌倉もこれに加わった。そして、戦国時代に日本へやってきたキリスト教宣教師たちは、山城《やましろ》・大和《やまと》・摂津《せっつ》・河内《かわち》・和泉《いずみ》の五畿内を「天下」としている。尋尊はまた、「室町殿御分国」に当たる国々を挙げて、「日本国」と記した。すなわち、畿内は単なる一地域ではなく、「天下」や「日本国」と呼ばれる特別な地域であり、現代で言う首都圏、「中央」であったのである。

従来、日本の歴史が叙述される際、良きにせよ悪しきにせよ、多くの場合は、「中央」から見たものであった。しかし、この時代に限っては、「中央」の印象はひどく薄い。無論、堺をはじめとする自治都市の繁栄、加賀《かが》や大坂を中心とした一向一揆《いっこういっき》や、伊賀《いが》などの惣国一揆《そうこくいっき》など、躍動する民衆の活動が顕著に見えるようになる。ただ、地方で成立した戦国大名が、現在でも郷土の英雄とされているのに対し、中央政権である幕府については、ほとんどの人は応仁の乱によって事実上崩壊し、信長によってその残滓が始末されたと思っており、その間、約一世紀もあることは知られていない。その点、同じ武家政権である鎌倉幕府や江戸幕府とは異なる。

高校の教科書では、応仁の乱により幕府は衰退し、下剋上《げこくじょう》の風潮が顕著となったと記されている。明応の政変により、細川氏が将軍の廃立をおこない幕府の実権を握るが、幕府内部での権力争いが激化したことにより、実権は執事の三好長慶《みよしながよし》、さらにその被官《ひかん》の松永久秀《まつながひさひで》へと移っていったとされる。細川政元の強引な政治手法は、多くの守護の反発を招くどころか、被官たちの結束まで乱してしまい、自分の被官に暗殺された。この後、細川氏は二派に分裂し、内訌を重ねていく。そうした細川氏に代わって台頭した三好長慶の後継者である三好義継《よしつぐ》は、永禄の変で足利義輝《よしてる》を殺害して、多くの大名の反発を招いただけでなく、三好三人衆と松永久秀の内紛を引き起こしてしまう。

このように畿内近国の下剋上の風潮は、実力が反映される新たな時代の到来というポジティブなイメージよりも、単なる無秩序な内輪もめが続いた時代というネガティブなもので受け止められたのである。

足利将軍の秩序

応仁の乱を引き起こした足利義政《よしまさ》の子義尚《よしひさ》以来、将軍の京都不在は進行し、殺された義輝を除くと、足利将軍は京都で死去できなくなった。ただ、明応の政変から信長の上洛までの約半世紀の間、その権威は低下の一途を辿ったわけではない。細川政元の死後、政元に廃された前将軍義稙《よしたね》が上洛を果たし、再び将軍の座に就いた。天皇が重祚《ちょうそ》した場合、それぞれを一代と数えるが、足利将軍も再任を別々に数えた場合は、十六代続いたことになる。義稙の下には、西国の大内義興《よしおき》、畿内近国の細川高国《たかくに》と畠山尚順《ひさのぶ》、北陸の畠山義元《よしもと》といったおおむね「室町殿御分国」を代表する大名らが参集した。

三好長慶によって追放されていた足利義輝が、京都に復帰を果たすと、上杉謙信《うえすぎけんしん》・一色《いっしき》（斎藤）義龍《よしたつ》・織田信長が上洛した。その義輝が三好義継に殺害されると、畠山秋高《あきたか》・上杉謙信・武田義統《よしずみ》・朝倉義景《あさくらよしかげ》・織田信長が幕府再興に向けて動き出し、それは、足利義昭と信長の上洛として結実する。

足利将軍が危機に瀕すると、大きな揺り戻しが常に起きている。こうした問題は、権威の源泉である天皇や将軍が存在する畿内特有の問題と捉えられがちであった。しかし、畿内以外の地方でも同様の問題を共有していた。関東では、京都の将軍に任命される関東管領《かんとうかんれい》上杉氏に対抗するため、北条氏《ほうじょう》は古河公方《こがくぼう》足利氏と婚姻を重ね、彼らより関東管領に任じられている。上杉謙信や里見義弘《さとみよしひろ》、武田信玄《しんげん》も、古河公方足利氏の一族を擁立した。

奥州探題《おうしゅうたんだい》は大崎氏、羽州探題《うしゅう》は最上《もがみ》氏、九州探題は渋川《しぶかわ》氏によって、代々世襲されてきた。大崎氏と最上氏は、幕府の三管領《さんかんれい》の中でも最も上位に位置付けられ、応永《おうえい》年間（一三九四〜一四二八）まで足利姓を称した斯波《しば》氏の一門であった。渋川氏は足利御三家《ごさんけ》である。永禄二年（一五五九）に奥州探題は伊達《だて》氏に、九州探題は大友《おおとも》氏に代わるまで、足利御三家や足利一門が各地方の秩序の中心にあり続けたのだ。また、出羽《でわ》の最上氏は永禄六年に、御所号《ごしょごう》を尊号《そんごう》として得る。

足利将軍を頂点とする秩序は、京都に色濃く残った打破すべき因習ではなく、中央と地方を繋ぎ、武家社会を規定するものであった。

本巻では、正式に将軍に任官していなくても、事実上の御内書《ごないしょ》や室町幕府奉行人連署奉書《ぶぎょうにんれんしょほうしょ》が発給されることから、将軍ないし将軍格とそれを支える有力大名を基準に、仮に次のように将軍を中心とする権力を幕府とし、区分する。年は将軍の在職期間や在京期間を意味しない。

前期義稙幕府（一四九〇〜九三）　細川政元、畠山政長《まさなが》
義　澄　幕　府（一四九三〜一五一一）細川政元・澄元《すみもと》
中期義稙幕府（一四九三〜一五〇八）神保長誠《じんぼながのぶ》・慶宗《よしむね》、朝倉貞景《さだかげ》、大内義興、畠山尚順
後期義稙幕府（一五〇八〜二三）　細川高国、大内義興、畠山尚順、畠山義元

前期義晴《よしはる》幕府（一五二一～三二）　細川高国、六角定頼《ろっかくさだより》
義維《よしつな》幕　府（一五二七～三二）　細川晴元《はるもと》、畠山義堯《よしたか》、三好元長
後期義晴幕府（一五三二～四六）　六角定頼、細川晴元
前期義輝幕府（一五四六～五八）　六角定頼・義賢《よしかた》、細川晴元
後期義輝幕府（一五五八～六五）　三好長慶・義興
義栄《よしひで》幕　府（一五六六～六八）　篠原長房《しのはらながふさ》、三好三人衆、河野通宣《こうのみちのぶ》
前期義昭幕府（一五六六～七三）　朝倉義景、畠山秋高、織田信長、松永久秀
義尋幕　府（一五七三～七六）　織田信長、毛利輝元《もうりてるもと》
後期義昭幕府（一五七六～八八）　毛利輝元、本願寺顕如《ほんがんじけんによ》、上杉謙信、武田勝頼《たけだかつより》

胎動する「天下」

畿内は第二次世界大戦までは、最も先進的な地域とみなされてきた。戦国時代においても、首都京都の商品経済と深く関わりながら発展を遂げた惣村《そうそん》や、それらに立脚する一揆《いっき》が成立した。また、幕府と朝廷が共存する首都京都や、古代以来の顕密《けんみつ》寺院である興福寺膝下の奈良、戦国仏教の一つである浄土真宗本願寺の本山寺内町《ほんざんじないまち》として繁栄する大坂、国際貿易港となった堺といった異なる性格の都市が密集して発展した。このような村落と都市の基盤となる共同体が、荘園《しょうえん》に代わる在地社会の主体となっていく。

その一方、政治という側面では、革新的とされる戦国大名を生みださなかった畿内は、遅れた保守

的な地域とみなされている。そうした見方は、いつ頃からなのだろうか。

江戸初期に作成された『朝倉宗滴話記《あさくらそうてきわき》』では、越前《えちぜん》の朝倉宗滴が政治や人材登用が上手で見本にすべき大名として、今川義元《いまがわよしもと》・武田信玄・三好長慶・上杉謙信・毛利元就《もとなり》・織田信長の六人の名を挙げている。また、『甲陽軍鑑《こうようぐんかん》』では、三好長慶・義継父子が二十一年にわたり天下を治めたが、これは平時に日本六十六か国を三代にわたって治めるよりも、すぐれた功績であると賞賛している。

さらに、江戸幕府の幕閣らが編纂したという『当代記《とうだいき》』では、巻一の冒頭に三好氏を置いている。長慶は元々細川氏の被官であったが、武運を開いて大身と成り、二十年余りにわたって天下を保った。畿内近国や四国で、都合十三か国の主となったとする。

これらを見ると、江戸前期では、三好氏を武田氏や上杉氏に匹敵する大名とみなし、乱世に天下を治めたことを、平時に全国を支配すること以上に評価している。また、現在の教科書では、江戸幕府に至る統一政権の端緒を織田信長としているが、当時は三好長慶と認識している点も興味深い。

戦国時代の畿内の評価が変化するのは、江戸後期に頼山陽《らいさんよう》が『日本外史《にほんがいし》』において、儒教《じゅきょう》的価値から否定されてきた織田信長に肯定的評価を与えてからであろう。明治時代に信長は、勤皇や軍事的天才というイメージが定着し、戦後になると、戦国大名という学術用語が確立する。革新的な信長や戦国大名によって、畿内は克服されるべき守旧的存在になっていく

戦国大名論を批判する形で、戦国期幕府論や戦国期守護論が進められ、畿内の武家権力の姿も明ら

かになってきた。幕府は衰退しつつあったとはいえ、畿内は全国的な影響力をなお有し、権威の中心であった。しかも、応仁の乱や明応の政変を乗り越え、新しい社会の秩序が形成されつつあった。そうした観点から、畿内近国における戦国の争乱の歴史的な意味を考えていきたい。

一　将軍家・管領家の分裂

1　復位する将軍足利義稙と細川高国

幕府の三管領《さんかんれい》家の内、斯波《しば》氏と畠山《はたけやま》氏は、応仁《おうにん》の乱の前から惣領《そうりよう》家の家督《かとく》をめぐって分裂していた。しかし、細川《ほそかわ》氏は乱後も結束を維持し続けていた。

京兆家内衆たちの綻び

細川氏の惣領家は代々右京《うきよう》大夫の官途を継承したことから、その唐名《とうみよう》に因み、京兆《けいちよう》家と呼ばれる。首都京都の玄関口である摂津《せつつ》と丹波《たんば》や、海運の要衝である讃岐《さぬき》と土佐《とさ》の守護職《しゆごしき》を兼ねる京兆家を中心に、その庶流家である典厩《てんきゆう》家と野州《やしゆう》家や、有力分家の阿波《あわ》守護家・和泉《いずみ》上下両守護家・備中《びつちゆう》守護家・淡路《あわじ》守護家が結集して、東瀬戸内海でまとまった分国を支配し、細川氏全体として幕府において優位を占める同族連合体制を形成していた。

この体制を内側から支えていたのが、香川氏・安富《やすとみ》氏・薬師寺《やくしじ》氏・秋庭《あきば》氏・寺町氏・上原氏・内藤氏など、内衆《うちしゆう》という京兆家の有力な直臣たちであった。東国や四国を出自とする彼らは、南北朝の戦い以来の譜代《ふだい》の被官《ひかん》で、年寄衆とも称され、評定《ひようじよう》に出席する宿老《しゆくろう》衆であった。また、香川氏と安富氏が讃岐の半国ずつ、薬師寺氏が摂津、秋庭氏が備中、内藤氏が丹波というように守護代《しゆごだい》職を世襲するだけでなく、多くの荘園《しようえん》の代官職を、細川一族の領国内にまたがって分有していた。内衆には他にも、波多野《はたの》氏・飯尾《いのお》氏・斎藤氏など、幕府奉行人の一族もおり、文書発給などに活躍した。

このような細川一族と京兆家の内衆が結束して、細川政元《まさもと》を支えた。しかし、この内衆たちこそが、政元の悩みの種になっていく。政元は、明応《めいおう》の政変で功績のあった上原元秀に細川名字を与えようとした際、他の内衆たちが結集して反対したため、撤回に追い込まれた。内衆は政元の上意に素直に従うだけの存在ではなかった。

そこで政元は、信濃《しなの》出身とされる赤沢朝経《あかざわともつね》（沢蔵軒宗益《たくぞうけんそうえき》）を山城《やましろ》上三郡守護代に、讃岐国人《こくじん》の香西元《こうざいもと》長《なが》を山城下五郡守護代に取り立てた。政元は譜代の宿老層に対して、新参の彼らを近習《きんじゅう》として登用することで、内衆の再編を目指したのである。軍事的才幹に優れた赤沢朝経は、明応八年（一四九九）に北陸の足利義稙（義材、義尹、義稙）に呼応した比叡山延暦寺《ひえいざんえんりやくじ》を焼き討ちにし、同じく義稙派の畠山尚順《ひさのぶ》に与《くみ》する動きのあった大和《やまと》を占領した。香西元長は、修験道《しゅげんどう》に凝り妻帯しなかった政元が養子に迎えた前関白九条政基《くじようまさもと》の子の澄之《すみゆき》を支持する。

これに対して、譜代の内衆で摂津守護代の薬師寺元一らは、細川一族の結束を重視し、政元の意向を無視して、阿波守護細川義春の子の澄元《すみもと》を政元の養子にしようと企てた。内衆と細川一族は、政元の後継者問題も絡んで、次第に不協和音を引き起こしていく。

そして、永正《えいしよう》元年（一五〇四）閏《うるう》三月には、政元が薬師寺元一と赤沢朝経の守護代職を解任しようとし、将軍足利義澄《よしずみ》が仲裁する騒動が起こった。成人し親政を目指す義澄と、政元の対立も垣間見えるが、九月になると、薬師寺元一が細川澄元を擁立すべく、赤沢朝経らと結んで挙兵した。この乱は、澄之派の香西元長や元一の弟薬師寺長忠によって鎮圧されたが、細川氏までもが内紛の時代に突入してしまったのである。

薬師寺元一の反乱を平定した香西元長の功績により、澄之の家督《かとく》相続が決定的になるかと思われた。しかし、元長はこの時、京都近郊の百姓に対して半済《はんぜい》を、下京の町人に地子免《じしめん》を、幕府や政元の了解を得ることなく約束して動員し、その後も公家や寺社の領地を押領《おうりょう》するなど、勝手な活動を繰り返したため、次第に政元の不興をかうことになった。

そうした中、永正三年四月に、細川澄元とその被官の三好之長《ゆきなが》が阿波より上洛してくる。政元は澄元を正式に養子とし、赤沢朝経と三好之長が京兆家の軍事力として、大和や丹後《たんご》を転戦し勢力拡大に努めた。澄之に代わって、澄元の家督継承が決定的になると、政元と香西元長が不和との噂が流れ、下京では澄之派の香西元長と澄元派の三好之長の喧嘩《けんか》まで勃発する。両者の争いや、それぞれに与する内衆らの対立は、不可避な状況となった。

永正の錯乱

永正四年（一五〇七）六月二十三日、「天下無双の権威」と称えられた細川政元は入浴中に、澄之派の香西元長や竹田孫七らによって京都で暗殺された。京都の最高権力者が一夜にして殺害される事態は、この後も足利義輝《よしてる》、織田信長と続くことになる。

香西元長は、細川澄元と三好之長を近江《おうみ》の甲賀《こうか》（滋賀県甲賀市）へ追い落とすことに成功した。これを受けて、丹後攻めの最中であった赤沢朝経は、一色義有の反撃により自害する。翌月、将軍義澄は、澄之を京兆家の家督と認め、香西元長の思惑通りに進んでいくかに見えた。

ところが、八月になると、細川一門の野州家の細川高国《たかくに》（高国、道永、常桓）、典厩家の細川政賢、淡路守護家の細川尚春が突如、細川澄之の在所を攻めて、切腹《せっぷく》に追い込んだのである。この時、香西元長をはじめ、薬師寺長忠や香川氏、安富氏といった有力内衆が討死した。すぐに細川澄元が上洛して、将軍義澄と対面し、永正五年正月に右京大夫に任官することで、京兆家の家督となったのである。

1—細川澄元画像（永青文庫所蔵）

澄元の下に細川氏はまとまっていくに見えたが、内憂外患に見舞われる。同年三月、澄之を討った功労者であった高国が京都を逐電《ちくでん》し、伊勢《いせ》へ向かったのである。また、細川政元によって将軍の地位を追われ、周防《すおう》・長《なが》門《と》・豊前《ぶぜん》・筑前《ちくぜん》の守護大内義興《おおうちよしおき》に庇護されていた足利義稙が、政元の死を聞き、将軍に復位するため、上洛するという噂が流れていた。高国の動きも、義稙や義興の動きに連動したものであったろう。

四月になり、高国が挙兵し上洛すると、澄元と之長に続いて、将軍義澄までもが近江に没落した。この状況を見た近衛尚通《このえひさみち》は、中国の春秋《しゅんじゅう》戦国時代になぞらえ、「戦国の世の時の如し」と嘆いている（『後法成寺関白記《ごほうじょうじかんぱくき》』）。

細川高国は畠山尚順と結んで、「九州大樹」義稙を京都に迎えることとした。義稙と義興の軍勢は四月末に堺《さかい》へ着陣し、六月に上洛を果たす。七月に将軍に再任された義稙を、右京大夫に任じられ京兆家の家督と認められた細川高国、細川政元被官の赤沢長経を討ち河内《かわち》と大和を平定した畠山尚順、左京大夫となり山城守護職を獲得した大内義興が支える体制が始まる。

そもそも高国は、在京して京兆家を補佐する庶流の野州家の出身で、延徳《えんとく》二年（一四九〇）に政元が隠居して、その養子になることが予定されていた。しかし、政元の母の反対もあり、政元が隠居を撤回したため、野州家の家督を継いだという経緯があった。このため、高国の挙兵には、内藤氏などの譜代の内衆が賛同する。

その一方、澄元は数年前に上洛したばかりであり、澄之を討った高国に迎えられ還京した当初から、三好之長が奢《おご》って京中で狼藉《ろうぜき》を働いたため、怒って下国しようとする騒ぎを起こしていた。澄元は在京する内衆どころか、自らの支持基盤である阿波衆すら、まともに統率できていなかったのである。

永正六年六月、三好之長が数千の軍勢を率い、如意嶽《にょいがたけ》（京都市左京区）に陣取って京都に迫るが、三万の兵力を有する義稙方との圧倒的な兵力差の前に敗走した。細川澄元も八月に阿波へ退去する。義稙は、伊賀仁木《いがにき》氏や伊勢北畠氏、美濃土岐《みのとき》氏、越前朝倉《えちぜんあさくら》氏、延暦寺に御内書《ごないしょ》を送り、近江の義澄に対する包囲網をつくりあげようとした。これに対して、十月に義澄の刺客が義稙を襲うが、義稙は自ら刀を振るって撃退している。激怒した義稙は、永正七年二月に高国の従兄弟である典厩家の細川尹賢《ただかた》を近江に派兵するが、義澄に大敗を喫してしまい、事態は膠着状態《こうちゃく》となった。

細川政元の死によって、義澄幕府は崩壊した。細川氏も澄元流（澄元、晴元、信良《のぶよし》）と、高国流（高国、氏綱《うじつな》）に分裂し、半世紀に及ぶ内紛の時代が始まる。この中で、京兆家を支えてきた譜代の内衆は没落していく。そして、すでに義就流《よしひろ》（義就、義豊、義英《よしひで》、義堯《よしたか》、在氏《ありうじ》、尚誠《ひさまさ》）と、政長流（政長、尚順、稙長、長経、晴熙《はるひろ》、晴満、政国、高政、秋高）に分裂していた畠山氏とも合従連衡《がっしょうれんこう》を繰り返すが、基本的には、澄元流細川氏と義就流畠山氏が結び、高国流細川氏と政長流畠山氏に対抗していく構図となる。また、この後、義澄流（義澄、義晴《よしはる》、義輝、義昭《よしあき》）と、義稙流（義稙、義維《よしつな》、義栄《よしひで》）に分かれることになる「二つの将軍」とも複雑に絡み合う戦争が、畿内近国で展開していくことになった。

細川澄元と三好之長

細川澄元を直接支える軍事力である三好之長は、もともと澄元の祖父である阿波守護細川成之《しげゆき》（道空）の被官であった。阿波守護家は単なる細川氏の分家ではなく、一時は三河《みかわ》や丹後の守護職を兼ね、将軍の評定にも出席し、御相伴衆にも列せられた名門であった。三好氏は阿波西部三郡の守護代で、之長はその傍流と思われるが、阿波守護家当主の側近として、在京していた。応仁の乱後の文明《ぶんめい》十七年（一四八五）に、之長は公家の高倉永継邸を襲撃

2―三好之長画像（見性寺所蔵）

したり、徳政一揆《とくせいいっき》を主導したりして、侍所《さむらいどころ》から誅伐されかねない事件を引き起こしている。しかし、その直後、阿波で反乱が起こり、成之が下国する際には、之長が先陣を勤めているので、その軍事的才幹を愛されていたようだ。之長の諱《いみな》も、成之かその子の政之の偏諱であろう。

澄元が政元の養子として上洛した際には、それに随伴し、摂津守護職を得た澄元の命令を遵行《じゅんぎょう》している。ただ之長の横暴な振舞は細川一門の悩みの種であったようで、細川成之は永正五年（一五〇八）三月に、細川高国と細川政賢に対して、三好之長は成之や細川政元に対して懈怠《けたい》があったが堪忍していたところ、澄元を補佐することもできず、「天下静謐《てんかせいひつ》」がなされていないので、細川一門として成敗を加え、澄元が家を守り抜けるように指南してほしいと頼んでいる。しかし、時はすでに遅かった。高国は澄元を見限っていたのである。

ただ成之は、直前の二月に阿波で内乱が起こった際に、之長へ国人に対する軍事指揮権を与えているので、之長を悪者にしたてて、澄元への結束を呼びかける思惑だったようだ。

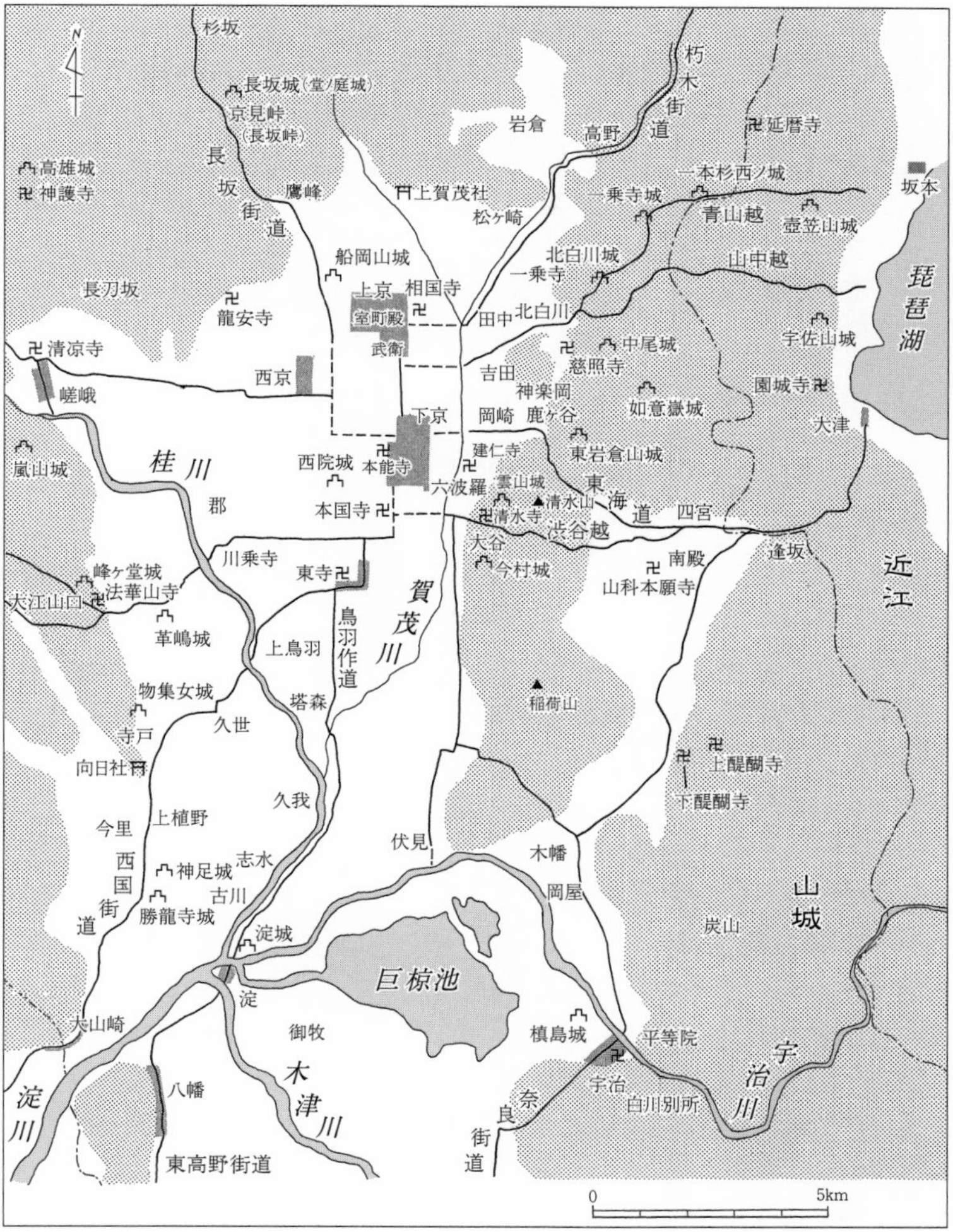

3—京都周辺図（福島克彦『畿内・近国の戦国合戦』掲載図を一部変更）

京都奪還を企てた永正六年六月の如意嶽の戦いで、戦うことなく敗走した三好之長は阿波へ退去するが、息子の長秀は八月に潜伏先の伊勢で北畠材親《きちか》に討たれた。澄元もこの時に足利義澄の命令で阿波に向かった。

二年の雌伏の後、永正八年六月、近江の足利義澄は、長男の義維《よしかた》（義賢、義維、義冬）を阿波の細川澄元に、次男の義晴（亀王丸）を播磨《はりま》の赤松義村《あかまつよしむら》のもとに遣わして、両者と連携し、豊後《ぶんご》の大友義長、阿波に在国する細川政賢、淡路守護細川尚春らと結んで挙兵し、京都の足利義稙や大内義興、細川高国を挟撃する体制をつくりあげた。細川政賢は京都を占領するが、義澄自身が八月に近江の岡山（滋賀県近江八幡市）で病死したため、意気消沈した澄元は同月の船岡山《ふなおかやま》（京都市北区）の戦いで大敗し、政賢も討死する。九月には事実上の阿波国主であった細川成之も病死し、澄元や之長はこれ以後長く阿波に逼塞《ひっそく》することになった。

畿内近国の大名による連立政権

永正五年（一五〇八）七月、足利義稙は十五年ぶりに将軍に再任された。将軍が再任されるのは、鎌倉・室町・江戸の三つの幕府を通じて唯一の事例である。明応の政変で将軍を退任させられた義稙は幽閉されたが、日野《ひの》富子《とみこ》による毒殺を逃れ、直臣七十名ほどと共に脱走し、政変で自害した畠山政長《まさなが》の息子尚順を支える越中《えっちゅう》守護代神保長誠・慶宗父子によって放生津《ほうじょうづ》（富山県射水市）に迎えられた。義稙は将軍ではなかったが、将軍が発給する御内書や室町幕府奉行人連署奉書《れんしょほうしょ》を発給して、政長流畠山氏だけでなく、越後上杉氏や加賀《かが》富樫《とがし》氏、越前朝倉氏、近江六角《ろっかく》氏、周防大内氏、豊後大友氏の支持を取り付けていた。このように事実上の幕府が、北陸にもう一つ存在していた。細川政元が、全国の大名に支持されていた訳ではなかったのである。

4—足利義稙木像（等持院所蔵）

明応の政変から五年後の明応七年（一四九八）に細川政元との和睦交渉が決裂すると、義稙は「義材」から「義尹《よしただ》」と改名し、朝倉貞景《さだかげ》を頼って越前に移った。明応八年に畠山尚順が細川政元と結ぶ義就流の畠山義豊（基家、義豊）を討ち取ったことから、義稙はついに挙兵に踏み切る。しかし、飢饉《ききん》に苦しむ朝倉貞景は動かなかったため、義稙は坂本（大津市）で六角高頼《たかより》に敗れ、延暦寺に匿《かくま》われた後、周防に落ちていった。

周防の大内義興は父政弘が応仁の乱で西軍の主力となり、義稙の父義視《よしみ》を擁立していたこともあって、義稙を大いに歓待した。そして、細川政元の死とその後の混乱を好機として、義稙を擁して上洛を果たしたのである。

後期義稙幕府に参加したのは、対外貿易で得た富力を元に西国の雄としてその軍事力を期待された大内義興、京兆家の

5―細川高国画像（東林院所蔵）

家督となった細川高国、南近畿を押さえた政長流畠山氏の尚順・稙長父子、北陸能登《のと》の畠山義元であった。高国は多くの諸大名だけでなく、成人した足利義澄からの反発も招いた細川政元の手法に対する反省から、こうした選択をして、幕府の分裂状態を解消したのである。

畠山尚順の構想

畠山尚順は、明応の政変で父の畠山政長が自害した後、紀伊《きい》で力を蓄えていた。明応六年（一四九七）九月に義就流の畠山義豊から、本拠地である河内の高屋城《たかやじょう》（大阪府羽曳野《はびきの》市）を奪還すると、応仁の乱以前から同盟する大和の筒井《つつい》氏も蜂起した。明応八年正月に河内十七箇所（大阪府寝屋川市、門真《かどま》市、守口市）の戦いで畠山義豊を討ち取ると、足利義稙もこれに応じて近江に進出したが六角高頼に敗れたため、尚順も紀伊に退去した。永正三年（一五〇六）、畠山尚順と義豊の子義堯は和睦し、内衆との対立が露呈し始めた細川政元に対抗しようとするが、政元被官の赤沢朝経に敗れる。

しかし、翌年に永正の錯乱が始まると、政元という共通の敵を失った尚順と義堯の和睦も崩壊し、尚順は義堯を河内より追い出した。尚順はこの頃より「卜山《ぼくざん》」と号し、姉の婿にあたる細川高国と共に、足利義稙と大内義興を迎えると、義堯に与する大和国人の古市澄胤《ふるいちちょういん》を討ち取った。

応仁の乱の終結後、畠山氏の本拠地である河内と大和の一部は、反幕府の姿勢を貫く畠山義就に占領されたが、尚順が参画する後期義稙幕府が成立したことにより、近畿地方は京都の幕府の下に統一され、尚順も幕府の力を背景に南近畿の領国化に邁進する。

尚順は大和国人の林堂山樹《はやしどうさんじゅ》などを新たに重用すると、軍事指揮権を付与して義堯を駆逐し、紀伊では熊野衆と結ぶ。和泉では従来の細川氏の両守護家に代えて、細川高国が設置した守護の細川高基《たかもと》と共に、自分の息子の細川晴宣も守護とした。また、離反した守護代神保慶宗から越中を奪還するため、越後守護代の長尾《ながお》為景《ためかげ》（上杉謙信《うえすぎけんしん》の父）と同盟する。

やがて、尚順は領国経営に専念するため、永正十四年になると自らは紀伊に在国する一方、嫡子《ちゃくし》の稙長に譜代の被官を付け、京都で足利義稙に仕えさせた。

大内義興の苦悩

足利義稙を擁して上洛を果たした大内義興であったが、すぐに帰国を口にするようになる。義興の率いる軍勢は後期義稙幕府の存立の要であったため、後柏原《ごかしわばら》天皇や細川高国が説得にあたった。しかし、義興にとって長期の在京は問題が山積みであった。東大寺からは造営料所《りょうしょ》であった周防の国衙領《こくがりょう》の返還を求められた。また、在京費用を捻出するため、淀《よど》（京都市伏見区）の魚市に代官職を設置しようとすると、公家の三条西実隆《さんじょうにしさねたか》の反対にあう。守護職を得た

6—大内義興画像（山口県立山口博物館所蔵）

山城においても、国人の被官化を進める細川高国と利害が衝突していた。

　永正六年（一五〇九）六月の如意嶽の戦いや、永正八年八月の船岡山の戦いで、細川澄元や三好之長を討ち破った大内氏配下の安芸《あき》や石見《いわみ》の国人たちは疲弊し、義興の帰国願望を高めていった。これを食い止めたのは、将軍義稙ではなく、後柏原天皇であった。天皇は義稙が京都から逃げ出した一方、船岡山の戦いを勝利に導いた義興の軍功を賞し、大内氏当主として初めて存命中に従三位へ上階させ、公卿としたのである。

　三管領四職《しき》を超える家格《かかく》上昇を果たした義興であったが、澄元という共通の敵を抱えていたため、高国との関係は悪化しなかった。むしろ、義稙が義興と高国に不満があると称して、永正十年三月に甲賀へ出奔する事件を起こしている。翌月に義稙が諸大名に自らの成敗に服することを誓わせた上で還京し、騒動は収束した。これを機に「義稙」と改名し、新たな将軍御所の造営を始める。将軍義稙と諸大名の間の葛藤が露呈し、義稙が自らの優位を確保しようとした事件であるが、同年には畠山義元が能登で反乱が起こったとして帰国すると、その後上洛することはなかった。

義興の在京も十年近くに及んだ結果、出雲《いずも》の尼子《あまこ》経久《つねひさ》の勢力が拡大し、これに対処する必要が生まれてきた。永正十四年、義興は約百年ぶりに大内氏当主として石見守護職を得ると、堺に下り、翌年には周防へ帰国した。

義稙と高国の決裂

足利義稙は、将軍に再任された直後の永正六年（一五〇九）には、禁裏小番《きんりこばん》として天皇の宿直にあたったり、同十六年に室町将軍で最後の源氏長者《げんじのちょうじゃ》に就任したりするなど、天皇を中心とする公家社会の一員として、その権威を高めようとする。また、永正十四年四月には、無名の同朋衆《どうぼうしゅう》から近習に取り立てた畠山順光に大和平定を命じ、自らの権力基盤の確立に努めるなど、ただ一人在京する細川高国との対決色を強めていった。

その一方、永正十四年に三好之長が淡路守護の細川尚春を追放して、畿内進出の足掛かりとすると、同十六年十一月、細川澄元が阿波より兵庫津（神戸市兵庫区）へ渡海した。摂津最大の国人である池田氏がこれに呼応し、澄元らは高国方の瓦林政頼が守る越水城《こしみず》（兵庫県西宮市）を攻撃する。永正十七年正月には下京で土一揆が起こり、二月に越水城が落城すると、高国は義稙を連れ近江に逃れようとした。ところが、義稙は高国を見限って、澄元に京兆家の家督を承認し、山城・摂津・丹波・讃岐・土佐の守護職を与える。三月、これに応じた三好之長は「美麗驚目」の甲冑《かっちゅう》に身を包み、二万余騎を率いて入京した。

実はこの時、細川澄元は伊丹城《いたみ》（兵庫県伊丹市）で病床にあった。これを見た細川高国は近江六角氏や朽木《くつき》氏、越前朝倉氏、美濃土岐氏、丹波内藤氏の援軍を得て、洛北に兵を進め、五月に三好之長を破る。之長は奮戦したが、総大将の澄元を欠き、阿波国人らの寝返りが相次いだ。之長は曇華院《どんげいん》（京都市右京区）に潜伏していたところを捕らえられて、切腹させられた。これにより、之長と結ぶ畠山義英も河内の高屋城から、大和の吉野に没落し、翌月には澄元も退去した阿波で死去する。

高国と共に戦った京都の畠山稙長は、六月に在国する父尚順の下で強圧的に腕を振るっていた林堂山樹が紀伊で自害させられた事件を契機に、尚順を追放した。そして、大和国人間の相互和睦を進め、大和国人一揆を成立させると共に、紀伊でも湯河氏らと結ぶなど、強硬路線から協調路線へと転じた。

結局、高国から澄元に乗り換えようとした義稙の権威は失墜した。さらに、永正十八年三月、後柏原天皇の即位式が予定されていたのに、義稙はそれを無視して、淡路へ出奔する事件を起こす。高国はさすがに義稙を見限って、後柏原天皇の即位式を自ら執り行って天皇の信任を得ると、七月に播磨の赤松氏の下で養育されていた足利義澄の遺児義晴を京都に迎えた。赤松氏に庇護された将軍の子という由緒は、足利義満《よしみつ》以来の佳例である。そして、武田元光を若狭《わかさ》より上洛させると、十二月に義晴を将軍に就け、前期義晴幕府を成立させた。

八月の大永改元《だいえいかいげん》は後柏原天皇と前期義晴幕府の治世の始まりを意味し、十二月には高国が二十七年ぶりに管領に就任すると、自ら加冠役《かかん》を勤めて、義晴を元服させ将軍に就けた。この時、高国は「義晴」の諱を推挙しており、元号《げんごう》だけでなく将軍や公家の改名に際して、その選定にあたってきた文章博士《もんじょうはかせ》東坊城和長の反対を押し切るほどの熱意の入れようであった。

四度管領に就任するが、合計二週間程しか在職しなかった細川政元の時代に、管領は有名無実化したが、高国はこの時、約一か月も在職している。高国は政元の手法を否定し、義晴を理想の将軍に仕立て上げ、往時の幕府を再興する思惑を抱いていたのである。

一方、足利義稙は十月の畠山尚順と畠山義英の和睦を受け、堺の堅木屋道場へ陣取る。その背景には、浄土真宗勢力やそれと結ぶ義英の支援があったようだ。しかし、義稙と尚順は細川澄元の子晴元を頼って阿波へ退去する。三度目の将軍就任を目論《もくろ》むが、大永二年（一五二二）八月に尚順が淡路で、大永三年四月には義稙が撫養《むや》（徳島県鳴門市）で死去した。阿波にいた義澄のもう一人の遺児義維が、義稙の養嗣子として、義稙の夢を引き継ぐことになる。

2　朽木大樹足利義晴と堺公方足利義維

十歳で将軍に就任した足利義晴の下で成立した前期義晴幕府の主導権は、細川高国が握った。高国は管領を辞めても、細川政元とは異なり、その職務を遂行した。大永四年（一五二四）には新たな将軍御所の普請が高国より提案されるが、経費や候補地については、義晴が高国に試問し、高国の意見を追認する形で進んだ。結局、新御所は義晴の推す旧花の御所ではなく、高国が推す細川氏被官らの屋敷近くとなった。ただ、高国は周到に根回しをして幕政を運営したので、公家からは賛辞が送られており、安定の時代を過ごした。

柳本賢治の挙兵と三好元長の渡海

領国支配においても、一族である玄蕃頭家の細川国慶《くによし》だけでなく、丹波守護代の内藤国貞、摂津守護代の薬師寺国長、摂津国人の伊丹国扶《いたみくにすけ》と三宅国村、塩川国満、土佐国人の長宗我部《ちょうそかべ》国親《くにちか》に偏諱を与え、関係を強化した。このため、細川晴元《はるもと》方の畠山義堯が大和で、細川元常が和泉で蜂起するも、すぐに平定された。

事態が急展開したのは、大永五年四月である。高国は出家して「道永」を名乗り、家督を子の稙国《たねくに》に譲ったが、わずか半年後の十月に稙国が十八歳の若さで病死したのである。さらに、大永六年七月、高国は従兄弟で典厩家の養子となった細川尹賢の言を容れて、近習の波多野元清の弟で香西氏を継いでいた元盛を自害させた。これに怒った元清と、その弟で柳本氏を継承していた賢治は十月に丹波で挙兵し、細川尹賢の軍勢を返り討ちにした。

これに呼応した細川澄元の子晴元と三好之長の孫元長は阿波で挙兵すると、その先鋒として、元長の叔父の長尚とその子宗三《そうさん》（政長、宗三）らが堺に渡海した。そして、大永七年二月の桂川（京都市下京区など）の戦いで、波多野・柳本・三好連合軍は、高国を見放した義稙と異なり、自ら出陣してきた義晴や高国、武田元光を破ると、大納言《だいなごん》日野《ひの》内光《うちみつ》を討ち取り、近江へ敗走させた。

7―足利義晴画像（京都市立芸術大学芸術資料館所蔵）

この頃、畠山義堯も応仁の乱以前から義就流畠山氏と友好関係にある越智《おち》氏と結び、高国に味方する畠山稙長の基盤であった大和国人一揆を解体させた。さらに晴元らは、高国が頼みとする但馬《たじま》の山名誠豊や娘婿の伊勢晴具、近江の六角定頼《さだより》に対して、因幡《いなば》の山名豊治や伊勢国人と結び、定頼に縁談を申し込むなど調略を重ね、彼らを牽制した結果として、高国に勝利したのである。

これを受けて、足利義維や細川晴元、三好元長は三月に堺に渡海した。義維は在堺のまま、七月に代々の将軍候補者が任官する従五位下左馬頭に任官したため、公家から「堺公方《さかいくぼう》」や「堺大樹《たいじゅ》」と呼ばれるようになる。この時、義維は十六歳、晴元は十三歳、元長は二十六歳で、少年たちに率いられた義維幕府（堺幕府）が成立した。

その中でも、柳本賢治は京兆家の近習としての立場を利用しながら、公家や寺社の要望を晴元に取り次ぐだけでなく、京都の安全保障者と認められて、禁制《きんぜい》を発給する権力に成長していった。ところが、賢治は自前の軍勢をほとんど持たなかったことから、京都近郊の土豪の庶流や馬の流通に従事する商人を被官化し、柳本名字を与えることで、組織的に同名中に組み込んでいく。京都や大山崎（京都府大山崎町、大阪府島本町）、奈良といった都市に基盤を置くことで、権力化したのである。

三好元長は祖父之長以来の京兆家と阿波守護家に両属するという立場を継承するだけでなく、阿波北部の吉野川流域に拠点を置く国人の塩田氏や市原氏、森氏、逸見《へんみ》氏を自らの被官に編成した。そして、山城下五郡守護代職を獲得すると、彼らをそれぞれの郡代《ぐんだい》として配置する中で、西岡《にしのおか》（京都市西京区、京都府向日《むこう》市、同長岡京市）の国人らにも服属を迫っていった。こうして之長段階とは異なり、主家細川氏だけに頼らない権力化を志向し、畿内に基盤を築いていく。

これに対して、前期義晴幕府は六角定頼や朝倉宗滴《そうてき》（教景）ら援軍を得て、十月には京都を一時奪還するが、柳本賢治や三好元長に敗れ、再び近江に退いた。しかも、宗滴は翌年正月に細川高国が三好元長と和睦交渉を始めると怒って、三月に帰国してしまう。これ以降、朝倉氏は畿内に出兵しなくなった。そして、大永八年九月以降、義晴は朽木《くつき》（滋賀県高島市）を本拠地とすることから、「朽木大樹」と呼ばれるようになる。

堺公方の内憂外患

前期義晴幕府と義維幕府の間では、たびたび和睦交渉が行われた。大永八年（享禄《きょうろく》元年、一五二八）正月には、六角定頼・細川高国と三好元長が和睦に向けて動くが、細川晴元と柳本賢治《やなぎもとかたはる》が猛反発し、義晴も義維の在堺に不信感を募らせた結果、五月に高国が失脚して京都を退去し、十一月には伊賀へ下向することになった。これを機に高国は「道永」から「常桓」に改名している。それに対して、賢治は閏九月に大和を平定すると、十一月には誉田城から畠山稙長を退去させ、義維幕府が表面的には畿内を制圧した。

ところが、義維幕府には多様な勢力が参加していた。細川晴元の父澄元は、澄之や高国との抗争に敗れ、ほとんど在京できなかった結果、京兆家譜代の被官を編成できず、三好氏や阿波守護家に依存していた。晴元はこれを克服すべく、阿波国人の湯浅《ゆあさ》氏や古津《ふるつ》氏をはじめ、摂津国人の茨木氏らを奉行人に登用し、高国から離反した京兆家近習の柳本氏や波多野氏を迎えいれると、和泉の上守護細川元常や守護代松浦守《まつらまもる》と連携し、摂津国人の池田氏や瓦林《かわらばやし》氏などを従えていった。また、義就流の畠山義堯も晴元と結んでいたが、その被官の木沢長政《きざわながまさ》は義堯の守護代遊佐堯家《ゆざたかいえ》を殺害して、敵方の高国に寝返った挙句、晴元の被官となっている。そのため、さまざまな対立軸を抱え込むことになったのである。

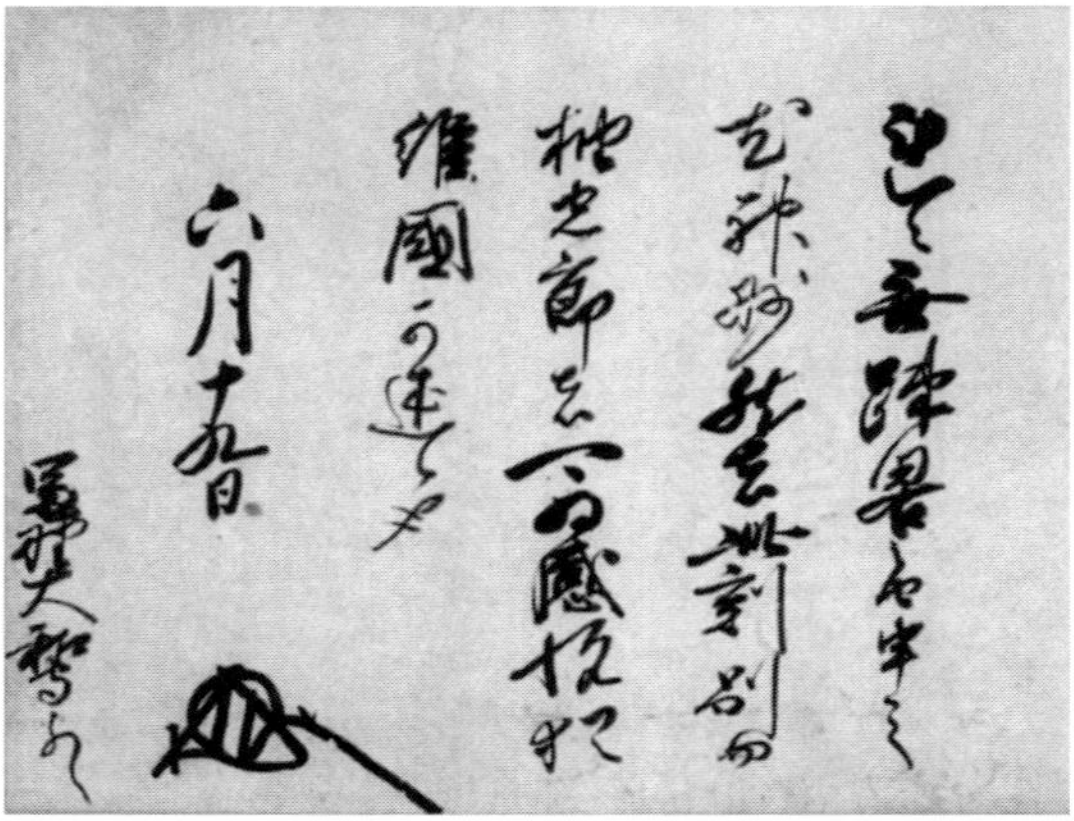

8―足利義維御内書・6月19日付（早稲田大学図書館館所蔵）

そして、義維の将軍就任を優先する三好元長と、将軍義晴を容認し高国の排除を重視する細川晴元を優先する柳本賢治の間で権力争いが激化した。また、少年の晴元の下には、公家の侍や京都近郊の土豪を被官化した細川一族の可竹軒周聡《かちくけんしゅうそう》を中心に、三好宗《そう》三《さん》や木沢長政を構成員とする側近集団として「御前《ごぜん》衆《しゅう》」が形成されていたが、これが京都を支配する柳本賢治と京都を含む山城下五郡守護代の三好元長を両天秤《りょうてんびん》に賭けた結果、両者の対立を煽《あお》ってしまったのである。

その結果、享禄二年（一五二九）には、晴元と賢治が将軍義晴と和睦し、元長を阿波に没落させた。翌年二月、賢治は京都で勧進猿楽《かんじんさるがく》を催すなど権勢を誇ったが、松井宗信と共に進めた義晴の上洛について、可竹軒周聡に反対され出家する。

そもそも、なぜ京都を制圧している義維幕府が、前期義晴幕府と和睦交渉を繰り返していたのか。その背景には、全国の大名がどちらを将軍として認知していたのかという問題がある。義晴が軍勢催促のため御内書を送った大名は、上杉氏・朝倉氏・武田氏・北畠氏・畠山氏・赤松氏・山名氏・大友氏など、国人でも木曾氏・朽木氏・筒井氏・伊丹氏・浦上氏・海部氏、寺社では根来寺《ねごろでら》や諏訪《すわ》社に及んだ。彼らへの栄典授与をおこなったり、日本国王として明《みん》に国書を発給したり、天皇から享禄改元を相談されたり、官位官職が昇進したのも、義晴だけであった。

これに対して、現在確認できる義維の御内書は、和泉下守護家の被官富野氏、播磨国人の小寺氏、京都の本能寺《ほんのうじ》に宛てられたもののみであり、現職の将軍であるか否かの差は、歴然としていたのである。

大物崩れ

失脚した細川高国は、足利義晴の下を離れ、伊勢の北畠晴具や越前の朝倉孝景《たかかげ》の下に赴き支援を要請した。それらは失敗に終わったが、その行動力は、越後に下り、さらに陸奥《むつ》下向や関東廻国を企図した細川政元に類するものがある。

高国は出雲の尼子経久と会見し、さらに播磨・備前《びぜん》・美作《みまさか》の守護職を有する赤松晴政《まさむら》（政村、政祐、晴政）の家宰である浦上村宗との同盟に成功した。享禄三年（一五三〇）六月には、高国を討ち和睦交渉を主導しようと播磨へ出陣していた柳本賢治が、東条谷（兵庫県加東市）で山伏《やまぶし》に暗殺されている。反転攻勢に出た高国と村宗は、摂津に侵攻し、さらに堺を攻める姿勢を示す。義晴もこれに呼応し上洛を企てていた。

ここに至って、細川晴元は阿波の三好元長に参陣を促した。享禄四年三月、元長は堺を攻撃する高

9—三好元長画像（見性寺所蔵）

国を押し返すと、晴元の弟で阿波守護の細川持隆の援軍を待ち、浦上村宗に父の赤松義村を殺された赤松晴政を寝返らせ、六月に天王寺《てんのうじ》（大阪市天王寺区）で高国を撃破する。村宗は戦死し、高国は尼崎《あまがさき》（兵庫県尼崎市）へ逃れたが捕らえられ、大《だい》物《もつ》（兵庫県尼崎市）の広徳寺で自害させられた。

　高国の死により、その最大の功労者である三好元長の思惑通り、足利義維が上洛を果たすかに見えた。ところが高国という共通の敵を失った結果、再び内訌が始まった。木沢長政を支援する細川晴元と、三好元長を支援する細川持隆の対立が激化するだけでなく、畠山義堯が三好氏と結んで、木沢長政を攻める騒ぎを起こしていた。

　享禄五年（一五三二）正月には、元長が柳本賢治の遺児の代人であった甚次郎を京都で殺害したため、晴元が激怒し、元長が慌てて出家して「開運」と称し謝罪している。しかし、晴元の怒りは収まらず、三月に摂津国人の瓦林氏に元長成敗のため参陣するよう命じた。同月には持隆が晴元と義絶《ぎぜつ》し、阿波に下国したため、仲裁者を失った晴元と元長の対立は不可避となったのである。

3　天文の宗教一揆

一向一揆の蜂起

享禄五年（天文《てんぶん》元年、一五三二）五月、義維幕府の崩壊は決定的となる。畠山義堯が前年に続いて、三好氏や大和衆の援軍を得て、木沢長政の居城である飯盛《いいもり》城（大阪府大東市、四條畷《しじょうなわて》市）を包囲した。六月になると、細川晴元は長政を救うため、本願寺《ほんがんじ》証如《しょうにょ》に一揆を依頼したのである。証如は本山の山科《やましな》（京都市山科区）から大坂御坊《ごぼう》に移り、一揆を指示すると、すぐに「十万」（『細川両家記《ほそかわりょうけき》』）とも「廿一万騎」（『言継卿記《ときつぐきょうき》』）ともという摂津・河内の門徒が集まり、堺を攻めて、顕本寺《けんぽんじ》（堺市堺区）で三好元長を自害に追い込んだ。足利義維も、元長と共に自害しようとしたが捕らえられる。飯盛城から敗走した畠山義堯は、石川郡の道場（大阪府富田林《とんだばやし》市か）で切腹させられ、丹波では波多野氏が没落した。

本願寺は鎌倉・室町時代は長く低迷していたが、蓮如の時に畿内から北陸、東海地方に勢力を拡大した。このため、延暦寺と対立し、寛正《かんしょう》六年（一四六五）に蓮如は京都を追われた。この時に近江金《かね》森《がもり》（滋賀県守山市）で、蓮如を守護するため、史上初めての一向一揆が起きている。蓮如は越前吉崎（福井県あわら市）を新たな布教の拠点とするが、文明十年（一四七八）に山科に坊舎を建立し本山と定め、明応五年（一四九六）には隠居所として大坂御坊を造営した。この間、越中や加賀で一国規模の一向一揆が起き、その軍事力が注目されると、永正二年（一五〇五）には細川政元の河内攻めに際して軍勢動員に応じている。本願寺は政元を聖徳太子《しょうとくたいし》の化身に擬することで、教団の外護者として遇した。本願寺は世俗権力に関与する形での一向一揆には慎重であったが、一方で世俗における保護者の細川氏との関係も重要であった。

わずか一か月で一向一揆は、三好元長と畠山義堯を滅ぼし、足利義維を失脚させて、その実力を示した。その衝撃は、守護富樫政親《とがしまさちか》を滅ぼした加賀の一向一揆を超えるものであり、誰にも制御できないものとなっていく。

七月、奈良で突如一揆が蜂起《ほうき》した。この一揆は、証如の指示によるものではなく、興福寺《こうふくじ》の支配に反発する商人や郷民によるもので、翌月には奈良を焼き払った。これに対し、興福寺も一揆を鎮圧すると、一向衆を奈良より追放した。

こうした有様を見た公家の山科言継は、天下はすべて一揆の侭になったと驚愕し、鷲尾隆康《わしおたかやす》も、天下は一揆の世となった、末世の為体《ていたらく》であると述べている。

天文の一向一揆は、明応の政変から続く、将軍家や管領家が分裂して引き起こされてきた戦争の構図を変えるものとなった。新たな政治勢力が、従来の権門に対する闘争を背景として、誕生したのである。

法華一揆の成立

堺公方足利義維の失脚により、近江の足利義晴と堺の細川晴元が和睦し、彼らが上洛する条件が調ったはずであった。彼らの上洛を阻んだのは、制御不能になった一向一揆である。享禄五年（天文元年、一五三二）七月、義晴は京都の法華宗《ほっけしゅう》寺院である本満寺《ほんまんじ》に対して軍勢催促をおこなった。同月のうちには、義晴が戦乱を理由に後奈良天皇に改元を申請し、天文に改元される。晴元は八月になると、三好元長を攻めるために一向一揆《いっこういっき》が乱入した堺南庄の氏神開口《あぐち》神社《じんじゃ》の神宮寺《じんぐうじ》である念仏寺《ねんぶつ》に、一向一揆を討てと命じた。そして、三か月前に一向一揆に命を救われたばかりの木沢長政に、浅香（堺市堺区）の道場近辺を焼討させたのである。晴元と本願寺の決裂は決定的となった。一向一揆も晴元方の池田城（大阪府池田市）を攻撃し、一揆は摂津・河内・和泉へ一挙に拡大した。

足利義晴が頼ったのは、京都の法華宗である。法華宗は、宗祖日蓮が安房《あわ》生まれであり、鎌倉幕府も所在した関東南部を中心に勢力を拡大した。そして、室町幕府が成立すると、京都に進出する。法華経は天台宗でも重んじられる経典のため、延暦寺の影響力が強い京都の富裕層を中心に広がり、京都だけで二十一もの本山寺院が成立した。その上、京都は、応仁の乱以前から土一揆や徳政一揆の襲撃を受け、両細川氏の乱でたびたび戦場となったので、町衆が自衛のため結集し、「打廻《うちまわし》」と称する軍事的示威行動をする下地があったのである。

八月、一向一揆が法華宗寺院を襲撃するという噂が流れる中、柳本賢治の遺臣である山村正次や法

10—洛中洛外図屛風・上杉本「本国寺」（米沢市上杉博物館所蔵）

華宗を信仰する町衆が本国寺《ほんこくじ》に集結し、打廻をおこなった。法華一揆の始まりである。法華一揆が山科本願寺の通路を遮断すると、本満寺が将軍義晴よりその軍功を賞され、感《かん》状《じょう》を受けている。さらに六角定頼の援軍を得て、山科本願寺を焼き払った。

法華宗と浄土真宗が対立した背景には、宗教的な問題だけではなく、京都と山科寺《じ》内町《ないまち》をめぐる都市間の対立があったともされ、山科寺内町が復興されることはなかった。

天文法華の乱

天文元年（一五三二）十一月、将軍義晴と細川晴元の間で和睦が成立し、後期義晴幕府が発足した。翌天文二年正月、細川晴元は京都の本満寺に大坂御坊攻めを依頼するが、二月、一向一揆は逆に晴元を堺から淡路に追い落とした。晴元を失った義晴は自ら摂津国人を督戦したので、本願寺は細川高国の弟晴国と結び、戦況は硬直化した。そこで、晴元は阿波の弟持隆と自ら死に追いやった三好元長の十一歳の息子長慶《ながよし》（利長、範長、長慶）に援軍を求め、摂津に攻め上った。

天文三年には畠山稙長が本願寺と結んだため、守護代の遊佐長教や木沢長政に追放され、紀伊に没落する。芥川山城（大阪府高槻市）を居城にした細川晴元は、足利義晴と連携を深めると、偏諱を得て「六郎」から「晴元」の実名《じつみょう》を名乗るようになり、天文四年には右京大夫に任官し、京兆家の当主として公認された。

本願寺は天文四年六月に大坂の戦いで大敗北を喫すると、抗戦派の下間頼秀《しもつまらいしゅう》・頼盛《らいせい》兄弟を破門する形で交渉を進め、十二月にはまず晴元との和睦を成立させた。

こうした中、天文五年七月に中島城（大阪市淀川区）でなおも籠城を続ける下間兄弟が木沢長政に滅ぼされた。また、丹波の波多野秀忠が晴元方に復帰したことで行き場を失った細川晴国が、八月に本願寺方の摂津国人である三宅国村にも裏切られ自害したことで、京兆家の跡目をめぐる抗争も終結し、大阪平野での戦いはようやく収束した。

一方、京都では、足利義晴も細川晴元も上洛できず、権力の空白状態が続く中、法華宗の檀徒たちは「衆会《しゅうえ》の衆」と呼ばれる集団を組織し、「洛中洛外《らくちゅうらくがい》の政道」を執り行うようになった。具体的には放火犯を逮捕して処刑するなど、検断《けんだん》権を自ら行使したのである。信仰や宗教上の結びつきによる集団が、都市自治を担うようになったが、この状態は足利義晴も認めるものであった。天文二年十二月には「諸法花宗中」に対して、京都の七口《ななくち》にある関所の警固《けいご》を委ねている。

ところが、法華一揆による京都支配が進むと、町衆は地子銭《じしせん》を荘園領主に納税しなくなり、天文三年十二月には「諸法華衆諸檀方中《しょほっけしゅうしょだんかたちゅう》」が土御門《つちみかど》家の京都七口の関所で徴収する雑務料について、「新関」と号して違乱するなど、義晴と対立するようになった。

その上、天文五年二月には、延暦寺との間で宗論を引き起こしてしまう。日本仏教の母山にして顕密《けんみつ》仏教の中核である延暦寺は、平安末期から鎌倉時代に創始され、戦国時代に多くの信者を抱えるようになった浄土真宗や法華宗に末寺銭《まつじせん》を課して、統制しようとしていた。本願寺はこれに応じるも、法華宗寺院は断固拒否していた。また、洛中に多くの特権を有する荘園領主である延暦寺に、法華一揆は地子銭の不払いという状況を生みだし対立は激化していく。そうした最中に起こった宗論を受けて、延暦寺は六月に、東寺《とうじ》や祇園社《ぎおんしゃ》、高山寺《こうざんじ》、醍醐寺《だいごじ》、近江の園城寺《おんじょうじ》、摂津の本願寺、大和の興福寺、東大寺、多武峰、吉野、越前の平泉寺《へいせんじ》、朝倉氏、播磨の円教寺《えんきょうじ》、紀伊の根来寺、粉河寺《こかわでら》、高野山《こうやさん》、下野《しもつけ》の中禅寺《ちゅうぜんじ》に援軍を要請した。実際に動いたのは園城寺、平泉寺、円教寺などだけであったが、三万を超える軍勢を集めると、六角定頼をはじめ、足利義晴や細川晴元の援軍も得て、七月に京都に攻め込んだ。この戦いで、上京の三分の一、下京の全域が焼き尽くされ、法華宗寺院は堺へ落ち延びていった。

和睦から復興へ

天文の一向一揆に敗れた本願寺は、天文四年（一五三五）十二月に細川晴元と和睦すると、翌年八月には足利義晴、十一月に六角定頼と、個別に和睦を成立させていった。そして、焼き払われて追放された末寺や、没収された寺領の返還を交渉していく。

天文五年正月、本願寺証如は木沢長政を事実上の大和守護と認定し、飯貝（奈良県吉野町）の本善寺や下市（奈良県下市町）の願行寺の還住《げんじゅう》を申し入れた。四月には木沢長政と遊佐長教より、「河内国無事の筋目をもって門徒衆別儀あるべからず」との制札《せいさつ》を獲得した。河内では木沢長政が飯盛城に義就流の畠山在氏《ありうじ》を、遊佐長教が高屋城に政長流の畠山長経や晴満を擁立する支配体制が成立していたためである。九月から十月にかけて細川晴元より山科や大谷（京都市東山区）の寺領が返還され、堺坊や富田《とんだ》（大阪府高槻市）の教行寺《きょうぎょうじ》の再興が認められた。河内で出口（大阪府枚方市）の光善寺と久宝寺（大阪府八尾市）の顕証寺《けんしょうじ》の再興が許可されたのは、天文九年のことで、寺領返還から寺院や門徒の還住までは、さまざまな個別の交渉を必要とした。榎並《えなみ》（大阪市城東区）では惣郷が本願寺より借金して、細川方に詫び銭を納めねばならなかったのである。結局、本願寺は山科の再興を諦め、大坂を新たな本山と定めた。

こうした中、亀井（大阪府八尾市）の臨済宗寺院である真観寺《しんかんじ》が、木沢長政や遊佐長教と本願寺の「御和与の筋目」によって、赤坂（大阪府千早赤阪村）や秦《はた》（大阪府寝屋川市）の末寺の領地の返還交渉をおこなっている。天文の一向一揆は武家と浄土真宗だけでなく、すべての領主階級を巻き込むものであった。他宗派にまで及んだ寺領の押領やその返還だけでなく、遊佐長教は放火など激化する村落間相論に対して、私戦を停止する「国法」を示すなど対応に追われた。六角定頼は門徒を破門しない限り、本願寺と和睦しないと強硬な態度を示していたが、木沢長政や遊佐長教は地域社会の復興のため、本願寺による寺内町の建設を容認し、相互に協力する関係を築いていく。

一方、京都では、天文五年閏十月に、細川晴元が法華宗諸寺院の再興を禁じ、延暦寺がその跡地を没収しようとしていた。このため、法華宗諸寺院は堺を一時本山と定めた。しかし、天文十年より、細川晴元は法華宗諸寺院の保護に転じ、天文十一年十一月には後奈良天皇が還住と再興を認める勅許を下した。ただ、延暦寺はこれに従わず、天文十五年に法華宗へ末寺になることを要求した。法華宗は六角定頼を仲介にして交渉を進め、末寺銭ではなく、日吉祭の費用ならば収める用意があると回答したため、天文十六年六月に、延暦寺も定頼に法華宗の還京を認めた。

法華宗寺院にはすでに五摂家《ごせつけ》や皇族までもが入寺するほど、社会に浸透していた。また、天文八年に鴨川の氾濫が起こり、翌年には七百年来の大飢饉によって京都で毎日六十人の餓死者が出る状況で、全国的にも病気が流行し都鄙《とひ》で死ぬ者は幾千万を知れない有様となった。高野山や延暦寺でも死者が続出する中、朝廷で祈禱が催されることになり、幕府はその費用を洛中の土倉《どそう》に賦課した。こうした状況下で、京都の富裕層を檀那《だんな》とする法華宗は、その復興に欠かせないと判断されたのであろう。

義晴を支える六角定頼と内談衆

足利義晴は近江に在国していた天文元年（一五三二）七月に、六角定頼の居城である観音寺《かんのんじ》城に隣接する桑実寺《くわのみでら》（滋賀県近江八幡市）に移り、定頼の意見や将軍直臣である奉公衆《ほうこうしゅう》の朽木稙綱などの取次を得て、政治をおこなっていた。天文三年六月には従来の慣例を破り、日野家ではなく、格上の摂関家《せっかんけ》である近衛《このえ》尚通《ひさみち》の娘を正室に迎えることで、長く在国し低下した権威の回復に努めた。

そして、天文五年に天文の一向一揆と法華一揆が鎮圧されると、九月に細川晴元が、十二月に足利義晴が上洛を果たす。定頼は在京せず、観音寺城に在城しながら、義晴に意見し、義晴がその通り命じるという構図となった。京都の権門は義維幕府や法華一揆の時代に違乱された特権の確認や、相論において有利な裁許を得るため、定頼に願い、義晴への口入《くにゅう》を求めた。

足利義晴は近江在国時から常に支えてくれ、山科本願寺や法華一揆を滅ぼした実力を有する六角定頼を信頼していた。天文六年四月に、定頼は三条公頼の娘を猶子《ゆうし》として、細川晴元に嫁がせた。晴元も義晴を支える存在であったが、もともとは敵対関係にあり、一向一揆や細川晴国に翻弄されていた。政務の面でも、摂津の相論について、晴元の奉行人である茨木長隆《いばらぎながたか》らが、幕府の「御法」を政所《まんどころ》に問い合わせる有様で、晴元は義晴に意見をおこなったり、義晴から意見を求められたりする存在ではなかった。

義晴にとって、定頼こそが事実上の管領であり、定頼は「天下進退」を扱うとか、「天下執権《しっけん》」と認められる存在であった。ただ、在国の定頼に代わって、補佐する者も必要であった。そこで義晴は内談衆を創設する。もともと内談衆は訴訟に関わる役割のみであったが、義晴が組織したのは、幕政全般にわたる将軍の諮問機関であった。内談衆に登用されたのは、将軍直臣の奉公衆や御供衆《おともしゅう》に出自を持ち、義晴を近江在国時から支えてきた側近の大館常興《おおだちじょうこう》・晴光父子、摂津元造、海老名高助、朽木稙綱などの八人である。こうした内談衆の存在は、義晴が自立的な政務を遂行するための担保となった。

また、山陰地方を中心に勢力を拡大した尼子経久は、孫の晴久に播磨攻めを命じ、天文七年七月には、赤松晴政を淡路へ追い落とした。この尼子氏の上洛に向けた軍事行動は、義晴の御内書を受けたものであり、大坂本願寺や紀伊の畠山稙長、湯河光春とも連携していた。細川晴元は管領に就くことなく、高国のように将軍を擁立する幕政の主導者ではなかった後期義晴幕府においては、有力大名の一人に過ぎなくなってしまったのである。

二　三好政権の成立

1　守護家を越える守護代

木沢長政の台頭

後期義晴《よしはる》幕府において、畿内《きない》で最も勢力を伸ばしたのが木沢長政《きざわながまさ》であった。もともと、木沢氏は義就《よしひろ》流畠山《はたけやま》氏の被官《ひかん》であったが、長政は畠山義堯《よしたか》、細川高国、細川晴元《はるもと》と、つぎつぎと主君を変え台頭していく。享禄《きょうろく》三年（一五三〇）十二月には、晴元配下の柳本甚次郎と共に、居城の飯盛《いいもり》城（大阪府大東市、四條畷《しじょうなわて》市）より上洛した。「天下《てんか》御警固《ごけいご》」に力の限り努めると標榜する長政は、公家たちから武勇の誉高く、多勢で美麗であるが、実戦経験に乏しいと見られていた。可竹軒周聡《かちくけんしゅうそう》や三好宗三《みよしそうさん》と共に晴元の「御前衆《ごぜんしゅう》」を構成し、三好元長や畠山義堯と対立するが、晴元は長政に加担して、一向一揆《いっこういっき》を動員し、元長と義堯を滅ぼしたことで、義維《よしつな》幕府は崩壊した。これを見た三条西実隆《さんじょうにしさねたか》は、長政を「権勢者」と評している。

そして、天文《てんぶん》年間（一五三二〜五五）、長政は河内《かわち》から山城《やましろ》や大和《やまと》へ進出する。河内では、長政が義就流畠山氏の在氏《ありうじ》を、遊佐長教《ゆざながのり》が政長流畠山氏の晴満を擁立する半国守護《はんごくしゅご》体制が成立した。長政は居城の飯盛城を在氏に譲り、父の浮泛《ふはん》や弟たちに補佐させている。山城では、細川高国の滅亡後に久世《くぜ》・綴喜《つづき》・相楽《そうらく》の山城上三郡の守護代職を継承した上、天文三年には峯城（京都市西京区）にあって、高国残党を防ぐ費用として、山城下五郡より半済《はんぜい》を徴収することを足利義晴《あしかがよしはる》より認められていた。天文十年には山城上三郡の新たな支配拠点として、笠置《かさぎ》山《やま》城（京都府笠置町）を築いている。

大和では、天文元年から筒井《つつい》氏と連携する一方、越智《おち》氏と対立を深め、天文五年には本格的に大和入国を意図するようになった。本願寺《ほんがんじ》証如《しょうにょ》はこうした長政を「守護」と認識している。六月には信貴山城（奈良県平群町）を築き居城を移した。翌年には自らに敵対した一揆への報復として大和一国に段《たん》米《まい》を賦課し、天文八年には薬師寺《やくしじ》に「田地算田」をおこなうと通告している。そして、闕所《けっしょ》地には給人《きゅうにん》を配置するなど支配を強化していく。また、天文六年以前に二上山《にじょうさん》城（奈良県葛城《かつらぎ》市、大阪府太子町）を築き、弟を配した。

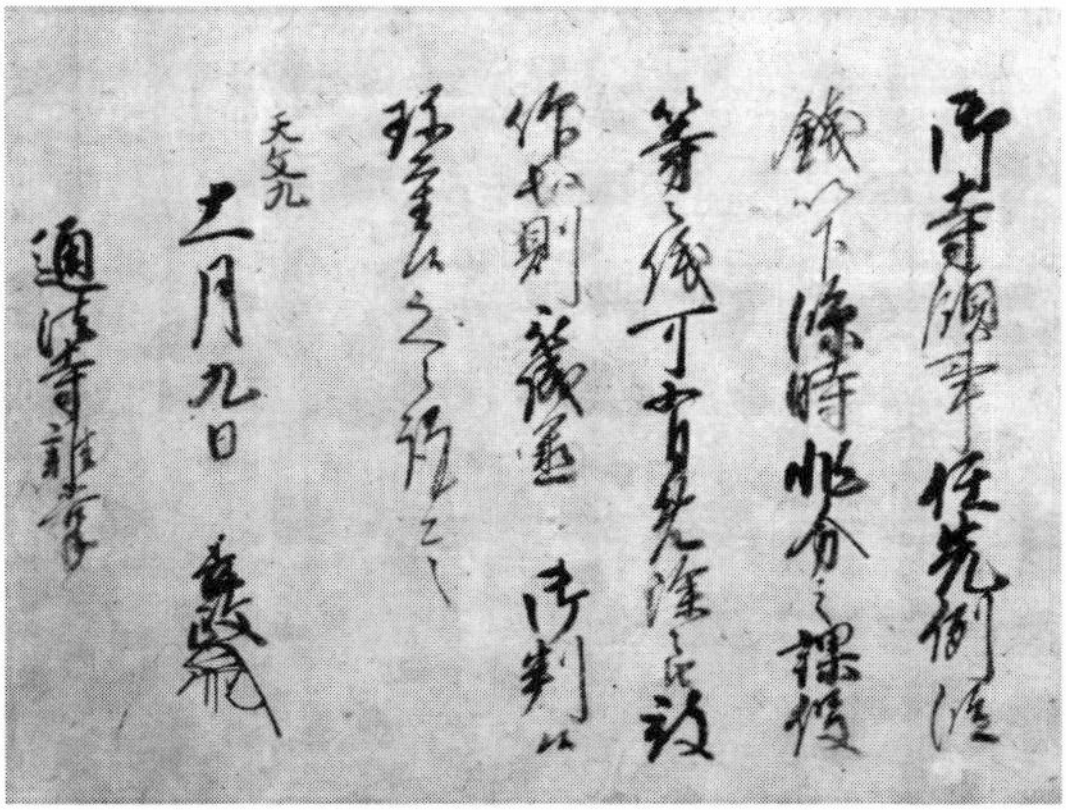

11―通法寺文書・木沢長政奉書・天文９年11月９日付（壺井八幡宮所蔵、八尾市立歴史民俗資料館提供）

このように長政は、河内・山城・大和の国境地帯につぎつぎと城を築き、河内では守護代、大和と山城上三郡においては、守護並の待遇を受けるに至ったのである。そして、天文十年には大内氏と尼子氏の郡山城の戦いについて、毛利元就より報告を受け、晴元と六角定頼に披露するなど、幕政にも重きをなした。

ところが、天文九年二月に、高国流細川氏の残党を結集した典厩家《てんきゅう》の細川氏綱（清、氏綱）が、尼子晴久《あまこはるひさ》の上洛の動きに呼応し、上野玄蕃《げんば》家の細川国慶や紀伊《きい》の畠山稙長と共に挙兵した。これに触発されたのか、天文十年九月には、三好長慶《みよしながよし》や宗三の娘婿池田信正が高国と姻戚関係にあった摂津《せっつ》の塩川国満を攻撃すると、その内縁の伊丹親興《いたみちかおき》と三宅国村が木沢長政を頼み挙兵したのである。長政は親興の娘婿である弟左近允《さこんのじょう》を遣わし、三好勢を破った。十月、長政と親興は、宗三らの不法を将軍義晴に訴え、「京都警固」と称し上洛して義晴の擁立を図る。

しかし、義晴は逆に長政討伐を伊賀仁木《いがにき》氏らに命じた。その上、義晴は河内の浄土真宗《じょうどしんしゅう》門徒が長政に同調しないように、本願寺証如に命じるなど、長政の支持基盤を切り崩していった。

天文十一年三月、遊佐長教は木沢長政の勢力を一掃し、政長流畠山氏の稙長《たねなが》の下に畠山氏を統一しようと図る。細川晴元や三好長慶、三好宗三とも手を結んだ長教に対して、長政は一向一揆の支援を得られなかったものの、若狭《わかさ》武田氏の被官粟屋氏の援軍を得て、太平寺《たいへいじ》（大阪府柏原市）で一戦に及んだ。この戦いで長政は討死し、信貴山《しぎさん》城は落城する。六月には伊丹氏が降伏し、飯盛城の木沢一族や畠山在氏が翌年正月に城を退去すると、約一年半に及ぶ木沢長政の乱は終結した。

高国流細川氏の復活は、細川晴元の下にまとまろうとしていた摂津国人《こくじん》に大きな動揺を与えた。それは、伊丹氏や塩川氏ら旧高国方の摂津国人を編成しようとする木沢長政と、代々澄元流細川氏に与してきた池田氏を編成する三好宗三の対立を表面化させた。

長政は、浄土真宗寺院の還住《げんじゅう》や寺内町《じないまち》の形成で本願寺と協調関係をつくり、将軍に直結する形で、独自の権力形成を目指していた。将軍も自らの権力を補完し、守護を統率するため、かつて赤松氏の浦上則宗《うらがみのりむね》や六角《ろっかく》氏の永原重秀など、守護家の宿老《しゅくろう》と直接関係を持っている。長政はこうした将軍の志向を巧みに利用しようとしたのであった。

細川晴元権力と三好宗三

木沢長政の乱の戦後処理で、長政が法隆寺《ほうりゅうじ》に預けていた兵粮米《ひょうろうまい》が問題となった。遊佐長教や畠山稙長が引き渡しを迫る中、三好宗三が長政の妻は自分の親類であるので、彼女に遣わしたいと主張し、長教もこれを尊重する。これに対して、長政と宗三親類の子である木沢相政も相続を主張したが、結局長政の妻が受け取ったようだ。

こうしてみると、本来共に細川晴元の御前衆であった三好宗三と木沢長政の間には強い縁戚関係があり、長政の家督《かとく》は宗三の血縁者が受け継ぐはずであった。しかし、長政は晴元から離反した。宗三も連座したのか、長政の滅亡後に出家して「政長」から「半隠軒宗三」と改名し、その後、木沢相政は晴元に帰参している。晴元の御前衆は、天文二年（一五三三）に可竹軒周聡が戦死し、天文十一年に木沢長政も滅亡したため、三好宗三のみとなった。

澄元流細川氏の内衆は、澄元の畿内における活動期間が短かったこともあり、京兆家の譜代の年寄はほとんど組み込まれなかった。そのため、家格《かかく》にとらわれず有能な者を新参の近習《きんじゅう》として抜擢した結果、柳本賢治《やなぎもとかたはる》や三好元長が権力化していった。後期義晴幕府段階においても、信貴山城の木沢長政や越水城《こしみず》の三好長慶、榎並城（大阪市城東区）の三好宗三が大身化していく。

義維幕府段階では少年だった晴元自身に常時近侍する側近も、晴元の意思決定に重要な役割を果たした。澄元以来の阿波《あわ》出身の高畠氏をはじめ、晴元は阿波出身の湯浅《ゆあさ》氏や古津《ふるつ》氏、近江《おうみ》出身の篠原《しのはら》氏、摂津出身の瓦林《かわらばやし》氏を新たに側近に加えた。義維幕府段階では、柳本賢治や三好元長、御前衆の可竹軒周聡・木沢長政・三好宗三ら大身が連署《れんしょ》状を発給していたが、彼らの多くが世を去った天文初年になると、側近らの連署状が復活する。その間も宗三は、日向《ひゅうが》の伊東義祐《いとうよしすけ》（祐清、義祐）が足利義晴に義字の偏諱《へんき》を望んだ際、晴元の下で取り次ぎにあたるなど、大身取次としての地位は揺るがなかった。やがて、側近たちも離反や死去に伴って改編され、天文十年代には垪和《はが》氏・波々伯部《ほうかべ》氏・田井氏・高畠氏・平井氏となった。彼らは荘園領主や本願寺との交渉に際して、木沢長政―古津元幸・湯浅国氏、三好宗三―波々伯部元継・田井長次、三好長慶―高畠長直というように大身取次と側近取次の組み合わせを固定し、体制が整えられていく。

こうした体制の勝者となったのは、三好元長が守護代職を所持した山城下五郡において強い影響力を持ち、河内十七箇所に代官を配した三好宗三であった。宗三は、河内や大和に大きな勢力を持つ木沢長政や、摂津国人である池田信正との間に縁戚関係もつくりあげていた。

丹波《たんば》では、高国から離反し晴元に与した波多野秀忠が勢力を伸ばし、判物《はんもつ》を発給して、一族の秀親を船井《ふない》郡の郡代《ぐんだい》に補任するほどの権勢を有した。公家の山科言継《やましなときつぐ》や幕府の大館常興《おおだちじょうこう》は、木沢長政と同様に秀忠を「丹波守護」と認識し、その実力を認めている。

和泉では、和泉上守護家の守護代である松浦守が、享禄年間よりすでに判物による支配を始めており、天文六年（一五三七）には、根来寺《ねごろでら》に対抗するため、和泉と紀伊の国境に野田山城（後の根福寺城、大阪府貝塚市）という大規模な山城を築いた。

大和では、天文十三年に、細川晴元が和泉《いずみ》上守護細川元常の子を猶子《ゆうし》として、木沢長政と対立した越智氏の家督を継がせており、義就流畠山氏を介さず、大和国人を直接編成しようとしている。

このように晴元権力は京兆家の伝統的な家格秩序を引き継ぐことなく、新参が次々と大身化を遂げていったゆえに、激しい内部対立を引き起こしていくことになった。

遊佐長教の基盤

木沢長政を討つため、熊野衆・根来寺・高野《こうや》山《さん》・粉《こ》河寺《かわでら》といった宗教勢力や、玉《たま》置《き》氏や湯河《ゆかわ》氏など奉公衆《ほうこうしゅう》までも含めた紀伊一国の勢力を統合して、河内に入った畠山稙長《たねなが》は、後期義晴幕府に参画した。稙長の下には、河内守護代の遊佐長教だけでなく、河内の安《やす》見《み》宗房《むねふさ》、紀伊の保田《やすだ》長宗《ながむね》、大和の筒井順昭《つついじゅんしょう》・鷹山弘頼《たかやまひろより》・平盛知《たいらのもりとも》、和泉の玉井三河《みかわ》守などの国人が結集し、高野《こうや》山三宝院快敏《さんさんぼういんかいびん》が側近に加わった。また、稙長は安見宗房と鷹山弘頼に、かつて木沢長政が有した山城上三郡守護代を認め、山城南部の国人層を組織させており、南近畿を制圧する一大勢力となった。そうした稙長が加わったことで、後期義晴幕府は安定するかにみえた。

ところが、天文十二年（一五四三）に、和泉への勢力拡大を図る畠山稙長が、高国流細川氏を継い

12—真観寺文書・遊佐長教書状・11月28日付（真観寺所蔵、八尾市立歴史民俗資料館提供）

だ細川氏綱と藤賢《ふじかた》（和匡、藤賢）の兄弟を擁立したことで事態は急変する。氏綱は槇尾山《まきのおさん》（大阪府和泉市）を拠点に堺《さかい》や杭全《くまた》（大阪市平野区）にまで進出し、本願寺に一向一揆を依頼した。しかし、これは稙長にとって想定外の戦線拡大であったようで、細川晴元との全面戦争の危機を回避するため、十月には氏綱への支援を停止した。このため、氏綱の乱は収束する。稙長は天文十四年二月に死去したが、天文年間に紀伊湯河氏に出陣を要請した際、「てんかのおほえに候」と述べていることから、単なる領国拡大を志向していただけでなく、幕政を主導することを企図していたことがわかる。

こうした稙長の遺産を引き継いだのが、天文十三年八月に稙長の妹と公家の日野《ひの》内光《うちみつ》との間に生まれた娘を後妻に迎えた遊佐長教であった。長教は天文十年に仮名《けみょう》を新次郎から次郎左衛門尉に改め、同十三年三月から河内守を称した。長教は稙長の下に結集した鷹山弘頼と安見宗房を自らの家中に加えたり、壁書《かべがき》を作成したりした。また、富裕を称えられた浄土真宗の萱振寺内町《かやふりじないまち》（大阪府八尾市）を基盤とする萱振賢継を取り立てる。そして、萱振賢継を上郡代として高屋城に、安見宗房を下郡代として飯盛城に配した。さらに長教は、泉南紀北をおさえ地域権力化した根来寺の中核的な子院の一つである杉坊《すぎのぼう》に弟を送り込み、杉坊明算《みょうさん》と名乗らせ、河内支配にも関与させた。また養女であろうか、娘を大和の筒井順昭に嫁がせている。

そして、天文十五年八月に、氏綱と結んで挙兵した。十二月に足利義輝《よしてる》（義藤、義輝）が元服し将軍に就任した際には、六角定頼《ろっかくさだより》が管領代《かんれいだい》となって遂行する一方、細川晴元は関与していない。むしろ、氏綱を擁する長教は晴元を孤立させるため、義輝に費用を献上している。この時、長教は政長流畠山氏の畠山政国を惣領名代《そうりょう》としつつも、家督には就けなかった。

遊佐長教は畠山稙長の下に参集した武士や宗教勢力を、自らの家中に編成したり、縁戚関係により包括したりすることで、主家に代わって南近畿を実効支配し、細川氏綱と共に、新たに発足する前期義輝幕府に参画しようとしたのである。天文十六年七月、細川晴元や三好長慶、畠山在氏との一大決戦である舎利寺《しゃりじ》（大阪市生野区）の戦いに臨む際、長教の被官吉益匡弼《よしますまさすけ》は鷹山弘頼に、勝利を得ることができたら、「天下へ御名誉よし候」とその覚悟を示していた。

2　三好長慶の台頭

摂津の本国化　後期義晴幕府の下、細川晴元に服属し、摂津西部で勢力を蓄えていたのが三好長慶であった。主君の晴元や木沢長政は父元長の仇ではあったが、少年の長慶は、三好連盛など一族の統率もままならず、雌伏の時を過ごしていた。

長慶は天文六年（一五三七）に元服し、天文八年正月に二千五百の手勢を率いて上洛すると、晴元より尾張《おわり》の織田氏が献上した鷹を拝領し、その返礼のため観世能《かんぜのう》を催すなど、ようやく一人前として活動し始める。六月に三好宗三の河内十七箇所代官職を望み、幕府に訴えたのである。幕府がこれを正当と認めたことから、長慶と晴元・宗三の間で緊張が高まった。京都の寺社は双方に禁制《きんぜい》を求める騒ぎになり、足利義晴は摂津国人に御内書《ごないしょ》を直接発給して、長慶を制止させた。しかし、摂津を制圧した長慶は、宗三と京都近郊で小競り合いを繰り返したため、義晴は若狭武田氏や越前朝倉氏、能登《のと》畠山氏に軍勢を催促し、六角定頼が両者の斡旋にあたった。

その結果、七月には和睦が成立し、長慶は越水城に入城する。越水城は西宮《にしのみや》神社の門前町で海港でもある西宮を守る要所で、西国街道により繫がっていた。西宮には徴税業務に携わる橘屋《たちばなや》という豪商が住むなど、摂津の下郡《しものこおり》（神戸市須磨区から大阪府吹田市）の支配拠点であった。十六世紀前半には摂津守護代が上郡《かみのこおり》（大阪府高槻市、茨木市）にあり、その弟が下郡郡代と西宮代官を兼ねる体制が成立する。三好氏段階に来日した中国人鄭舜功《ていしゅんこう》は、西宮を「摂津司牧居処」と述べている。成長した長慶は、山城下五郡守護代であった父元長に並ぶ地位として、摂津西半国の事実上の守護代となったのである。翌年には、「丹波守護」と称された波多野秀忠の娘を正室に迎えた。

この後、長慶は畿内で劣勢になっても、之長や元長とは異なり、阿波に帰ることはなくなった。その一方、本貫地《ほんがんち》の阿波は長弟の三好実休《じつきゅう》（之相《ゆきすけ》、之虎《ゆきとら》、実休）に任せ、父祖以来の譜代被官を配した。次弟安宅冬康《あたぎふゆやす》（鴨冬、冬康）を淡路《あわじ》海賊の棟《とう》梁《りょう》である安宅氏の養子とし、三弟の十河一存《そごうかずまさ》を讃岐《さぬき》の国人で野原湊（高松市）の後背地に居城を構える十河氏の養子とした。こうした諸国を繋ぐように、長慶は、兵庫津の豪商で、大阪湾から瀬戸内海東部の港町に教線を拡大した法華宗日隆《にちりゅう》門流の檀那《だんな》である正直屋棰《たる》井《い》氏に特権を付与して保護下におく。そして、摂津出身の中小国人である松永久秀《まつながひさひで》や鳥養貞《とりかいさだ》長《なが》、野間長久《のまながひさ》などを、積極的に登用していく。

13―三好長慶画像（大徳寺聚光院所蔵）

三好氏は元長が自害した際に、塩田氏など阿波譜代の被官の多くを失っただけでなく、阿波・淡路・讃岐を任せた弟たちにも分け与えねばならなかった。そのため、長慶は摂津の中小国人を家格秩序にこだわらず、登用する必要があったのである。彼らは畿内で勢力を伸ばす長慶権力の中核となり、越水城と後に長慶が居城とする芥川山城がある摂津は、阿波に代わる本国として位置づけられていく。

京都で将軍になれない足利義輝

三好長慶の挙兵を抑え込んだ細川晴元であったが、木沢長政は滅亡するなど、権力基盤は不安定化していった。一方、細川氏綱は畠山稙長の支援を受けて挙兵し、これに丹波の内藤国貞が同調する動きを示す。こうした氏綱に対抗したのが、晴元を擁する摂津の三好長慶、丹波の波多野秀忠、和泉の松浦守といった守護代格の被官たちであった。

天文十四年（一五四五）二月、畠山稙長が死去するが、遊佐長教や根来寺、筒井順昭が氏綱の支援に乗り出し、氏綱の弟の細川藤賢や細川勝国、細川一族である上野玄蕃頭家の細川国慶、遠州家の細川高益の動きも活発になった。この頃より、将軍義晴は氏綱方と結ぼうとしたためか、晴元は意趣あって義晴の酒を辞退したり、出仕したりしなくなる。

天文十五年になると、氏綱・長教連合軍は攻勢を強め、堺で孤立した三好長慶は会合衆《かいごうしゅう》の調停により和を請い、細川国慶は晴元を破って京都を占領した。また、伊丹氏を除く摂津国人も帰参させる。こうした中、八月に安宅冬康と十河一存が、十月には三好実休が二万の軍勢を率いて渡海して、何とか晴元と長慶を支えている有様であった。このような戦況を見た将軍義晴は、伊予《いよ》の河野通直に豊後《ぶんご》の大友義鑑《おおともよしあき》と相談して、三好氏を攻めるよう命じた。また、十二月になると、義晴は戦乱を理由に近江坂本に赴き、六角定頼を管領代に任じ、加冠役《かかん》として、嫡子《ちゃくし》義輝を元服させ、将軍職を譲ったのである。この時、細川国慶が将軍就任の費用を口実に京都で地子銭《じしせん》を強引に徴収し、遊佐長教が六千疋《ひき》を献上した。義晴・義輝父子は、晴元と長慶を切り捨て、氏綱と長教を迎えることで、前期義輝幕府を発足させる選択をしたのである。しかし、それは義輝が京都で将軍になれないという、幕府の不安定さを露呈するものともなった。

14—足利義輝画像（国立歴史民俗博物館所蔵）

天文十六年二月、長慶が義就流畠山氏の在氏と結んで反攻を開始し、阿波の足利義維《よしつな》は上洛に向けて、本願寺証如に斡旋を依頼している。三月には、義晴・義輝父子が北白川城（勝軍山城、京都市左京区）を築いて籠城し、晴元への敵対姿勢を明確化した。このため、前期義晴幕府対義維幕府の構図が、復活しかねない状況となった。

しかし、七月に舎利寺（大阪市生野区）の戦いで長慶・在氏連合軍が氏綱・長教連合軍を大いに破ると、六角定頼は義晴と義輝に、娘婿の細川晴元との和睦を迫った。十月には細川国慶も討死した。目まぐるしく変転する畿内の状況を読みきれなかった足利義維は、十一月に堺への渡海を強行したが、本願寺証如に相手にされず、翌月には淡路に退去する。

江口の戦いの構図

天文十六年（一五四七）、三好長慶は「範長」から「長慶」に改名している。『細川両家記』によると、長慶に仇を成す三好宗三・宗渭《そうい》（政勝、政生、宗渭）父子を細川晴元が成敗しない場合は、晴元自身を討ち果たすと、内々の評議で決定した上での改名であったという。義晴や義輝に見放された晴元を支えていたのは、弟の持隆と宗三・宗渭父子や長慶兄弟のみで、晴元の権力基盤は弱体化していた。

天文十七年四月、六角定頼は奈良へ赴き、遊佐長教と参会して、晴元との和睦を斡旋する。これにより、長慶は摂津へ、実休は阿波に撤兵し、畿内の人々は五年も十年も「静謐」が続くであろうと歓迎した。定頼は晴元や長慶も包摂する形で、畿内の平和を達成しようとしたのである。

ところが、晴元は戦後処理に失敗する。五月、細川氏綱方より帰参した池田信正を自害させたのである。信正の跡目は義父の宗三の計らいで、信正の子で宗三の孫にあたる長正に継承されることになったが、池田一族や被官らは強く反発し、池田氏の知行や財産を押領したとして、宗三派を池田城から追放した。長慶はこの騒動を好機と見て動く。八月に晴元の側近である垪和《はが》道祐《どうゆう》・波々伯部元家・田井長次・高畠長直・平井直信に対して、君側の奸である宗三・宗渭父子を成敗し「世上静謐」を訴

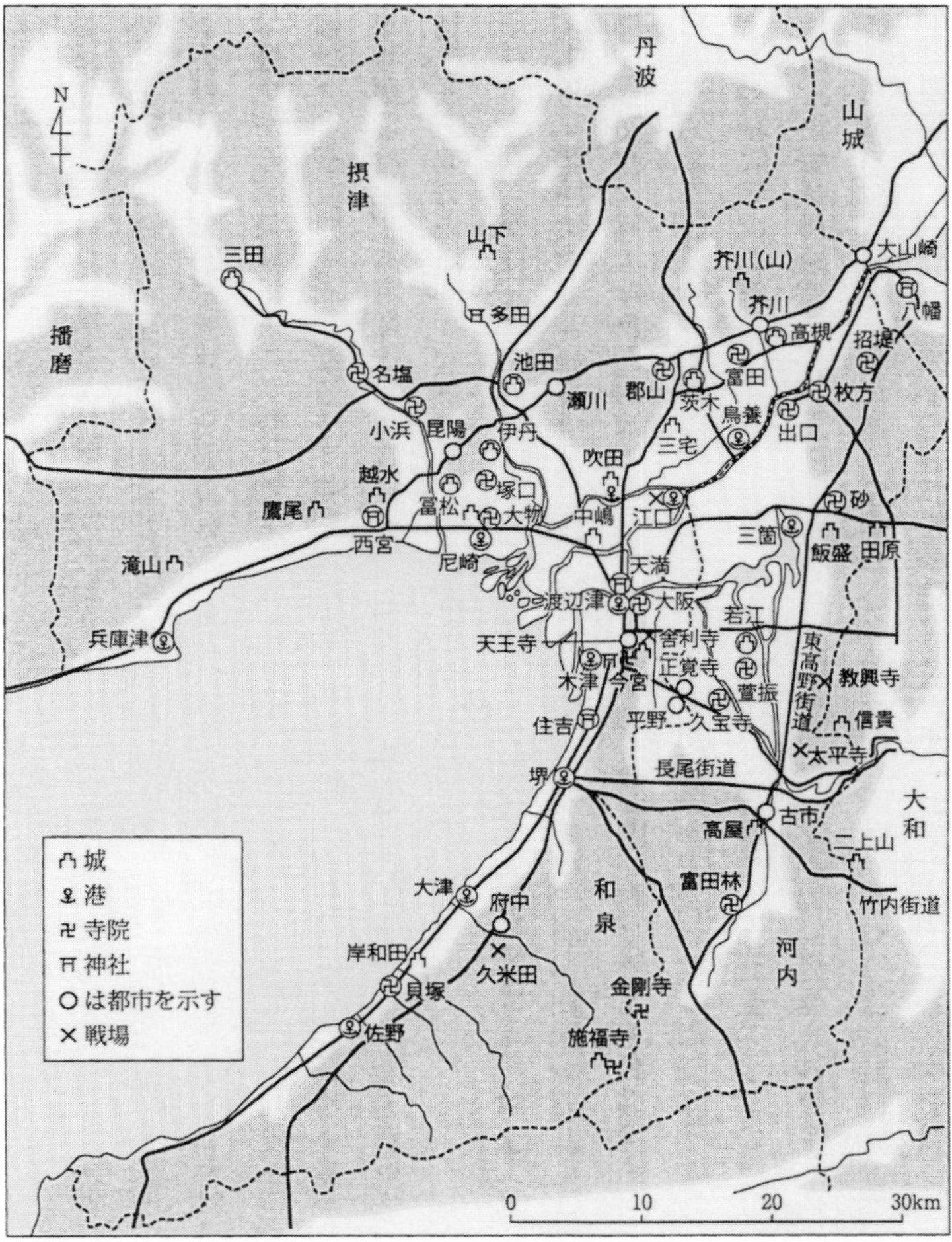

15—大阪平野周辺図（天野忠幸『松永久秀と下剋上』平凡社より）

えたのである。

長慶は晴元が宗三を成敗できないことを知っていたが、あえてそれを求めることで、主君に背くという謀叛《むほん》の誹りを免れようとした。さらに、この頃に死去した波多野秀忠の娘を離縁すると、遊佐長教と同盟して、その養女を娶ることにし、細川氏綱を擁立した。父の仇を討つといった私怨ではなく、横暴な晴元や宗三から、国人の家を守るという大義名分《たいぎめいぶん》を打ち出したのである。これにより、長慶の下には、河内一国の衆、摂津では三宅国村・芥川孫十郎・入江氏・茨木孫次郎・安威《あい》弥四郎・池田氏・原田氏・瓦林弥四郎・有馬《ありま》氏、山城の西岡からは鶏冠井《かいで》氏・物集女《もずめ》氏、丹波の内藤国貞、播磨《はりま》の衣笠兄弟、和泉の松浦守《まつらまもる》、そして、三好実休が率いる阿波衆、安宅冬康の淡路衆、十河一存の讃岐衆が集まった。氏綱陣営の守護代・国人層だけでなく、晴元陣営の守護代である松浦守や、国人の芥川孫十郎、衣笠兄弟も加わっており、国人の家の存続と保障を訴えたことが、近畿から四国の広範な武士たちの結集を可能にしたのである。また、長慶の義父となった遊佐長教も、弟は紀伊根来寺の杉坊明算、娘婿は大和の筒井順昭と、近畿南部の結集の要であった。

天文十八年六月、細川晴元は三宅城（大阪府茨木市）に陣取って、義父六角定頼の援軍を待ち、三好宗三が江口（大阪市東淀川区）を確保して、榎並《えなみ》城に籠る三好宗渭を支援した。長慶・長教連合軍は、定頼の援軍が来る前に決戦を求め、淀川《よどがわ》に沿って展開する晴元方の兵站を断ち切ろうと、江口に総攻撃を加えた。そして、宗三ら八百人を討ち取り、晴元勢を潰走させ、京都に攻め上った。これを見た足利義輝や六角定頼は近江に退去する。

江口の戦いは、代々、澄元流細川氏や義就流畠山氏と結んできた三好氏が離反し、高国流細川氏や政長流畠山氏の遊佐長教と同盟することでおこっており、畿内の伝統的な系列が崩壊したことを示す戦いであった。

将軍家・管領家の分裂の終焉

前期義輝幕府は、三好長慶との対立により、在京さえおぼつかなかった。天文十九年（一五五〇）二月、前将軍義晴は近江坂本より京都奪還を目指し、銀閣の裏山に中尾城（京都市左京区）を築いた。しかし、義晴は五月に近江の穴太《あのう》（大津市）で病死する。その後、足利義輝・細川晴元・六角定頼連合軍は鴨川《かもがわ》を挟んで、三好長慶が派遣した宿老の三好長逸《ながやす》や弟の十河一存と対峙するが、松永久秀の弟長頼が坂本を放火したため、中尾城を自焼して退去した。

こうした中、天文二十年正月に、幕府の政所執事《まんどころしつじ》である伊勢貞孝《いせさだたか》が、義輝を見放して長慶に降る。政所として京都の町衆の訴訟を扱うなど、京都に経済基盤を有する貞孝にとって、在京できない義輝に与することはできなかった。これに怒った義輝は三月に二度にわたって、長慶を襲撃したがいずれも失敗に終わっている。ところが、五月に長慶の義父である遊佐長教が、何者かによって暗殺された。犯人は時宗の僧侶であったとも、被官の萱振賢継ともされるが、その背後には、義輝がいた可能性が高い。長教を失った遊佐氏の被官は、安見宗房派と萱振賢継派に分裂したので、長慶は仲裁に入り、宗房の息子を賢継の娘婿とすることで、遊佐家中の維持を図った。長慶にとって、前年六月の筒井順昭に継ぐ遊佐長教の死は、大きな痛手となった。

その一方、天文二十一年正月には、長く足利義晴を支えてきた六角定頼が死去し、足利義輝や細川晴元も軍事的支援を失うことになった。定頼の嫡子である六角義賢《ろっかくよしかた》（義賢、承禎）は長慶と義輝を調停し、正月の内に和睦を成立させた。その条件は、細川晴元は出家すること、その嫡子信良《のぶよし》（昭元、信元、信良）を人質として差し出し、長慶が養育すること、細川氏綱が右京大夫《うきょうのだいぶ》に任官し細川京兆家《けいちょうけ》の家督を継ぐこと、足利義輝が還京することであった。なお、氏綱や信良は管領に就いていない。二月には、長慶が本来陪臣《ばいしん》には授与されないはずの御供衆《おともしゅう》に任じられ、将軍直臣の家格となった。

すなわち、長慶は細川氏被官の地位から脱し、足利将軍家を直接戴く形で、細川京兆家家督の後見人となった。京兆家の家督を、晴元から氏綱、そして信良と継承させることで、半世紀続いた澄元流と高国流の争いを収め、両細川氏を統一したのである。

一方、政長流畠山氏では内紛は収まらず、二月には安見宗房が萱振賢継らを粛清した。こうした状況でも、長慶は舎利寺の戦いで同盟していた義就流の畠山在氏と結ぶのではなく、長教の弟の杉坊明算を討ち、宗房を支持することで、政長流畠山氏の統一に尽力した。政長流畠山氏の家督は、遊佐長教が擁した畠山政国が、長教や長慶が義輝を京都から追放したことに反対して、紀伊に退去して以後空白であったが、九月に畠山高政が家督に就く。高政は長慶との同盟を堅持し、宗房を長慶への援軍として派遣する。この間、義就流の畠山在氏・尚誠父子が大和より河内に攻め込み、天文二十四年頃まで活動したが、やがて没落した。義就流と政長流の両畠山氏の一世紀続いた対立も止揚され、ようやく政長流に統一されたのである。

また、長慶は足利義輝との戦いにおいて、かつて父元長と共に自害しようとした足利義維が阿波にいるにも関わらず、これを擁していない。義維自身は強く畿内へ復帰しようとする意志があり、天文十六年には実際に渡海したにも関わらず、虚しく帰国している。前期義晴幕府と義維幕府の戦いにおいて、全国の大名は義晴と義維を対等な将軍と見ておらず、長慶も義維を敢えて擁立する意味を見出せなかったのであろう。明応の政変以来の義澄《よしずみ》流と義稙《よしたね》流の分裂状況は再燃せず、長慶は義輝との和睦を優先した。

天文二十一年正月の長慶と義輝の和睦は、半世紀に及ぶ足利氏・細川氏・畠山氏の分裂と合従連衡《がっしょうれんこう》による畿内の戦争の構図を転換させるものであった。

ただ、この展開に国人たちは戸惑っていた。特に三好一族でもあった池田長正や芥川孫十郎は、伝統的に澄元流細川氏を支持していたことから、四月に長慶から離反し、晴元や波多野元秀に味方する騒動を起こした。氏綱を擁する長慶に抵抗感があったのであろう。年内には長慶に降伏するものの、池田氏や芥川氏が長慶の権力中枢に登用される道は絶たれ、三好長逸と松永久秀が宿老としての地位を確立させていった。

天文二十一年（一五五二）の間は、三好長慶と足利義輝の和睦は維持された。しかし、出家して没落したはずの細川晴元の意欲は旺盛で、三好宗渭や香西元成も洛北でしぶとく戦っていた。このため、義輝も十一月に清水寺《きよみずでら》の裏山に霊山城《りょうぜんじょう》（京都市東山区）を築き、長慶に対抗しようとしていた。

足利義輝の追放

天文二十二年閏《うるう》正月に事態が動く。長慶が義輝に御礼のため参上すると、義輝が長慶を暗殺するとの噂が広まり、長慶は慌てて淀城に退却した。二月、長慶は清水寺で義輝と会談し、義輝側近で強硬派の上野信孝以下六名から人質を徴集する。この時、和睦維持派の政所執事伊勢貞孝や侍所開闔《かいこう》松田盛秀ら七名の幕臣は、殿中は余りに乱れていると信孝らを激しく非難した。また、長慶も伊勢貞孝や細川藤賢と連署して、信孝らを批判し、「公儀《こうぎ》御為《おんため》」に義輝と会談しようと同意の者を募ったところ、大館晴光以下七名が応じている。

長慶は、義輝を惑わす上野信孝らを排除して和睦を維持し、前期義輝幕府を立て直すことを第一に考えていた。こうした長慶の考えは、政所や侍所をはじめ多くの幕臣の支持するところであったが、義輝は主戦論に傾いていき、三月に挙兵し霊山城に籠城すると、七月に細川晴元を赦免したことで、和睦の破綻は決定的となる。これを受けて長慶は、八月に二万五千の軍勢を率いて、霊山城を攻略して、義輝と晴元を敗走させた。山科言継は長慶の軍勢を「言語道断の見事驚目」と称え、敗れた義輝らを「あさましき体たらくなり」と嘆き、上野信孝を戦犯と名指しして非難している。義輝らは近江の龍華《りゅうげ》（大津市）、そして朽木《くつき》（滋賀県高島市）へと退去したが、この時、長慶は、義輝の従者は武家か公家かにかかわらず、知行《ちぎょう》を没収すると宣言したため、四十人余りに減ってしまった。言継は「大樹《たいじゅ》一向無人」「御不運の至りなり」とその凋落ぶりを記している。

側近政治に陥った義輝は強硬派に引きずられて、長慶との和睦を破った結果、和睦の維持を望む多くの幕臣を統率することができず、公家からの信頼も失ったのである。

数万の軍勢を率いる長慶が、数十名の供を連れて敗走する義輝を追撃せず、討ち取らなかったことについて、従来は長慶の保守性を強調し、優柔不断であるとか、伝統的権威に囚われたと評価してきた。しかし、織田信長もまた、守護斯波義銀や将軍足利義昭《よしあき》（一乗院覚慶、義秋、義昭）を殺害することは「天道《てんどう》」「天命」おそろしいとして、追放にとどめている点を踏まえれば、当時の身分秩序や外聞、世評を考慮した結果に過ぎない。

3　将軍を擁しない支配

守護代・国人の後見

三好長慶が天文十八年（一五四九）の江口の戦いに勝利して、細川晴元を倒した段階で成立したのは、細川京兆家の当主に細川氏綱を就け、澄元流細川氏・義就流畠山氏より摂津守護代三好長慶と和泉守護代松浦守が、高国流細川氏・政長流畠山氏より河内守護代遊佐長教と丹波守護代内藤国貞が参加し、対等な立場で同盟を結ぶ体制であった。ただ、長慶は阿波守護代格の三好実休や淡路国人安宅冬康、讃岐国人十河一存といった弟たちを従えていた。また、長慶の義父である遊佐長教も弟の根来寺杉坊明算、婿の筒井順昭を率いており、両者の実力が抜きんでていたのである。

長慶は天文二十一年の足利義輝との和睦により、細川京兆家を後見する立場に立つが、和睦が安定せず、足利義輝との戦いが続く中、これらの守護代や国人層を、自らの下に編成していく必要があった。そもそも長慶が天文八年の挙兵に失敗したのは、三好一族内部の確執と見られたからであった。しかし、天文十七年の挙兵に際し、多くの守護代や国人が長慶の支持にまわったのは、長慶が国人池田家を晴元の恣意から守ることを訴えたからに他ならない。

長慶段階において、池田長正は歴代当主で初めて判物を発給するようになり、池田四人衆を整備し、家中を指導させたり、禁制を発給させたりするなど、池田氏は最盛期を迎えていた。三好氏はこのような池田氏に対して、池田四人衆に指示して、長正一族による荘園の押領《おうりよう》に異見させたり、和泉への出兵に謝意を示したりするなど、統制を加えていく。これは三好氏が後見することで、長正を惣領家として確立させるためのもので、長慶段階では、かつて庶流家の正盛《まさもり》が、惣領家の貞正を殺害したような事件は起こらなくなった。

また、前述したように、遊佐長教が殺害されると、対立する安見宗房と萱振賢継の仲裁をおこなった。最終的には宗房が賢継を粛清し、長慶も萱振派の杉坊明算を討ち、宗房の支持にまわったことで、長教との同盟は畠山高政と宗房に受け継がれた。

天文二十二年九月、松永久秀・長頼兄弟は丹波に侵攻し、内藤国貞と共に、晴元方の波多野元秀《はたのもとひで》を攻め立てた。しかし、三好宗渭や香西元成に背後を襲われ、国貞が討死する大敗を喫した。このため、細川氏綱が丹波国人へ、内藤氏の家督は国貞が娘婿の長頼とする契約をしていたが、長頼が遠慮し、長頼と国貞の娘の間に生まれた千勝が相続すると通達した。しかし、三好氏ならまだしも、その被官である松永氏の子が丹波守護代家を継ぐことに納得を得られなかったようで、翌年に氏綱が再度説明し、長慶も取次として副状《そえじょう》を発給する。結局、長頼は内藤氏の八木城（京都府南丹《なんたん》市）に入ると、内藤宗勝と名乗り、事実上の当主に収まった。三好氏と内藤氏の関係は対等なものから、内藤氏が三好氏に従属するものに変化したのである。

そして、長慶の後見を受けた宗勝は、波多野元秀を破って、永禄《えいろく》二年（一五五九）にその本拠地の八上《やがみ》城（兵庫県丹波篠山市）を占領すると、甥の松永孫六を配置し、波多野秀親や波多野次郎に知行を与え被官に加えた。三十年近く続いた高国・氏綱方の内藤氏と、晴元方の波多野氏という丹波の対立の図式は、内藤宗勝の下に波多野氏も包摂する形で克服されたのである。

天文末年には、松浦守が死去した。この際、長慶は三弟十河一存の次男である松浦萬満に和泉の支配を命じ、養父の松浦盛と実父の一存に後見を命じた。長慶はもはや氏綱を擁することなく、単独で松浦氏の継嗣に介入したのである。松浦氏も三好氏と同格であったが、長慶の弟の子が家督を継ぐことで、三好氏へ従属していくことになった。

和泉では、長慶に与した松浦氏と、晴元に味方して、浄土真宗の貝塚寺内町（大阪府貝塚市）を取り立てた有力国人の岸和田氏が対立していたが、松浦盛が岸和田氏の名跡を継ぐことで服属させた。そして、堺を除く和泉一国の政治的軍事的中心として、岸和田城（大阪府岸和田市）が成立し、十河氏・松浦氏・岸和田氏が集住することになる。

長慶は、同格の守護代家を、弟や宿老の松永氏を通じて従属させる一方、強力に後見した。有力国人との対立を止揚させて、守護代家の家中へ包摂し、その居城の接収に成功する。ただ、三好氏の下で肥大化した松浦氏や内藤氏の家中は、十河一存や内藤宗勝の死など、後見する三好氏の求心力が失われる事態が発生すると、分裂する危険も内包していた。

畿内の武家は、細川氏や畠山氏の分裂の影響を受け、国内の領主は二派に、領主の家の内部も二派に分かれていた。新たに加えた外様《とざま》の被官も、取り立てた当主が死去すると、向背は定かではなかった。さまざまな不安定要素を抱える守護代家や国人の家を、長慶が後見し安定化させることで、自らの統制下に置いた。彼らの既存の支配を否定するのではなく、むしろ身の丈以上に肥大化させることで、三好氏への依存を強めさせたのである。

三好長慶の足利義輝批判

足利義輝を近江朽木に追放した三好長慶は、どのような構想をもっていたのであろうか。追放直後の天文二十二年（一五五三）十月、長慶は阿波の足利義維に上洛を促した。ただ、同年六月に三好実休が義維を庇護してきた細川持隆を殺害しており、長慶を信用することができなかったのであろうか、義維が渡海することはなかった。同じ頃、在京していた上杉謙信《うえすぎけんしん》（長尾景虎《ながおかげとら》、上杉政虎、輝虎、謙信）は、十一月に長慶の仲介で本願寺証如と会談しており、世間では長慶と義輝はいずれ和睦すると見ていたようだ。

しかし、義輝の追放が長期化するに及び、長慶は天文二十一年のように義輝との和睦を望んでいるのか、明応の政変のように、義輝に代えて、義維を新たに将軍にしようとしているのかが、諸大名の関心事になっていた。天文二十四年（弘治《こうじ》元年、一五五五）七月、長慶の宿老松永久秀は六角義賢の宿老永原重興へ、義輝が長慶に悪事を企て、細川晴元を許容しないとの自筆の懐紙《かいし》や御内書を長慶に下されたが、たびたびそれを破ってきたので朽木に在国することになった。これは義輝への「御天罰」である。この上は長慶が「京都御静謐」を担うと伝え、賛同を求めた。度々の破約により「御天罰」を受ける義輝に、「京都御静謐」を実現する長慶を対置させ、正当化したのである。

これに対して、八月、畠山高政の宿老安見宗房は永原重興に書状を送り、長慶が義維を擁立しようとする動きはないが、もしそうした動きがあれば、六角氏と相談して将軍義輝に奉公するとした。畠山氏の基本姿勢は明確であった。畠山氏や六角氏の懸念に対して、十一月に長慶は永原重興へ、義維を擁立しないと伝えた。

こうして、三好氏は畠山氏との同盟を維持でき、六角氏との全面対決は回避されることになった。結局、長慶は義稙流足利氏の義維だけではなく、義澄流足利氏で義輝の弟である鹿苑院《ろくおんいん》周暠や足利義昭も擁立することなく、自らで京都の「静謐」を維持し、その支配をおこなっていくことになった。

戦国時代とはいえ、将軍本人だけでなく、足利将軍家の者を全く擁立しない大名が、首都京都を支配するのは、三好長慶が初めてであった。明応の政変を起こした細川政元は足利義澄を新将軍に就け、周防《すおう》から上洛した大内義興《おおうちよしおき》は前将軍の足利義稙を復位させた。阿波から京都を目指した細川晴元も最初は足利義維を、後には足利義晴を擁している。

東国でも、古河公方《こがくぼう》足利晴氏と北条氏綱は連携を強めていた。天文七年（一五三八）に小弓《おゆみ》公方足利義明を滅ぼした氏綱は、その功績により、晴氏より関東管領に任命され、氏綱の娘が晴氏の正室となった。その後、氏綱の子氏康は、晴氏・藤氏親子と対立するが、天文二十一年に藤氏の弟で自らの甥の義氏を家督に就けた。北条氏は足利一族を擁立する形を崩さなかった。

そうした北条氏康に対抗する上杉謙信も、永禄四年（一五六一）に京都の将軍足利義輝の許可を得て関東管領になり、足利藤氏を擁立する。また、永禄九年には、里見義弘《さとみよしひろ》が義氏の異母弟である足利藤政を擁し、後には反北条氏で同盟する武田信玄や佐竹義重も加わっている。このように足利一族を擁立するのは、より広範な領主を動員する上で有効であったからである。

すなわち、足利将軍家を擁立せず、三好長慶が単独で京都を支配する状況は、極めて異例な事態であった。その期間は、天文二十二年八月から永禄元年十一月の約五年間に及ぶ。その後、朽木より足利義輝が還京するとはいえ、五年間を短いと見ることはできない。後年に織田信長が単独で京都を支配したのも、天正《てんしょう》三年（一五七五）十一月に従三位権大納言兼右近衛大将に就任し、足利義昭の子の義尋の擁立を放棄してから、天正十年六月の本能寺《ほんのうじ》の変まで、約七年間であった。信長の死後でさえも、羽柴秀吉や柴田勝家、徳川家康によって、鞆《とも》（広島県福山市）に居る将軍義昭の還京が取沙汰されているのだ。

特に長慶が在京せず、摂津の芥川山城を居城として、足利将軍家を擁せず京都支配を実現したことは、近江の安土《あづち》城（滋賀県近江八幡市）に拠って、京都を支配した信長の範になったと言えよう。

三好長慶の裁許

天文二十二年（一五五三）八月、三好長慶は足利義輝を京都から追放すると、摂津でも細川晴元に与した芥川孫十郎を降伏させ、本拠地を越水城から芥川山城に移した。越水城は摂津下郡の支配には適していたが、守護代の弟格が在城する城であり、本格的に京都支配を展開しようとする長慶の権威を示すのにふさわしくなかった。それよりも管領細川高国が築城し、細川晴元が在国の際に居城とした芥川山城の方が、長慶の政治的地位を示すのにふさわしい城郭であった。

長慶が在京しなかったのは、義輝や晴元に並ぶ従四位下の官位に昇ろうとも、家格秩序が色濃く残る京都では、守護代家としか認められなかったためであろう。また、後期義晴幕府を支えた管領代六角定頼が在国し続けたことに習ったのかもしれない。裁許や保障を求める者は、天皇家から公家、権門寺社、村の庄屋・百姓に至るまで、芥川山城に足を運ばせる方が効果的でもあった。

長慶と義輝の戦争中、京都近郊の西岡地域において、今井用水をめぐり今里村（京都府長岡京市）と上植野村（京都府向日市）の間で相論が起こった。この時は近隣の国人や細川氏綱の被官茨木長吉の仲裁により落着したが、翌天文二十三年に相論は再発した。長慶は前年の仲裁案に従い処理すべしと、氏綱被官の多羅尾綱知に命じたが、両村はこれを拒絶し、長慶による裁許を求めたため、長慶は百姓らに芥川山城への登城を命じて審理をおこなった。双方の村にそれぞれ申次《もうしつぎ》を設定し、それとは別に中立的な検使《けんし》を付けて、三人に実況見分を行わせ、双方の絵図や隣村の百姓の証言を確認し報告させた。長慶はそれを受けて「今里郷惣中」に勝訴の裁許を下したのである。在地の村々は、氏綱ではなく、長慶の実力に裏付けされた効力のある保障を欲していた。

天文二十二年十月、桂西荘（京都市西京区）の新坊分について、奉公衆の石谷光政と公家の葉室頼房《はむろよりふさ》が争った際、長慶は、前年に光政に安堵《あんど》した室町幕府奉行人連署奉書を破棄し、頼房の理運と裁許した。天文二十四年（弘治元年、一五五五）に、石清水八幡宮寺《いわしみずはちまんぐうじ》の社家《しゃけ》である田中家の家督をめぐる相論が起こると、義輝は西竹教清《にしたけきょうせい》が筥崎宮《はこざきぐう》（福岡市東区）に在国しているのを非とし、東竹甲清《ひがしたけこうせい》を家督に定めた。しかし、長慶はこれに介入した。西竹教清より在国は後奈良天皇の命令による遷宮《せんぐう》のためと説明を受け、東竹甲清から家督を返還させたのである。長慶は義輝の裁許を狙い撃ちにして、破棄していった。

長慶が相論に介入したのは、京都近郊だけではない。出雲《いずも》では十年以上にわたって、千部法華経読誦の際に、出雲一宮《いちのみや》の杵築大社《きづきのおおやしろ》（出雲大社《いずもたいしゃ》）の神宮寺《じんぐうじ》である鰐淵寺《がくえんじ》に代わって、尼子晴久が保護する清水寺（島根県安来市）を最高位の左座に付けようと争っていた。後奈良天皇の勅許は二転三転し、義輝と青蓮院門跡《もんぜき》、比叡山の西塔《さいとう》と横川《よかわ》は鰐淵寺を、六角義賢と梶井宮門跡《かじいのみやもんぜき》、比叡山東塔《とうとう》は清水寺を推したことで、尼子晴久はついに投げ出す事態となった。そこで、鰐淵寺は長慶を頼ることにした。弘治二年（一五五六）、長慶は「叡慮片手打の御裁許」と後奈良天皇の裁許を堂々と批判して再審を求め、長慶の意見に沿った女房奉書《にょうぼうほうしょ》を引き出すことに成功し、相論を収束させた。三好氏は自らの支配が及ばない遠国において、将軍や天皇を越える存在感を示したのである。

将軍がたびたび在国する状況は、公家社会にも影響を与えていた。江口の戦いの直後から、前関白《さきのかんぱく》九条稙通《くじょうたねみち》は三好氏への接近を図り、養女を長慶の弟の十河一存に嫁がせた。永禄二年（一五五九）に、稙通の後継者である兼孝が参賀する際、稙通は兼孝の実父二条晴良《にじょうはるよし》に対して、長慶に任せていると伝えている。三好氏は九条家や二条家と結ぶことで、朝廷に影響力を醸成したのである。朝廷で九条家と勢力を二分する近衛家《このえけ》は足利将軍家と結び、関白近衛前久《さきひさ》（晴嗣、前嗣、前久）は叔母の夫である足利義晴より偏諱《へんき》をうけていたが、これを解消し、露骨に足利義輝との関係を絶とうとした。それでもなお、朝廷に居場所をなくした前久は、永禄元年四月には西国への退去を考えるまで追い詰められた。
そうした中、弘治二年八月には後奈良天皇が三好長慶と松永久秀に禁裏《きんり》の修理を命じ、三好氏を頼みとする姿勢を明確にした。三好氏はこれを利用し、洛中より修理費用を徴収するなど、京都支配を深化させる。翌弘治三年九月に後奈良天皇が死去すると、その中陰《ちゅういん》（四十九日）の執行《しぎょう》をめぐって、伏見《ふしみ》（京都市伏見区）の般舟三昧院《はんじゅざんまいいん》と泉涌寺《せんにゅうじ》が争ったため、後奈良天皇の遺骸を火葬できなくなり、正親町天皇《おおぎまちてんのう》は「ふけ《（武家）》にてあひすますへき」とした。これを受けた三好氏は、洛中に棟別銭《むねべつせん》を課して、葬礼費用を調えると共に、泉涌寺の勝訴とし中陰の執行を命じる。

前期義輝幕府は安定して在京することができず、朝廷に勤仕しないことが常態化したことで、天皇は将軍を見限り、三好氏に信頼を寄せていくようになったのである。

4　東アジアとの関係

大内氏の日明貿易と聖一派

東アジアの貿易とは、民間人の海外渡航を禁止する海禁《かいきん》政策を取る明《みん》王朝が、国王号を付与した朝鮮の李氏や日本の足利氏、琉球《りゅうきゅう》の尚《しょう》氏にのみ朝貢《ちょうこう》を許し、それに莫大な回賜《かいし》品を授ける体制であった。このため、対明貿易の利潤は、幕府に独占されることになった。

また、朝鮮は足利将軍だけでなく、大内氏など西日本の有力大名にも倭寇《わこう》取締の見返りとして、通交を認めた。足利将軍は尚氏を琉球国王ではなく、「よのぬし」と呼んで、自らの下位に位置付け、薩摩《さつま》島津《しまづ》氏《し》が尚氏の使節を警護し、貿易をおこなう関係がつくられた。

このような貿易にあたっては、明国皇帝から勘合を、朝鮮国王から牙符《がふ》を送られた足利将軍が外交権を握り、中国の士大夫層と同等の文化的素養を持ち、漢文による外交文書を作成できる禅僧が実務を担った。そのため、幕府は禅宗を保護し、五山《ござん》・十刹《じっさつ》・諸山《しょざん》の制度を整備して、事実上の官僧に位置付ける。花の御所の東隣に位置する相国寺は、歴代将軍の追善供養をおこなう塔頭《たっちゅう》群を擁するだけでなく、その塔頭の一つ鹿苑院主は五山制度の人事権を掌握し、東班衆は幕府財政に深く関与した。

西国の大名、特に博多《はかた》（福岡市博多区）や赤間関《あかまがせき》（山口県下関市）を有する大内氏は、海外貿易に積極的であった。大内氏はもともと周防の在庁官人《ざいちょうかんじん》である多々良《たたら》氏を出自とするが、室町時代には架空の百済《くだら》の琳聖太子《りんせいたいし》の末裔と主張し、朝鮮に朝鮮半島において領地を与えるよう要求した。朝鮮はこれを拒絶するが、貿易の拡大には応じている。この大内氏の莫大な援助により、後期義稙幕府は成立した。ただ、在京が長期化すると、大内義興は帰国を検討し始める。足利義稙は義興を引き留めるため、永《えい》正《しょう》十三年（一五一六）四月に「渡唐船《ととうせん》」について永く管掌せよという旨の御内書と室町幕府奉行人連署奉書を発給した。これを受け、義興は在国被官の陶弘詮《すえひろあき》に命じて、薩摩島津氏の有力庶流家である豊州家の島津忠朝と交渉にあたらせると、永正十四年閏十月に堺へ移り、翌年八月には帰国する。

応仁の乱で兵庫津が焼き払われた後、堺が遣明船《けんみんせん》の発着港となっていた。細川氏と大内氏が勘合符《かんごうふ》や人選をめぐって対立する中、永正三年の遣明船の際に、大内義興は在堺奉行人の杉武道に命じて、東福寺と交渉し、勘合符を獲得することに成功した。その背景には、遣明船に乗り組む者が多かった京都の東福寺や、過去に莫大な抽分銭《ちゆうぶんせん》を支払って、遣明船を請け負った実績を持つ堺商人の帰依を得る堺の海会寺《かいえじ》が所属し、博多禅の中心的門派であった聖一《しょういち》派の存在があった。文明年間以降、大内氏は外交活動に利用する聖一派の僧侶や在堺奉行人の杉氏を、海会寺の季弘大叔《きこうだいしゆく》と交流させていた。また、大内氏の在京雑掌《ざつしょう》であった相国寺競秀軒は、文明年間の遣明船を担った堺商人である池永氏（湯川氏）を介して、海会寺と連絡を取り合っている。大内氏は長い時間をかけて、博多や堺、京都を繋ぐ聖一派のネットワークを通じて、堺商人を取り込み、日明貿易に備えてきたのであった。

池永一族から日比屋一族へ

後期義稙幕府の公認を契機に日明貿易を独占しようとする大内義興と、前期義晴幕府を主導する細川高国は激しく対立し、永正十八年（一五二一）頃に双方から遣明船の建造を依頼された島津忠朝は困惑した。

大永《だいえい》三年（一五二三）、大内義興は堺商人の池永修理に命じて、正徳《しょうとく》勘合符（一五〇六～二一）を携帯させ、遣明船を派遣した。大内船が寧波《ニンポー》（中国浙江省《せつこう》）に入港した直後に、足利義稙と細川高国が派遣した遣明船も入港する。細川船はすでに無効の弘治勘合符（一四八八～一五〇五）しか持っていなかったが、細川船の副使宋素卿《そうそけい》は賄賂を使って、正式な遣明船として受け入れさせた。これに激怒した大内船は、細川船だけでなく、寧波の市街地も焼き払って掠奪を繰り返して、紹興城（中国浙江省）を攻撃し、明の官人《かんじん》を拉致してしまう。

この結果、日明貿易は一時途絶する。義興は朝鮮を介して講和交渉を目論むが、朝鮮はこれを拒否した。一方、明は琉球を介して足利義晴に接触した。義晴は大内船こそ正徳勘合符を奪い取った偽使であると主張し、大永七年（一五二七）七月に新しい勘合符を要求する。貿易をめぐる対立から、高国は義興と対立する出雲の尼子《あまこ》経久《つねひさ》と結び、義興も義維幕府を支持する阿波の細川持隆に娘を嫁がせるなど、両者の争いは激化を辿る。

そして、阿波勢に支えられた義維幕府が堺を押さえたため、前期義晴幕府は、琉球との交渉ができなくなる。その隙に大内義興は、琉球や薩摩島津氏との関係を構築してしまった。また、前期義晴幕府の中でも、細川高国が失脚すると、享禄三年（一五三〇）に義晴は大内義興の遣明船独占を承認する。寧波の乱の遺留品や新しい勘合符を求めた天文八年（一五三九）の遣明船の正使は博多聖福寺《しょうふくじ》の湖心碩鼎、副使は京都天龍寺の策彦周良《さくげんしゅうりょう》が起用され、一号船船頭は博多商人の神屋運安、二号船船頭は博多商人の河上杢左衛門と堺商人の池永新兵衛、三号船船頭は堺商人の池永宗巴となった。大内義興の子義隆は明に進貢する瑪瑙《めのう》を調達するため、大坂の本願寺証如と交渉したが、両者を取り次いだのは堺商人の日比屋一族であった。

こうした大内義隆の遣明船に対して、後期義晴幕府に参画した細川晴元も、堺商人と結んで、義維より受け継いだと推測される、一回の渡航のみ使用できる嘉靖《かせい》准勘合符（一五二二〜六六）を用い、新勘合と新金印の下賜を求めて遣明船の派遣を計画する。土佐の一条房家が協力して、遣明船建造のために材木を切り出し、本願寺証如の助力も得た。ところが、細川氏綱を担ぐ畠山稙長の妨害にあっただけでなく、天文十年十一月には、大内義隆が伊勢貞孝や六角定頼を通じて、義晴に細川船の派遣延期を訴えたこともあり、出航できないでいた。逆に、義隆は定頼を通じて、義晴より弘治勘合符を獲得して、天文十六年に遣明船を派遣する。策彦周良が正使となり、四艘の船が用意された。一号船は博多商人が中心となったが、二号船には日比屋代助四郎や小西与三衛門、三号船には盛田新左衛門や池永次郎左衛門など堺商人が乗り込み、四号船の船頭は薩摩の田中豊前守が勤め、水夫は京都や堺など三十九か国の者たちであった。遣明船貿易はこの年で途絶するが、池永氏を代表とする聖一派の堺商人の役割は、重要なものであった。

また、遣明船貿易に代わる来航船貿易に向けた萌芽も見られる。そこで大きな役割を果たしたのが、日比屋《ひびや》一族である。日比屋一族は堺の櫛屋《くしや》町に屋敷を構える商人で、茶人でもあり、浄土真宗を信仰し、大内氏との繋がりも有していた。日比屋空道は、天文十九年に山口より堺にやってきたイエズス会のフランシスコ・ザビエルに宿を提供した。その子の了珪の紹介により、翌年正月にザビエルは上洛を果たし、小西隆佐《こにしりゅうさ》（小西行長《ゆきなが》の父）の歓待を受けた。了珪と了荷は中国やポルトガルから来航する船との貿易のため、豊後府内（大分市）や横瀬浦（長崎県西海市）、平戸（長崎県平戸市）を往復している。

堺商人の内でキリシタンとなったのは、日比屋一族とその親戚の小西氏のみであるので、キリスト教への改宗は遣明船貿易から来航船貿易への変化に対応するものであったと言えよう。ザビエル自身も、マラッカ総督に「堺商館」の建設に向けた手応えを伝えている。

こうした畿内と北部九州を結ぶ商人には、京都の五井《ごのい》氏もおり、天文八年の遣明船に参加するだけでなく、肥前国人の大村氏と取引があった。そして、五井《ゴノエ》バルトメロウが宣教師アルメイダと共に、横瀬浦の調査にあたっている。

三宅国秀と朝倉義景の琉球貿易参画

応仁の乱後、琉球船の畿内来航が途絶えたので、幕府は池永宣阿《いけながせんあ》など多くの堺商人を琉球に渡海させ、明に進貢するための東南アジアの産物を買い付けさせた。堺商人は明だけでなく、琉球との貿易にも参画していた。細川勝元は自前の印判《いんばん》を発給し、瀬戸内の海賊衆や島津氏に、堺から琉球への貿易船や、琉球から薩摩への「あや船」を警固させることで、通交させる制度を構築した。

しかし、永正十三年（一五一六）、備中連島《びっちゅうつらじま》（岡山県倉敷市）を本拠地とする海賊の三宅国秀が薩摩坊津《ぼうのつ》（鹿児島県南さつま市）に下向した際、島津氏に殺害される事件が起きた。連島は備讃海峡を押さえる要港で、細川氏は室町前期からこの地を領有していた。また三宅姓から、国秀は堺商人だった可能性もあり、高国の偏諱をうかがわせる。後期義稙幕府のもと、高国の父細川政春が備中守護であった時期であることを踏まえると、国秀は義稙や高国の意向により、琉球使節を迎えに坊津に向かったよ

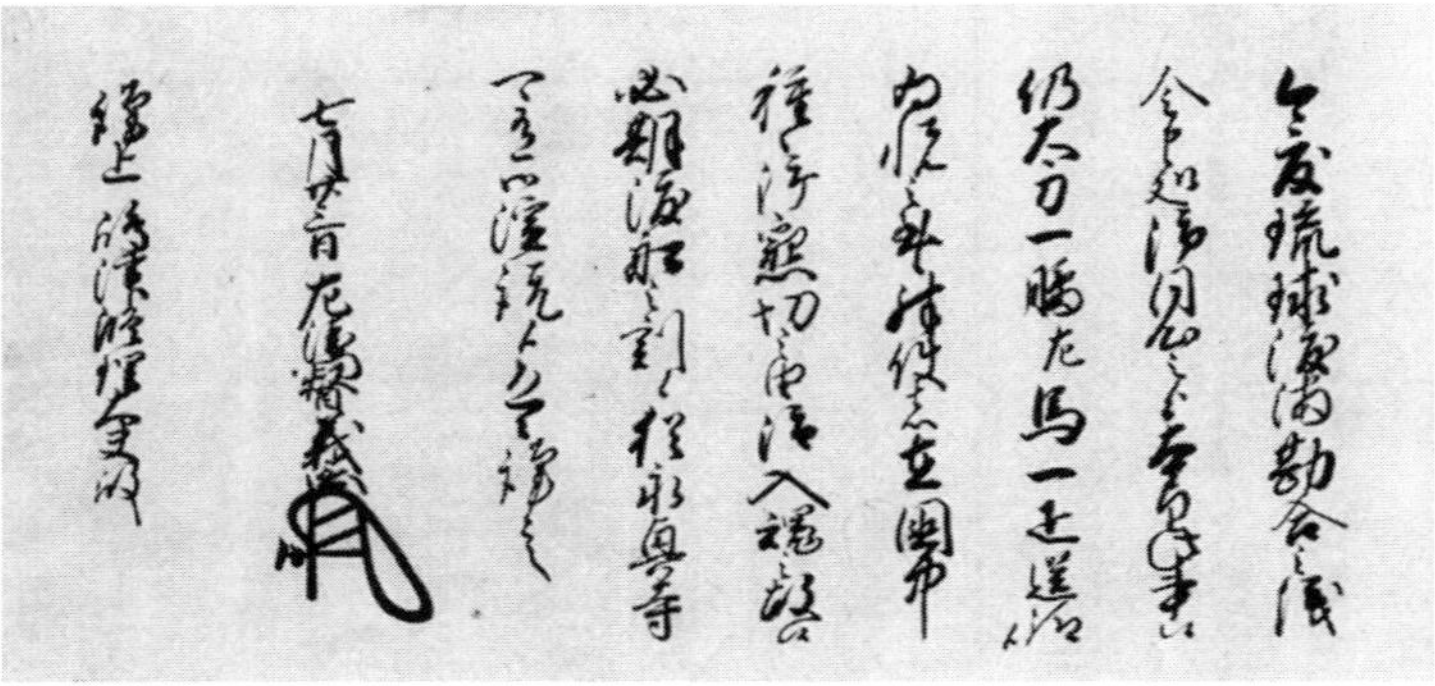

16―島津家文書・朝倉義景書状・7月23日付（東京大学史料編纂所提供）

うである。しかし、島津氏の内紛のあおりを受け、殺害されたようだ。これにより、細川氏の印判による通交体制は崩壊してしまった。

島津氏が内部分裂により、九州南部や琉球への影響力を失うと、寧波の乱により細川高国との関係が決裂した大内義興が、豊州家の島津忠朝を抱き込み、禅僧を介して琉球との結びつきを強めた。天文三年（一五三四）には、伊予の大三島（愛媛県今治市）辺りを拠点とし、村上海賊の有力な構成員である今岡通詮が琉球に渡海しようとしていた。大内義隆は堺と九州南部を結ぶ堺商人に警固料を課す村上氏や今岡氏を保護しており、細川高国と同様に瀬戸内海賊を瀬戸内航路と南海航路の結節点である坊津に派遣し、警固料を徴収しようとしたのであろう。しかし、弘治三年（一五五七）に大内氏が滅亡すると、日本と琉球の貿易船を統制するようになったのは、琉球王国の那覇奉行であった。

畿内近国の勢力で再び琉球貿易に関わるようになったのは、

越前朝倉氏である。永禄十年（一五六七）七月、有力な将軍候補者である足利義昭を擁した朝倉義景は、島津氏を統一した義久に対して、「琉球渡海勘合」について申し入れ、義久の同心を得たのでその返礼をおこなった。義景は義昭を擁することで、越前と琉球の間を通交する船を管理する体制を構築しようとした。島津氏も将軍（候補者）の権威を利用し、自身の印判による琉球通交の管轄を正当化し、琉球に対して、その遵守を求めていく。

朝倉義景はこの頃、琉球や島津氏だけでなく、出羽檜山《でわひやま》（秋田県能代市）の安東愛季《あんどうちかすえ》に国友（滋賀県長浜市）で製造された鉄炮を贈って通交しており、日本海航路と東シナ海航路を結び付ける積極外交を推進しようとしていたのである。

臨済宗大徳寺派と琉球の交流

日本と琉球を取り結んだのも、禅宗のネットワークであった。琉球で禅宗が本格的に隆盛を迎えるのは、南禅寺《なんぜんじ》の芥隠承琥が明の景泰年間（一四五〇〜五七）に琉球に渡海してからであった。芥隠承琥は琉球国王の帰依を得て、明の弘治五年（一四九二）に琉球禅林の最高位である円覚寺《えんがくじ》の開山住持となっただけでなく、国王の使者として、幕府と交渉にあたった重要人物であった。その後、外交使節には禅僧が多く用いられていく。

十六世紀になると、五山十刹制度から離脱した大徳寺派、特に塔頭の大仙院《だいせんいん》を本拠とする北派が琉球との関わりを持つようになる。永正六年（一五〇九）に大仙院を開創した古岳宗亘《こがくそうこう》は、その詩文が琉球にも知られており、日本から琉球に渡り天王寺《てんのうじ》の住持となっていた不材一樗から道号頌を請われたという。

後に島津《しまづ》家久《いえひさ》の琉球侵攻に際して講和交渉にあたったことで知られる菊隠宗意《きくいんそうい》は、古岳宗亘《こがくそうこう》の弟子である笑嶺宗訢《しょうれいそうきん》やその弟子の古渓宗陳《こけいそうちん》に学び、帰国すると円覚寺の住持にまで出世した。修業した場所は、笑嶺宗訢が長く住持を勤めた堺の南宗寺《なんしゅうじ》であろう。古渓宗陳やその兄弟子である春園宗園の語録によると、琉球からは僧侶だけでなく、明との貿易に従事した俗人や、俗人の女性、官人も大徳寺に参禅した。

この大徳寺派と琉球を結び付けたのが、堺商人である。応仁の乱後の大徳寺の復興を支えたのは、真珠庵《しんじゅあん》派の一休宗純《いっきゅうそうじゅん》に帰依した堺の商人であった。古岳宗亘の語録には、明に渡海した堺商人の宗叱が、古岳宗亘の師の実伝宗真の語録には、堺商人の田中隼人の子棟雲宗充が見える。

こうした大徳寺派の中でも特に北派と堺商人を保護したのが、三好長慶であった。古岳宗亘は堺に南宗庵を持っていたが、堺の出家者や在家《ざいけ》の信者に支えられていた。特に古岳宗亘に帰依したのが、堺商人で茶人でもある天王寺屋津田《つだ》宗達《そうたつ》で、宗達は古岳宗亘より法号頌を受けている。南宗庵は後に古岳宗亘の弟子である大林宗套《だいりんそうとう》に帰依した三好長慶によって、長慶の父元長の菩提を弔う南宗寺として整備された。堺の住人である宗顕は、大林宗套が南宗寺から大徳寺本寺へ出世できるよう資金援助したが、琉球との関わりが深い笑嶺宗訢、春屋宗園、古渓宗陳、玉甫紹琮、沢庵宗彭《たくあんそうほう》、江月宗玩《こうげつそうがん》（津田宗達の孫）が南宗寺の住持となっている。

将軍と五山による海外貿易の体制が崩壊していく中、南宗寺の建立は、将軍を追放した三好氏と、将軍の保護管理下を離れた林下《りんか》の大徳寺、堺商人による新たな貿易に対応するための模索の象徴であった。

法華宗日隆門流と鉄炮

畿内と海外を繋ぐ宗教ネットワークには、禅宗以外にも法華宗がある。法華宗は布教に従事した有力な宗教者ごとに門流が形成された。室町前期、越中《えっちゅう》に生まれた日隆《にちりゅう》は西国、特に瀬戸内一帯や太平洋航路への布教に努めた。日隆門流は首都京都の本能寺と、京都と淀川や神崎川を通じて繋がる大阪湾の港町尼崎の本興寺《ほんこうじ》を両本山とし、堺の顕本寺を「南西国末頭」、敦賀《つるが》（福井県敦賀市）の本勝寺を「北東国末頭」とすると、摂津兵庫津、淡路釜口（兵庫県淡路市）、備前牛窓《びぜんうしまど》（岡山県瀬戸内市）、備後尾道《びんごおのみち》（広島県尾道市）、讃岐宇多津《さぬきうたづ》（香川県宇多津町）、阿波撫養《あわむや》（徳島県鳴門市）という、その国を代表する港町に展開し、大隅《おおすみ》の種子島《たねがしま》（鹿児島県西之表市、中種子町、南種子町）は全島を帰依させた。

荘園を持たない法華宗寺院の中でも日隆門流は、遠隔地流通を担う港町の有力商人を外護者として発展した。また、これらの港町の内、堺や宇多津は細川氏の守護所《しゅごしょ》が置かれ、尼崎の本興寺の開創にあたっては、細川満元《みつもと》から土地の寄進があったとする伝承があり、細川氏との密接な関係がうかがえる。種子島の本源寺は、種子島氏の菩提寺《ぼだいじ》であった。

そして、末寺から本山へさまざまな産物が進上された。その一つが、種子島に伝来した鉄炮である。

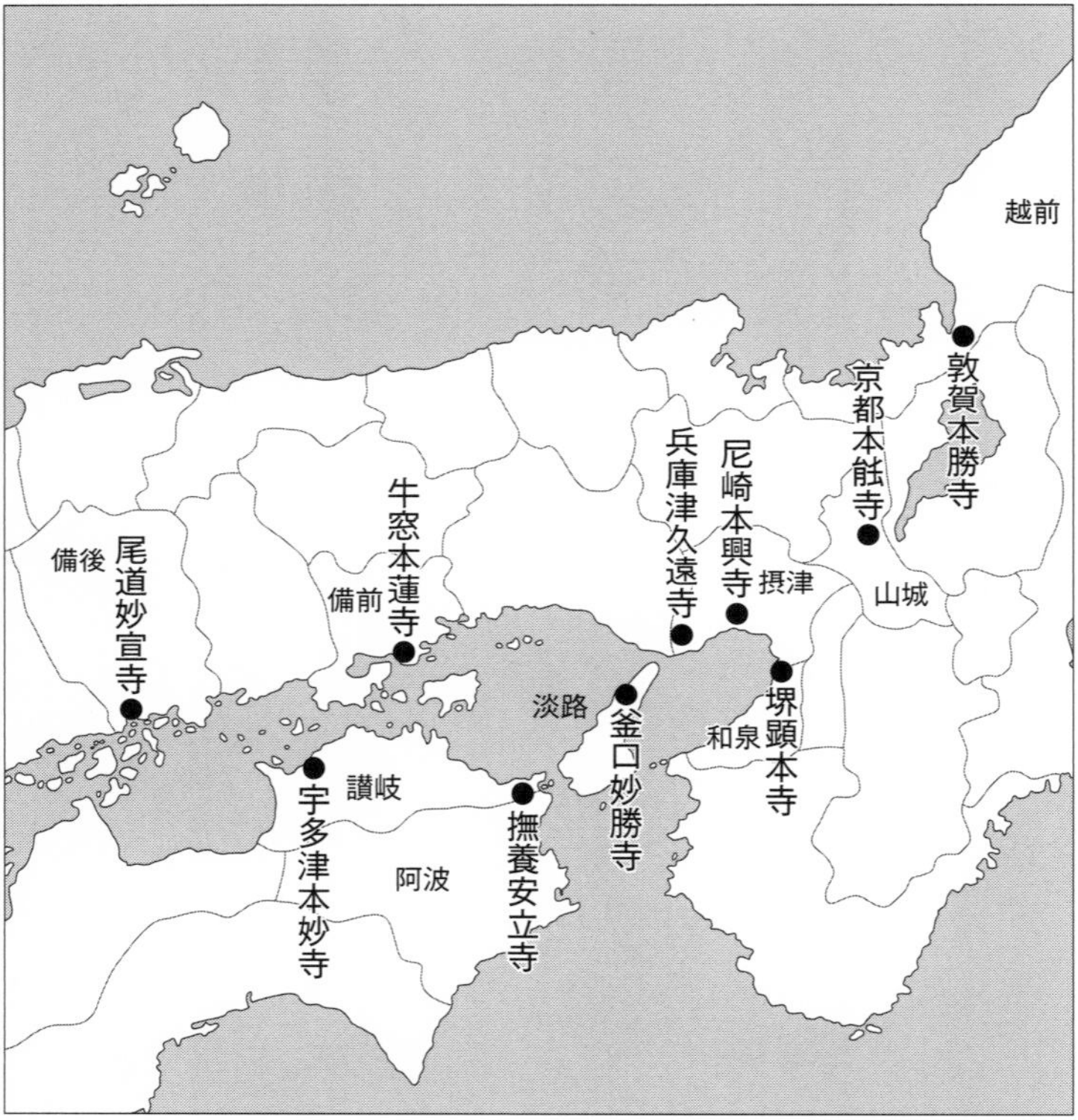

17—法華宗日隆門流の広がり

細川晴元は本能寺より種子島の鉄炮を贈られ、本能寺に返礼をおこなうだけでなく、種子島にも書状を遣わすよう依頼している。本源寺からは、鉄炮以外にも、鉄炮を撃つために必要な火薬の原料となる硝石をはじめ、唐目の五色糸、琉球布（芭蕉布か）、屋久島織物などが、本能寺へと進上されており、日隆門流のネットワークは東シナ海と畿内を繋ぐ民間貿易の一端を担っていたのである。

畿内近国と四国東部を支配した三好長慶は、兵庫津の豪商で日隆門流寺院の久遠寺《くおんじ》の檀那である豪商棰井氏の買得地を安堵し、長慶の弟で淡路海賊を統括する安宅冬康も、金融業の営業を永代免許して徳政《とくせい》免除の特権を与えた。また、長慶・実休・冬康の兄弟は、父元長が自害した由緒を持つ堺の顕本寺を位牌《いはい》所と位置付け、軍勢の寄宿を免除する。

当時、旧淀川と神崎川によって、京都と連結し西の玄関口の位置を占めた尼崎は、律宗の大覚寺《だいかくじ》をはじめ、日隆門流の本興寺《ほんこうじ》、浄土真宗の大物惣道場《だいもつそうどうじょう》、禅宗の広徳寺、氏神《うじがみ》の貴布禰神社《きふねじんじゃ》などを、それぞれ都市核とする複合的な都市であった。しかし、十六世紀中期になると、本興寺は大物惣道場を破却し、貴布禰神社の地を侵食する形で寺内化を推し進めていた。弘治二年（一五五六）、長慶はそうした本興寺を保護し、その寺内町に都市特権を公認すると、本興寺は尼崎惣中の借金を肩代わりする形で、貴布禰神社の敷地を事実上買収する契約をおこない、寺内町を完成させる。三好氏は本興寺の経済的影響力を介して、尼崎惣中の把握を目指したのである。

三好氏に保護された棰井氏も、江戸時代の兵庫津に存在した三つの都市共同体の一つである岡方の名主を独占するに至る。顕本寺の檀那の一人である高三《たかさぶ》氏は堺の会合衆の一人であり、本興寺は尼崎全体の都市共同体を経済的に支配する立場に立っていた。これらを踏まえると、三好氏は日隆門流を通じ畿内と東シナ海を繋ぐ貿易に関わろうとするだけでなく、大阪湾の港湾都市の共同体を内側から支配しようとしたのである。

鉄炮はまた、紀伊の根来寺や、堺商人といった複数の民間貿易者によって分散波状的に畿内に伝来したほか、種子島氏が島津氏や本願寺の仲介により、火薬やその調合方法とともに足利義輝に献上している。義輝はこれらや鍛冶を集めて霊山城で作らせた鉄炮を上野《こうづけ》の横瀬成繁《なりしげ》に下賜したり、大友宗麟より得た火薬の調合法を上杉謙信に贈ったりするなど、鉄炮外交を展開した。

天文十九年（一五五〇）二月、京都の奪還を企てる足利義晴は、中尾城（京都市左京区）を築くが、三好長慶の鉄炮に備えるため、二重に壁を造り、その間に石を入れたという（『万松院殿穴太記《ばんしょういんどの》』）。七月には足利方が三好方の与力を鉄炮で討ち取った。永禄元年（一五五八）には長慶が京都の清水寺に対して発給した禁制で、伽藍に向かって鉄炮を放つ事を禁止している。甲乙人《こうおつにん》の乱妨狼藉や竹木の伐採と並ぶ行為に挙げられており、鉄炮が相当普及していたのであろう。鉄炮は戦争や城郭のあり方を急速に変えていった。

三　畿内社会の様相

1　荘園・村落の世界

日根荘と『政基公旅引付』

和泉《いずみ》の日根荘《ひねのしょう》（大阪府泉佐野市）は、五摂家《ごせっけ》の一つ九条家《くじょう》の重要な所領であった。ところが、明応《めいおう》九年（一五〇〇）、畠山尚順《ひさのぶ》と根来寺《ねごろでら》の連合軍が、細川氏の和泉上守護と下守護の両者を自害に追い込む事件が起こった。九条政基《まさもと》は実子の澄之《すみゆき》を細川政《まさ》元《もと》の養子とし、両家が「御一体」となることで日根荘を維持しようとしており、実際に政元はすぐに尚順らを駆逐したので、目論見《もくろみ》が功を奏したかに見えた。しかし、今度は和泉両守護が押領《おうりょう》したため、苦境に立たされた。そこで、文亀《ぶんき》元年（一五〇一）に五十七歳の政基は、荘園支配の再建のため、家《か》僕《ぼく》や中間《ちゅうげん》・若党《わかとう》・側室ら十名余を伴って日根荘に下向し、前代官の根来寺に代わって直務《じきむ》支配を開始した。『政基公旅引付《まさもとこうたびひきつけ》』は政基が在荘時に記した日記である。

日根荘は政基が直轄する「領家方《りょうけ》」の日根野村と、家僕の富小路俊通《とみのこうじとしみち》の知行《ちぎょう》する「俊通奉行方」の入山田《いりやまだ》村に分かれていた。日根野村は東方と西方に分かれ、さらに東方の中には久の本村・西上村・溝ノ口村といった小村があった。入山田村も船淵村・菖蒲《しょうぶ》村・大木村・土丸村の四つの小村から成っていた。こうした小村が生活共同体として百姓中を形成し、小村の番頭の私宅である政所屋《まんどころや》が年貢収納の場であったことから、政基は番頭や沙汰人《さたにん》を介して支配を進める。

政基の下向後、守護方が村人を抑留する事件が頻発し、守護被官《ひかん》が軍勢を連れて乱入することもあった。村人の中には日根荘を代官支配してきた根来寺の氏人《うじびと》になる者も出てきたことから、守護方は政基や根来寺を敵視していたのである。政基は家僕を遣わし、村の武力を担う若衆《わかしゅう》は具足《ぐそく》も付けず戦い退けた。これは、熊取（大阪府熊取町）など近隣の村々で構成する「クミノ郷」や、根来寺と協力関

18—日根荘入山田村の故地（泉佐野市教育委員会提供）

係にある村々による「綏之郷」が、守護方に味方しなかったおかげのようである。

村人にとっての危機は、戦争に加え、自然災害や飢饉《ききん》もあった。雨乞いの効果もなく、餓死者が続出する中、非常食の蕨粉《わらびこ》が盗まれる事件が起こり、犯人である兄弟だけでなく、その母である滝宮《たきのみや》（火走神社《ひばしり》）の巫女《みこ》も、村の検断《けんだん》により殺害された。このような事件はその後も続き、寡婦なども殺された。また、百姓の正円右馬《しょうえんうま》が稲などを盗んだとする事件が起こり、政基は右馬を処刑し、その田地を菖蒲村に預けた。右馬の弟の高野聖《こうやひじり》順良は高野山や根来寺の力を背景に再審を要求し、政基もその準備をしていたが、その最中に菖蒲村番頭の源六宮内が右馬の田地を押領していた不正が露見すると、番頭らは政基の法廷を無視し、勝手に順良と密談し示談にしてしまった。災害や飢饉の被害は、弱者にしわ寄せがいき、対立者を引きずり降ろそうとする讒訴《ざんそ》や不正も横行したのである。

また、窃盗を働いた僧侶が、『政基公旅引付』では政基の裁許によって処刑されたことになっているが、『九条家文書』に残る村人が政基に提出した請文《うけぶみ》によると、密かに助命されており、感謝している。政基は後世に誤った先例を残さないように、日記を改竄《かいざん》していたのだ。

年貢の収納も順調であった訳ではなく、政基が番頭を拘禁する時もあった。村も逃散《ちょうさん》して抗議の姿勢を示したり、減免を要求したりした。村の自治と抵抗により、直務支配は後退していく。そして、九条家に対して多額の債権を持つ根来寺が、その返済と代官再任を要求し、守護方を破って和泉を制圧したのを機に、政基は根来寺を代官に補任し、永正《えいしょう》元年（一五〇四）に帰京した。日根荘は約三十年後の天文《てんぶん》初年頃に廃絶する。

政基は支配の苦悩だけでなく、村の風流も書き残していた。七月の盂蘭盆《うらぼん》では、船淵村の村人が念仏踊りをおこなったが、これを見た政基は、村人の所作は仕草も台詞も都の名手に劣らないと感心している。雨乞いは滝宮でおこない、降らなければ七宝滝、ついで七宝滝寺不動明王堂《しっぽうりゅうじふどうみょうおうどう》でおこなうが、最終手段として、滝壺に動物の死骸を投げ込む習俗があった。そして、雨が降ったら、「雨喜の風流」として、船淵村と菖蒲村は絹の旗を、大木村と土丸村は紺の旗を立て、相撲《すもう》を奉納した。日根荘の鎮守で和泉五社の一つである大井関社《おおいせきしゃ》では、四月に猿楽《さるがく》や射礼《じゃらい》、八月には放生会《ほうじょうえ》が催されている。

政基は基本的に在所とした長福寺を離れず、家僕や日根荘の寺院の住持・寺僧にしか対面を許さなかったので、多くの場合、様子を後で聞くばかりであった。そうした中でも、大井関社の連歌会《れんが》の頭《とう》役《やく》を務めることで、文化支配を目論み、荘内の地名を詠み込んだ歌を残している。

上久世荘における被官化

京都近郊の上久世荘《かみくぜ》(京都市南区)は、足利尊氏《あしかがたかうじ》が東寺鎮守八幡宮《とうじちんじゅはちまんぐう》に寄進した一円膝下領荘園であった。村内は二割程度の侍分《さむらいぶん》と八割程度の地下分《じげぶん》に大別されるが、侍分のうちより村政を主導する年寄が選出され、年寄から年貢収納や算用などの荘務をおこなう沙汰人が起用されていた。

ところが、文亀元年(一五〇一)に、荘園の公文《くもん》であった細川氏被官の寒川氏が失脚したことで、大きく変化していく。寒川氏の公文分が武家給人領《ぶけきゅうにんりょう》となり、東寺に残された寺家分と合わせて、荘民は双方から支配されたのである。ただ、寒川氏は在地に不案内な細川氏の給人の隙を付き、代官としてすぐに復帰を果たす。これに対して、給人も代官を統制するため、在地をよく知る侍衆として、和田一族や利倉《とくら》一族を従えていく。このような武家被官化は、給人の波々伯部《ほうかべ》氏以外の長塩氏など細川氏被官や、細川氏に従う同じ乙訓《おとくに》郡内の国人《こくじん》の革島《かわしま》氏、摂津国人の芥川《あくたがわ》氏・瓦林《かわらばやし》氏・野間《のま》氏など、分散的にしかも一挙に進んだ。侍衆同士は相互に競合する関係でもあり、細川氏への被官化を通じて優位に立とうとしていたため、連鎖的に武家被官化が進行したのである。

このような被官関係は、「与力」と表現された。上久世荘の侍衆と細川氏被官の個別的な被官関係が成立すると、細川氏当主は侍衆を自らの直臣として把握し、侍衆をそれぞれの被官の与力として付属させることで、軍事力の強化を図っていた。これに対し、侍衆も、細川氏の陪臣《ばいしん》ではなく直臣という形で、より社会的身分的上昇を成し遂げ、当主の保護を受けることで、被官先からの恣意《しい》を抑制しようとしたのである。

このような武家領主化が進行したのと同時期に、集団的な寺家被官化も起こっていた。村の軍事力を担った若衆たちや、後には新興の恋川氏や長谷川氏が、支配を立て直そうとする東寺と被官関係を結ぶことで、荘務や村政への関与を求めていった。彼らは集団で、共同体内部における政治的地位の向上に努めていた。

上久世荘の侍衆は、細川氏と東寺の支配が並存する中、ほとんどが武家と寺家の双方と被官関係を取り結んだ。しかし、軍事的な負担の増大や被官先の失脚に巻き込まれて、自害に追い込まれるなど前途多難な道でもあった。そして、数を減らしながらも生き抜いた者だけが、庄屋や名主として転化していくことになる。

大和の三里八講

法隆寺《ほうりゅうじ》と膝下の村々は、惣鎮守《そうちんじゅ》の龍田《たつた》神社において、毎年三月に龍田宮三十講《さんじっこう》という共同祭祀をおこなっていた。その奉仕組織の一つに三里八講《みさとはっこう》がある。五百井《いおい》村・服部《はっとり》村・丹後《たんご》村（奈良県斑鳩《いかるが》町）は、興福寺《こうふくじ》領の服荘《はとりのしょう》から分かれた一荘一村の小規模荘園であったが、鎌倉時代になると、三里と呼ばれる地域的結合を遂げ、共同で池の造営を行うようになり、戦国時代には、法華経八巻を四日間で講読供養する共同祭祀組織を形成する。

在地領主は在村せず、結衆《けちしゅう》が三里八講を支えていたが、天文二十二年（一五五三）の掟によると、結衆のうち「ヲトナシウ（老衆）」十人が、二月ないし三月に寄合を開き、四月に八講を催した。頭役のもとで結衆による饗宴があり、龍田神社で八講を執り行い、白拍子《しらびょうし》による謡舞《うたいまい》も奉納された後、惣営みが頭役の家で開かれた。このように、八講は惣荘《そうしょう》である三里の繁栄を祈願する重要な祭祀であった。また、この頃には、民間金融である頼母子講《たのもしこう》としての側面も持つようになる。

八講の費用は、三か村に分布する講田《こうでん》から賄《まかな》われた。このような講田の請人《うけにん》は、服部村の中屋氏など、庄屋を務める有力な五、六家が務めた。彼らは八講を主催した老衆であり、頭役を務め、八講の経済的基盤である講田の請人も兼ねた。経済的負担は大きかったが、八講を運営することで、その地位を維持し補強していったのである。

しかし、老衆たちの家も盤石ではなかった。請人たちは時期によって激しく変動した。永正から享《きょう》禄《ろく》年間（一五〇四～三二）にかけて、特定の家によって維持されてきたが、天文初年に動揺と再編があり、天文十二年頃に再び固定化し安定する。その結果、天文二十二年に掟が制定されるが、弘治《こうじ》から永禄《えいろく》初年には請人がいなくなり、一時中断した。そして、永禄末年から天正《てんしょう》年間（一五七三～九二）に新たに台頭した家を加えている。旱魃《かんばつ》や飢饉《ききん》だけでなく、天文初年の木沢長政や永禄初年の松永久秀の戦乱により、大和は混乱し、村の存続は危機に瀕していた。

そうした中でも、五百井村は、龍田村との用水相論では「五百井在所中」として、松永久秀の提案を受け入れ、取水を折半した。その用水を西之庄・進官（雑役免分《ぞうえきめん》）・服部領と分配する取り決めでは、「五百井井司衆中」として、筒井順慶《つついじゅんけい》や布施《ふせ》行盛《ゆきもり》の裁許を得るなど、目まぐるしく変わる武家の争いを冷静に見極め、村が成り立つために奔走したのである。

河内十七箇所と淀川中下流域の大荘園

畿内の合戦で何度も係争地となったのが、淀川中流左岸の低湿地にあった河内十七箇所（大阪府寝屋川市、門真《かどま》市、守口市）と呼ばれた大荘園であった。河内十七箇所は、淀川本流や、深野《ふこの》池、新開池に囲まれた水郷地帯であった。その東側には、河内八箇所（大阪府門真市、大東市）があり、西側には、摂津の榎並荘《えなみのしょう》（大阪市旭区、都島区、城東区、鶴見区）と、大荘園が淀川左岸に並存していた。また、榎並荘の北西を流れる淀川本流と、

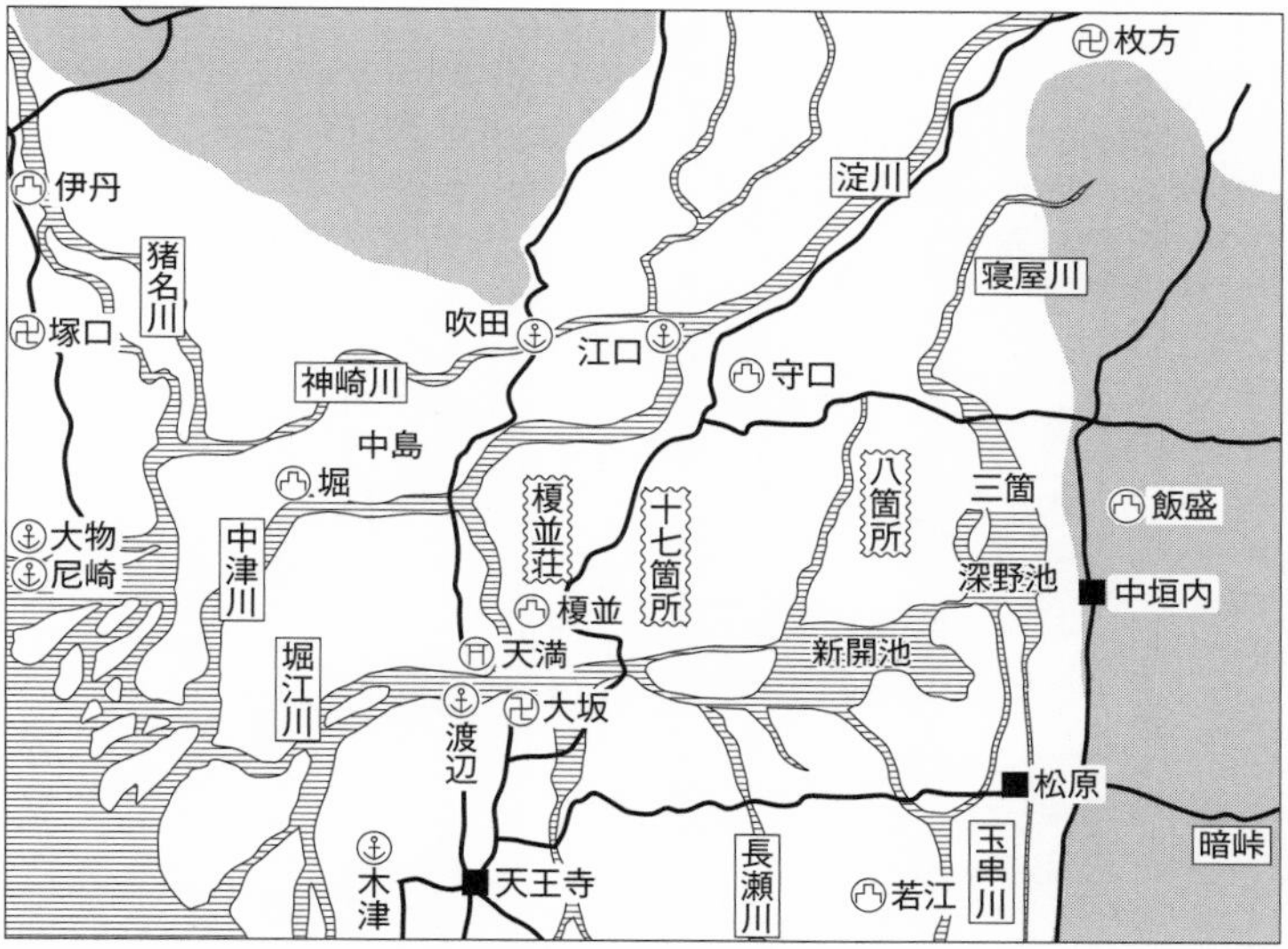

19―淀川左岸（摂津闕郡、河内下郡）略地図

その分流で尼崎《あまがさき》へ向かう神崎川《かんざきがわ》（三国川）に挟まれた地域は、中島（大阪市北部）と呼ばれた。

河内八箇所と河内十七箇所では、元はそれぞれ八つと十七つの個別荘園が存在し、低湿地の中を島状の輪中《わじゅう》が入り組む構成になっていた。そして、南北朝の戦いが続く一三六〇年代に、南朝の後村上天皇が京都を攻撃したり、楠木正儀《くすのきまさのり》が北朝へ帰順したりする中で、この地域は戦争の最前線となった。そのため、闕所地《けつしょち》が集積されていき、個別所領を進止《しんし》して、多くの収益を得ることができる大所領として再編される。室町時代には京着の年貢で千石を越える所領は珍しかったが、戦国時代になっても二千石に及ぶ収入があった。

幕府にとって、淀川の河川交通は首都京都と西日本を結ぶ物流の大動脈であり、権門寺社《けんもんじしゃ》も造営料の徴収を名目に多くの経済関を設置していたため、淀川左岸を安定的に確保しなければならなかった。また、在地側でも、個別所領の枠組みを越えて、共同で堤防を管理する必要に迫られていたため、大規模荘園の枠組みが平時にも継承されることになった。

幕府は十七箇所を自らの御料所《ごりょうしょ》とし、八箇所と榎並荘を歴代足利将軍が尊崇する北野社に寄進する。八箇所の東側、深野池を押さえる三箇《さんが》（大阪府大東市）は相国寺領、深野池の東岸である甲可郷《こうか》（大阪府四條畷市《しじょうなわて》）には奉公衆《ほうこうしゅう》の結城《ゆうき》氏の所領があり、幕府は河内北部の低湿地を広域的に押さえて、自らの経済的基盤としていた。特に十七箇所は歴代将軍の娘たちが入寺する南御所（宝鏡寺大慈院《ほうきょうじ》）や慈受院にも与えられるが、その代官職を請け負った畠山氏が、さらに八箇所の代官職も望んでおり、細川氏の庶流典厩《てんきゅう》家が中島を支配するなど、両管領家もこの地を確保しようとしていた。

こうして淀川流域の大荘園は、収奪の的になっていく。応仁の乱が起こると、畠山義就《よしひろ》から十七箇所の知行権を与えられた大和の越智《おち》家栄《いえひで》が進出し、後には政長も筒井氏を入部させた。明応の政変に際しては、義就の子義豊が細川政元との密約の証として、細川氏被官の上原元秀《うえはらもとひで》に十七箇所を与えている。明応の政変後には八箇所の代官職を赤沢朝経《あかざわともつね》や三好之長・元長が請け負っており、淀川左岸に細川氏の勢力が大きく伸長した。

しかし、細川氏が分裂すると、大永《だいえい》元年（一五二一）には義就流畠山氏の越智家全《いえまさ》が、天文四年（一五三五）には内談衆《ないだんしゅう》の大館晴光《おおだちはるみつ》が十七箇所代官職を得た。これに対して、細川晴元が違乱したため、足利義晴が河野通直《こうのみちなお》に大友義鑑《おおともよしあき》と相談して、晴元を討つよう命じている。ただ、天文七年には晴元の側近三好宗三《そうさん》が十七箇所の代官として、現地に被官の吉田源介を派遣しており、晴元の勢力下にあった。天文八年になると、晴元と義晴の対立を見た三好長慶は、その代官職を要求する形で義晴と結んで、晴元や宗三の討伐を目論んでいる。しかし、天文十七年には三好宗三・宗渭《そうい》父子が十七箇所と榎並荘の境界に位置する榎並城に依っており、翌年には中島の東端で淀川の対岸の十七箇所を望む江口に宗三が築城していることから、こうした大荘園は細川晴元が維持していたようだ。

三好長慶は、江口の戦いで勝利すると、弟の安宅冬康と競って榎並荘に給人を設置した。河内平定後には深野池の東側の飯盛《いいもり》城を居城とし、旧淀川と旧大和川の合流する渡辺津（大阪市中央区）の渡辺氏、三箇の三箇氏や甲可郷の結城氏を被官化する。ただ、長慶の死後も、畠山氏の影響は十七箇所に残っており、被官の萱振《かやふり》氏の知行を山城国人の小枝氏に与えたり、細川典厩家を継いだ細川氏綱の弟藤賢が、中島の堀城（大阪市淀川区）を守ったりしている。

幕府が首都京都を維持するため、近郊の有力な経済的基盤として広域支配を目指した淀川中下流域は、北朝と南朝、細川氏と畠山氏の境目地域であった。それ故に、支配は不安定で、三好氏や大坂本願寺といった新興勢力が大きく伸長した地域でもあった。本能寺の変後は、池田恒興《いけだつねおき》が大坂と十七箇所を得るが、最終的にこれらの地域を掌握したのは羽柴秀吉であった。秀吉は摂津闕郡《かけのこおり》（大阪市）と河内北部を直轄化し、大坂城を築城する。

2　都市の発展

京都と都市共同体

戦国時代の京都は応仁の乱で焼け野原になり、織田信長の上洛まで、長く衰退していたイメージが強い。しかし、応仁の乱で焼失したのは、上京の武家や公家の屋敷、洛外の寺社で、下京の大半は被害を免れていた。守護は一時下国しても再度上洛する者も多く、京都雑掌《ざつしょう》を置いて、京都とのつながりを維持し続けた。また、土倉《どそう》や酒屋など権門に掌握されていた商人が減少するも、近江《おうみ》南部や洛北などから京都に進出する商人が相ついだ。

ところが、明応の政変により、守護在京制は崩壊する。また、細川政元が殺されると、細川氏や六角氏といった有力大名どころか将軍すら必ずしも在京せず、京都を支配する状況が生まれてくる。そうした中、京都の都市民は、新たな形で生命や生業を守っていかねばならなくなった。この時期、従来存在しなかった座が数多く現れる。彼らは、自分たちこそが従来から独占権を保障されてきた由緒ある座だと称し、自身を正当化する新興の商人であり、より新しい商人を排除しようとしたのである。また、富裕層を基盤とする法華宗信徒が結集した「衆会の衆」が結成され、法華一揆の中心的な組織となり、裁判権や検断権を掌握したが、天文法華《てんぶんほっけ》の乱で敗北し、こうした共同体が発展する道は閉ざされた。

それらに代わって、天文年間に確立してきたのが、地縁的共同体である「町」であった。個別町は両側町《りょうがわちょう》を単位とし、町内の土地や家屋を他町の町人に売却することを許さず、共同管理した。個別町が祇園会《ぎおんえ》における山鉾の単位となるのも、この頃である。また、町人の経営を保障し、町を単位とする頼母子《たのもし》をおこなうことで資金を融通しあうなど、生業を保障するようになり、職業的な共同体の側面も持ち始める。これは町内の生活や生業を脅かす町人を排除したり、制裁を加えたりすることと同義でもあった。

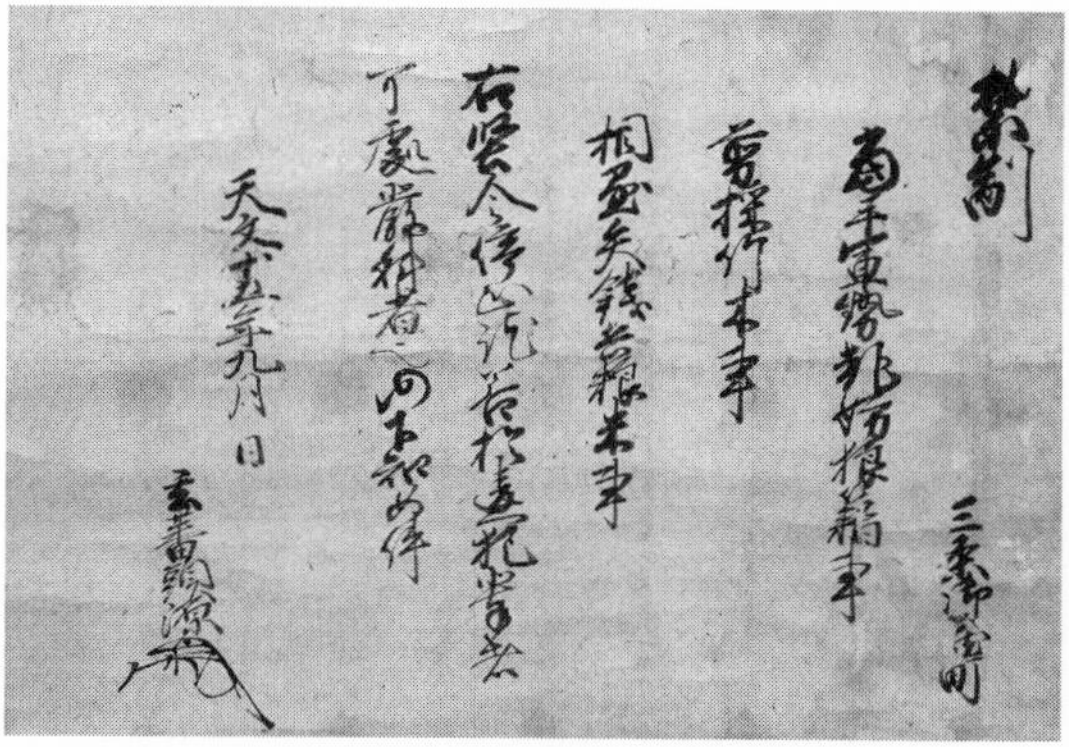

20—細川国慶禁制・天文15年9月付（大阪大谷大学博物館所蔵）

　そして、天文十年代になると、このような個別町の上位団体として、上京中や下京中、禁裏《きんり》六町が惣町《そうちょう》として位置付けられ、武家権力からの法令の伝達や個別町同士の喧嘩の仲裁などにおいて、相互関係が形成された。天文十五年（一五四六）を初見として、個別町（「三条御蔵町」など）が細川国慶《くによし》や幕府、六角義弼《よしすけ》から、惣町（「上京洛中洛外《らくちゅうらくがい》惣御中」など）が三好長慶から禁制《きんぜい》を獲得する。町や惣町が町民の安全保障の担い手となり、武家権力に保護を要求するようになったのである。一方で、武家権力側も惣町や町に地子銭《じしせん》を一括して徴収するよう命じ、段米《たんまい》や禁裏の修理費用を賦課していくようになる。また、三好長慶は、被官の生嶋弥六《いくしまやろく》の屋敷が、風流踊りで熱狂する立売四町衆《たちうりよんちょうしゅう》によって破損された際、いきなり報復はせず、自制して町共同体に糺明を命じている。町の自律性や自治機能を承認し、共同体としての義務を果たさせようとしていた。

京都において安定的な都市共同体として成長したのは、地縁的な町であった。十六世紀中葉以降、京都を支配する武家権力は惣町や町を保護し、支配の基本単位として活用していくことになる。

奈良と興福寺

十六世紀の奈良は、興福寺によって支配されていた。興福寺は、大乗院《だいじょういん》と一乗院《いちじょういん》という摂関家の子弟を迎える門跡《もんぜき》寺院を中心に、多くの子院からなる一山寺院である。それぞれの子院は大和国人の庇護下にあり、檀那である国人が、子弟を入寺させ、堂舎《どうしゃ》や什物《じゅうもつ》など経済面を支援するだけでなく、人事権を掌握していた。子院は国人の家産として、維持されていたのである。

興福寺の大衆は、武力を担う衆徒《しゅと》(衆中)と、学問僧である学侶《がくりょ》や六方《ろっぽう》という身分集団に分化しており、衆中が盗人や放火、神鹿の殺害など、奈良全体の治安維持を管掌し、検断権の行使にあたった。一方の学侶や六方も、興福寺の経営が津銭や関銭、御神供料で成り立っている以上、世俗に関与せざるを得なくなっていく。

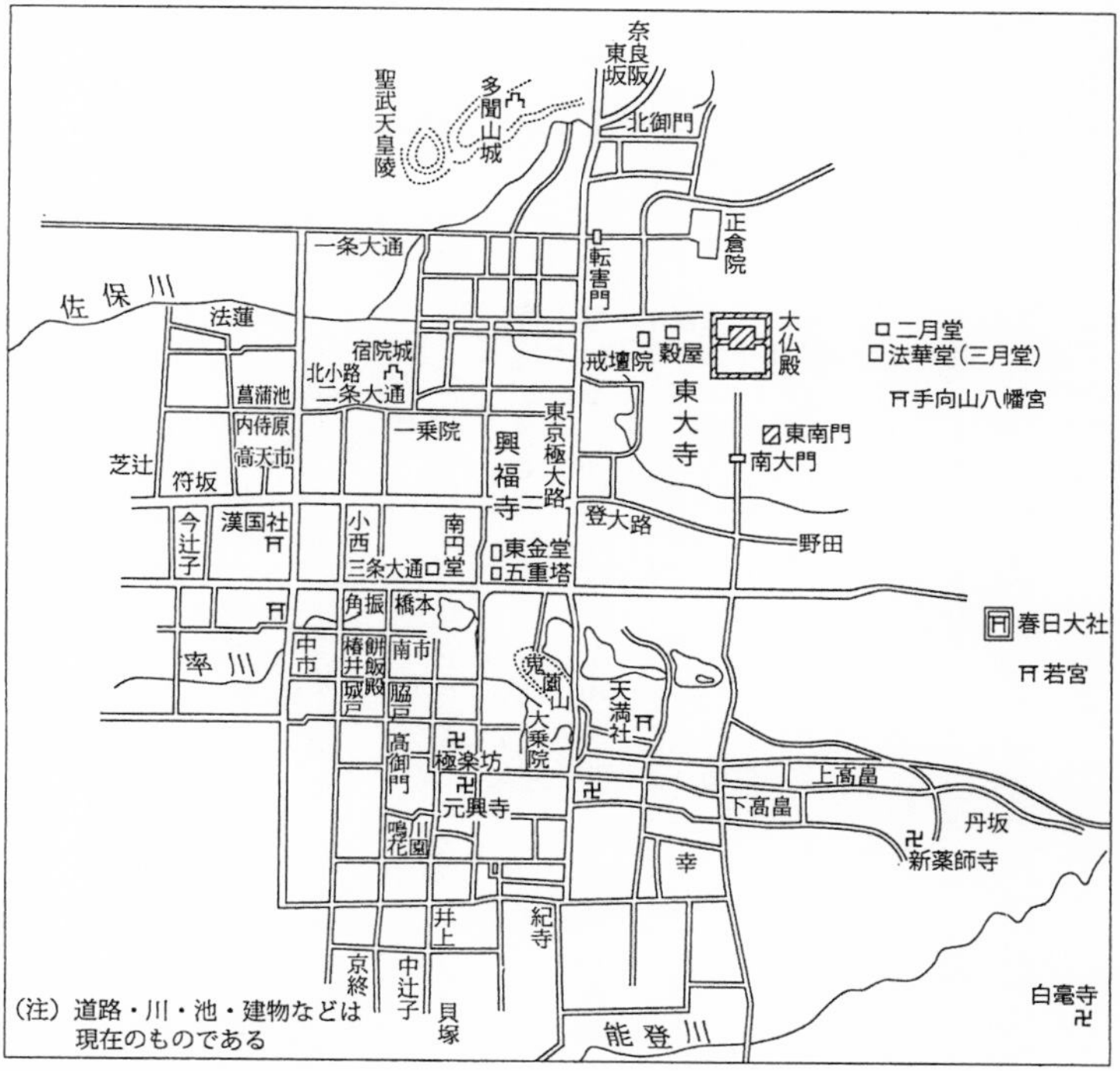

21—奈良周辺図（天野忠幸『松永久秀と下剋上』平凡社より）

天文の一向一揆で焼き払われた奈良を復興させるため、衆徒の棟梁である筒井順興と学侶が共同し、新市として奈良地下並の諸役を賦課しない高天市《たかまいち》を設置し、市中（奈良町）の検断や屋敷地子・屋形銭・座銭の収納を学侶がおこなうこととした。六方も新市として、南市を立てている。市中の座銭収入が減少したが、二つの新市は近隣諸郷の売買を倍増させ、奈良全体の復興を牽引していく。

衆中は、酒屋に酒札を与

えて営業を管理し徴税にあたると共に、天文七年（一五三八）の旱魃に際しては、雨乞いだけでなく、米価の高騰に対処するため、奈良中から米や麦を出さないように米止めを命じ、酒の値段を統制した。天文十一年には撰銭令《えりぜにれい》も発布している。また、奈良では明応九年（一五〇〇）に興福寺が各郷に釘貫《くぎぬき》門《もん》を作らせたが、衆中が木戸の修理や夜番を厳重にするよう命じており、治安維持を管掌していた。天文の一向一揆からの復興が進むと、商人らが路上で営業し、唐笠《とうかさ》や竹木が往来の妨げになったので、これらを禁じる。

しかし、永禄年間になると、衆中の活動は縮小していく。松永久秀は抵抗を受けることなく奈良に入り、その北辺に多聞山城を築いた。永禄五年（一五六二）にはそれまで衆中が出してきた徳政令《とくせいれい》が、久秀によって発布される。興福寺は、永正年間（一五〇四～二一）に細川政元の被官として大和に入国した赤沢朝経には激しく反発したが、久秀については衆徒の棟梁と認めており、寺内組織の問題について裁許を請うなど、その支配を容認した。衆中がおこなってきた世俗的な活動は、武家権力によって担われていくようになる。

堺と会合衆

一五六〇年代に堺を訪問したキリスト教宣教師のガスパル・ヴィレラは、堺について、十人委員会が治め、神聖ローマ皇帝への納税が免除された自由都市ヴェネツィア（ベニス）に例えた。そのためか、堺は大名らの支配を拒絶したり、その自治をめぐって対立したりしたようにイメージされてきた。

しばしばヴェネツィアの十人委員会に比される堺の会合衆は、そもそも都市自治に関与する組織と言うよりは、貿易に関わる豪商たちの組織であり、「きやくしゆ（客衆）」「渡唐の儀相催す衆」や「納《な》屋衆《やしゅう》」とも呼ばれ、有力大名と蜜月関係を構築した。自治については、京都の「上京中」「下京中」と同様に、堺にも地縁的共同体として、「堺北庄中」「堺南庄中」が存在する。その下で、個別の町が自治の主体となり、年寄や町代《ちょうだい》を置き、掟を定め、年貢を取りまとめた。このような枠組は江戸時代に引き継がれる。

織田信長が松井友閑《まついゆうかん》を堺代官として設置したが、自治が制限された訳ではなく、代官自体がそれまで設置されていなかったわけでもなかった。細川氏段階では、堺北庄には香西氏（「領主」「代官」）—本庄《ほんじょう》（西山）氏（「政所」）、堺南庄には安富氏—小坂氏（「政所」「代官」）という遵行《じゅんぎょう》体制が存在していた。また、三好氏段階では、三好三人衆と連署するなど、宿老の地位にあった譜代の加地久勝が、堺代官（「Governador」）の地位にあった。織田氏段階の松井友閑や、豊臣氏段階の石田《いしだ》三成《みつなり》や小《こ》西《にし》立佐《りゅうさ》も、「Governador」と記される。

堺北庄と堺南庄は西が海に面し、北・東・南が環濠によって囲い込まれた都市であった。享禄五年（天文元年、一五三二）に一向一揆が堺を攻め、三好元長を自害させた時には、環濠が見えないので、その後につくられたと考えられる。また、天文十八年には和泉守護代の松浦守が堺に籠城し、根来寺の軍勢を退けているので、都市民が武家権力を排除するためだけのものではなかった。三好長慶は堺南

22—住吉社祭礼図屏風（堺市博物館所蔵）

庄中に、堤や土塀の維持管理が等閑になっているから、異見せよと命じている。武家権力にとっても、不安定な軍事情勢の中で、環濠《かんごう》の必要性を認めていたのである。

堺の繁栄を支えてきた海外貿易は、大内氏の滅亡により、遣明船貿易が断絶する。このため、大内氏と結んできた池永氏は方針転換を余儀なくされ、渡辺庄（大阪市中央区）へ進出していく。日比屋一族は引き続き海外貿易に関与するため、キリスト教に接近した。

天正二年（一五七四）に織田信長が相国寺で催した茶会に、堺より出席した十人の豪商が会合衆と考えられている。それは、紅屋宗陽《そうよう》、塩屋《しおや》宗悦《そうえつ》、納屋今井宗《いまいそうき》久《ゆう》、茜屋宗左《あかねやそうざ》、山上宗二《やまのうえそうじ》、松江隆仙《りゅうせん》、高三隆世《たかさぶりゅうせ》、魚屋《ととや》千利休《せんのりきゅう》、油屋伊達常琢《だてじょうたく》、天王寺屋津田宗及《つだそうぎゅう》であった。このうち、納屋・山上・松江・魚屋・油屋・天王寺屋は三好氏との茶会に参加していた者たちである。三好長慶は南宗寺《なんしゅうじ》を建立し、琉球《りゅうきゅう》貿易に通じた大徳寺派を保護したが、堺の豪商で大徳寺を支援する者は一休宗純《いっきゅうそうじゅん》に因む「宗」の字を自らの名に好んで用いた。このうち、山上宗二は千利休の高弟で、三好実休を武士で唯一の「数奇者《すきもの》」と高く評価していた。その実休は法華宗僧の日珖《にちこう》に深く帰依したが、実休のために妙国寺《みょうこくじ》を建立したのが、日珖とその兄の油屋伊達常琢であった。また、高三隆世は、三好氏が保護する法華宗日隆門流の顕本寺の僧侶であった。三好氏と結び成長した豪商たちが、会合衆を占めていたのである。

23―茜屋宗佐妻画像（京都市立芸術大学芸術資料館所蔵）

天文から永禄年間に活躍した豪商が、中小路町の若狭《わかさ》屋《や》宗可《そうか》であった。宗可は、津田宗達や千利休らと茶会を催す茶人であっただけでなく、畿内では細川晴元とも交流があった。このような宗可を茶湯でも大名間外交でも重用したのが松永久秀である。永禄二年（一五五九）、足利義輝《よしてる》は大友宗麟を九州探題《きゅうしゅうたんだい》と大内氏家督《かとく》に任じた際、義輝《よしてる》の叔父の大覚寺《だいかくじ》義俊や久我晴通だけでなく、松永久秀や若狭屋宗可も取り次いでおり、三好長慶は毛利元就《もうりもとなり》を牽制するのに利用しようとしていた。この時、義俊や晴通と共に宗可も、宗麟の「茶湯一見《ちゃのゆいっけん》」の望みに応じて、下向している。久秀は伊予河野氏の重臣で村上海賊の一角を担う来《くる》島《しま》村上通康《みちやす》と交渉する際にも宗可を用いているので、宗可は瀬戸内海の大名たちとの貿易を生業としていたのであろう。宗可は茶湯を介して、大名の取次に従事しており、後の千利休の先駆者であったと言える。

堺の繁栄は、武家権力を排除したところにあったのではなく、武家権力や宗教勢力との協調関係を保ち、海外を含む遠隔地貿易の利潤を追求したところにあった。そうした利益は、文化に投資され、連歌師《れんがし》の牡丹花肖柏《ぼたんかしょうはく》より古今伝授《こきんでんじゅ》を受ける者も現れ、茶湯を育てていった。また、阿佐井野《あさいの》氏は私費を投じ、儒学《じゅがく》・漢詩・医学に関する出版をおこなった。堺は経済力だけに留まらず、都市格を高めていったのである。

そうした都市としての総合力を背景に、堺は敗残兵が逃げ込んだら、手を出されない平和領域をつくりあげるだけでなく、織田信長が畿内に進攻すると、同じく自治都市の平野（大阪市平野区）に共闘を持ちかけ、相互防衛の姿勢を示している。実現はしなかったが、都市同士の同盟が結ばれる下地もあったのである。

大坂と寺内町

浄土真宗本願寺の中興の祖である蓮如《れんにょ》は、明応六年（一四九七）に隠居所として、大坂に坊舎を築いた。この大坂御坊《ごぼう》は蓮如の死後、二十二男の実賢とその母の蓮能《れんのう》尼《に》に受け継がれ、摂津・河内の坊主や門徒を管轄していた。しかし、蓮如の跡を継いだ実如《じつにょ》と実賢の間で抗争（河内錯乱、大坂一乱）が起こり、実賢は永正三年（一五〇六）に失脚した。その後、大永二年（一五二二）に実如が隠居して大坂御坊に住むが、大永四年に大坂御坊を訪れた三条西実隆《さんじょうにしさねたか》は「心ことはもをよばざる荘厳美麗のさま」とその繁栄を称賛している。

証如《しょうにょ》は天文元年（一五三二）に山科《やましな》寺内町を法華一揆に焼かれると、本山である本願寺を大坂に移し再建に取り込んだ。山科寺内町は本願寺の本山寺内町として発展し、土塁と堀による三重の外郭線で囲まれた「城」として認識され（『経厚法印日記』）、その富貴と荘厳な様は洛中に引けを足らず、「仏国の如し」と称えられていた。浄土真宗は進んだ惣村《そうそん》に広がったとされる一方、山科に程近い西岡の惣国や、山城南部の山城国一揆が成立した地域には浸透せず、膝下の山科七郷も禁裏《きんり》警固《けいご》を務める御家人であることが結集の紐帯であった。山科本願寺は在地から遊離した孤高の存在だったのである。

一方、大坂本願寺は、後に「大坂六人坊主」と呼ばれるようになる大坂寺中の浄恵《じょうえ》、三番《さんば》（大阪市東淀川区）の定専坊《じょうせんぼう》、森（大阪市中央区）の祐光寺《ゆうこうじ》、平野の光永寺《こうえいじ》、萱振（大阪府八尾市）の恵光寺《けいこうじ》、雁多尾畑《かりんどおばた》（大阪府柏原市）の光徳寺《こうとくじ》と、摂津の闕郡や河内の大和川中流域に拠点を置き、門徒を抱える有力寺院に支えられていた。

大坂寺内町は上町台地の北端に所在し、旧淀川と旧大和川の合流点に位置していた。本願寺を北町・西町・南町が取り囲んでいたが、北町は北西の渡辺津に向かって拡大し、北町屋が分離した。この北町屋には、「唐船」が堺から回航する大坂寺内町独自の「寺内の浦」が含まれる。北町の北東には新屋敷が成立した。西町は上町台地上を南に拡大して、清水町が分離する。南町は拡大して生玉神《いくたまじん》

24—大坂寺内町復元図（大澤研一『戦国・織豊期大坂の都市史的研究』思文閣出版より）

社《じや》の神宮寺《じんぐうじ》である法安寺を呑み込んでいき、合わせて六町となった。大坂には、堺をはじめ摂津・河内の各地から商人が進出し、門徒の商人たちも為替を利用した遠隔地取引を行っていた。本願寺は彼らを守るため、山科段階に細川政元と澄元より獲得していた徳政《とくせい》免除と諸公事《くじ》免許の特権を先例として細川晴元と交渉し、天文七年七月に大坂にも寺内特権が認められた。このため、非門徒も居住するようになり、キリスト教宣教師も訪問する一大都市に発展していく。永禄五年（一五六二）に起こった火事では、二千軒が焼失したという。

また、永禄年間になると畠山高政の宿老安見宗房や三好一族の三好康長が、河内南部の富田林《とんだばやし》寺内町（大阪府富田林市）に対して「大坂並《おおさかなみ》」の特権を付与した。後の元亀《げんき》三年（一五七二）には大伴《おおとも》道場（大阪府富田林市）が「富田林・大ヶ塚並《だいがつか》」の特権を認められる。寺内特権は、大坂寺内町を唯一の頂点としたヒエラルキーのもと、富田林をはじめ、名塩《なしお》（兵庫県西宮市）、小浜《こはま》（兵庫県宝塚市）、塚口（兵庫県尼崎市）、富田《とんだ》（大阪府高槻市）、出口（大阪府枚方市）、枚方《ひらかた》（大阪府枚方市）、久宝寺《きゆうほうじ》（大阪府八尾市）、貝塚（大阪府貝塚市）といった地域の拠点寺内町に拡大し、さらに大伴のような下位の寺内町群に広まっていった。ただ、三好康長は同じ頃に高屋《たかや》城に在城する三好実休遺臣六名と連署して、「惣国」の「寺内並」に寺内特権を認めるという宛所がない文書を発給している。三好氏は本願寺の論理ではなく、支配する地域社会の論理の中で特権を付与しようとする志向も持っていた。

新たな町立に留まらず、堺や平野、尼崎といった既存の大都市や、雑賀《さいか》惣国《そうこく》のような村落連合にも門徒が拡大しており、大坂本願寺は大坂が周辺諸都市より卓越した存在になっていく基礎を築いた。大坂本願寺は、摂河泉の都市が望んだ諸公事免許や徳政免除、国質《くにじち》・所質《ところじち》の禁止など、特権を保障し、不法行為から保護してくれる存在であった。しかし、織田信長との大坂本願寺合戦を経る中で、こうした特権は、浄土真宗寺院があるがゆえではなく、都市民の共同体である「惣中」が織田方と交渉し、獲得するものとなった。さらに、諸公事免許を除く特権は、社会全体に保障されていくようになり、特権ではなくなることで、本願寺は領主としての役割を終えていく。

災害からの復興

人々の生活の大きな脅威となったのは、戦乱と自然災害であった。明応七年（一四九八）八月、東海沖を震源とする地震が発生した。京都や奈良では大きな揺れや余震はあるものの、ほとんど被害がなかった。そのため、陰陽師《おんみょうじ》が後土御門天皇《ごつちみかどてんのう》に、中国の事例から地震が政治や民心、気象に与える影響を推測した地震勘文《じしんかんもん》を上申したり、天皇も伊勢神宮に地震祈禱を命じたりするなどの対応に留まった。一方、地震によって起こった津波が房総半島から紀伊半島の沿岸地域を襲い、甚大な被害を与えた。遠江《とおとうみ》の浜名湖《はまなこ》が今切《いまぎれ》と呼ばれる湾口により、太平洋と繋がることになったのはこの時である。

首都京都と太平洋海運を結ぶ港町である伊勢の安濃津《あのつ》（津市）には、知多半島で生産された陶器を商う商人がおり、時宗や浄土真宗専修寺派《せんじゅじは》も進出していたため、十五世紀には伊勢守護に任じられた土岐《とき》氏の拠点になっていた。しかし、津波で壊滅的被害を受け、大永二年（一五二二）に安濃津を訪れた連歌師の柴屋軒宗長《さいおくけんそうちょう》も荒野となったと記している。その港湾機能は、同様に津波で千軒以上の家屋が破壊され、塩田が壊滅したにもかかわらず、会合衆による自治が行われ、早急に復興した大湊《おおみなと》（三重県伊勢市）に受け継がれたようだ。

紀伊半島の西側の紀ノ川の河口も、地震により変化した。地震前の旧紀ノ川（土入川）の川港として和田浦（和歌山市）が栄え、賀茂《か　も》社領紀伊《しやりようき　い》浜御厨《はまみくりや》の中心となっていた。ところが、津波から避難してきた人々は、水軒川の河口である湊（和歌山市）に移住したため、湊が和歌山平野の流通の中心となり、湊惣中という自治組織を形成する。

明応七年の地震津波の被害を受けた港町は、地形の変化などのため、現地における復興はできず、付近の港町に移住するか、新たな町の建設に取り組むほかなかったのである。

永正七年（一五一〇）八月、畿内を襲う地震が発生した。特に被害が大きかったのは、摂津・河内・大和で、西琳寺《さいりんじ》（大阪府羽曳野市）や葛井寺《ふじいでら》（大阪府藤井寺市）、常光寺《じょうこうじ》（大阪府八尾《やお》市）、四天王寺（大阪市天王寺区）が倒壊した。畠山尚順の奉行人丹下盛知は再建修理のため、西琳寺に大工や人足を動員することを約束した。西国三十三カ所の霊場である葛井寺は一寺滅亡の危機と認識し、一紙半銭の少財をも仰ぐため、十一月に勧進帳《かんじんちょう》を作成し、永正八年二月には三条西実隆に清書してもらっている。地蔵信仰で有名な常光寺も、永正八年六月に復興のため諸国に勧進した。四天王寺では、三綱《さんごう》の秋野房宗順が永正九年十月に金堂本尊を修復するための勧進をおこない、翌年十二月には細川高国より臨時課役や段銭、棟別銭《むねべつせん》などの免除を取り付ける。永正十二年には京都の北野社で鐘を鋳直してもらい、永正十三年十一月にようやく石鳥居《いしのとりい》が再建された。浄土信仰の中心である西門の石鳥居の再建にあたっては、法名を名乗る百五十名以上の人々や三条大工国久らからなる結縁交名《けちえんきょうみょう》が作成された。寺社の復興もほとんどは、諸国に勧進を募るほかなかったのである。

天文四年（一五三五）二月には、美濃《みの》で大洪水が発生する。長良川《ながらがわ》が氾濫し、守護所《しゅごしょ》である枝広（岐阜市）だけでなく、守護代斎藤氏の拠点である対岸の井口《いのくち》（岐阜市）を襲い、二万人余が死に、家屋の被害も数万軒に及んだ。このため、土岐頼芸《ときよりのり》は枝広を放棄せざるを得ず、守護所を洪水の心配がない、山城である大桑《おおが》（岐阜県山県市《やまがた》）に移した。

京都では天文十三年七月に洛中洛外だけでなく、比叡山や鞍馬山《くらまやま》も巻き込んだ大洪水や土砂災害が発生し、その翌年の全国的な旱損《かんそん》と相俟って、不作に陥った。そうした中で、京郊の土豪から、年貢納入を目的とした米銭の貸借が著しく進行したため、幕府は天文十五年十月に分一徳政令《ぶいちとくせいれい》を発布して、債権の一部破棄を命じている。

天文二十三年四月から弘治二年（一五五六）にかけては、白山《はくさん》（石川県白山市）が噴火した。噴煙が立ち上って、白山奥宮正殿の屋根に岩が降り注ぎ、灰と硫黄が手取川に流れ込んだため、魚は死んで、水は飲めなくなった。麓では五穀が実らなかったという。畿内には「地獄出来」と伝えられ、肥後《ひご》の相良晴広は一向宗を禁止する理由として、白山が噴火したことを挙げている。その一方で、噴火の跡を見に行こうとする、新たな参詣ブームも起こり、通行料を取ろうとする新関が乱立した。これも一つの復興のあり方であろう。

自然災害は時には都市そのものを壊滅させ、地域の経済的政治的機能を破壊した。現地での復興は絶望的で、移住による一からの再建を余儀なくされることが多かった。武家権力の支援は期待できない中、名声のある寺社は勧進により、時間はかかったがかろうじて復興できたが、多くの百姓の生活は破壊された。また、被害状況が広まるにつれ、社会不安は増大していったのである。

3　首都を取り巻く流通

戦争と撰銭

幕府は、明応九年（一五〇〇）から永正十年（一五一三）頃、天文十一年（一五四二）から数年間の大きく二つの時期に、京都を中心に時には大山崎《おおやまざき》や堺へ、十数度にわたって撰銭令《えりぜにれい》を発布した。京都では、三好長慶段階の二十年間は出されず、長慶死後に細川信良を擁する三好三人衆や、上洛翌年に織田信長が再び発布している。撰銭とは、売買や納税などで銭の受け渡しをする際に、特定の銭を排除することであった。特定の銭とは、品質の悪い銭ではなく、ある地域の人々が見慣れた旧銭など基準となる銭に対して、見慣れない、新しい銭などで、これらを減価銭・非基準銭として扱った。何を基準銭とするかは各地域で異なっていたが、荘園領主の集住する京都には、

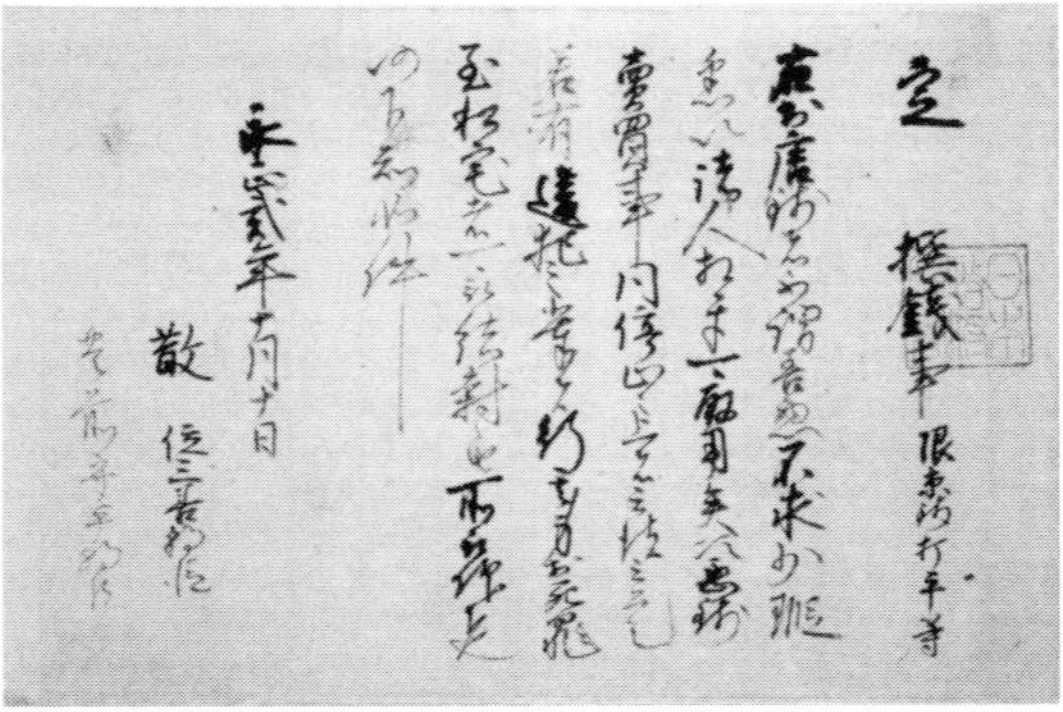

25―室町幕府の撰銭令・永正２年10月10日付（国立公文書館所蔵）

各地で流通するさまざまな種類の銭が集まっており、どれを基準銭として通用させるべきか、幕府に対処が求められていた。

幕府は、中国銭は宋代に鋳造されたものも明代に鋳造されたものも等価で通用させ、日本でつくられた模造銭や無文銭《むもんせん》を排除する方針を取った。その後、中国銭のうち永楽通宝《えいらくつうほう》・洪武《こうぶ》通宝《つうほう》・宣徳通宝《せんとくつうほう》、そして破銭《われぜに》は百枚のうち三十二枚まで混ぜることを許可するというように、等価使用原則を変則的に運用する方針に転じた。こうして、非基準銭を受け取ることを強制し、買い手を保護すると共に、撰銭に便乗した値上げも禁じる。幕府が撰銭令を定めるのは、足利将軍や細川氏が京都から出陣したり、入京したりする時期が多く、兵粮の需要が高まる時であった。戦争と飢饉による食糧不足が撰銭を引き起こし、幕府は兵粮を確保するため、その規制に乗り出したのである。また、撰銭令の対象に、米場だけでなく、酒屋と土倉すなわち金融業者を加え、銭の貸借も規定した。撰銭は、幕府にとって、窃盗・放火・辻斬《つじぎり》・喧嘩《けんか》・相撲・博打《ばくち》・踊《おどり》に並ぶ治安問題になっていた。

同時期の永正元年（一五〇四）五月、日根荘（大阪府泉佐野市）に在荘していた前関白九条政基は、有力百姓らの要請を受けて、撰銭令を定めた。特徴的なのは、村内の米や麦を他地域の商人に売却することを禁止したことである。日根荘は和泉守護細川氏と根来寺の戦争、さらには前年からの飢饉に苦しんでいた。村内での買い手を保護し、村内の食糧を確保したのである。

天文十年代前半になると、幕府だけでなく、東福寺や興福寺が、次々と撰銭令を定め、人々が嫌っていた永楽通宝の通用を緩和した。銭不足が表面化し始めたためであったが、やがて石見銀山《いわみぎんざん》の開発によって始まった日本のシルバーラッシュにより、中国への銀の輸出と銭の輸入が進んだことで、銭不足は緩和された。ところが、銭の輸入を担った倭寇《わこう》の活動が沈静化すると、銭不足が再燃する。堺では専業的に模造銭や無文銭を生産し始めた。このため、永禄年間後半になると、三好三人衆や浅井《あさい》長政《ながまさ》、そして織田信長によって、京都だけでなく天王寺・八幡《やわた》（京都府八幡市）・奈良にも撰銭令が発布され、永楽通宝の通用を全面解禁するに至る。銭不足が深刻化し、売買が滞る状況となった。しかし、撰銭令は往々にして守られなかった。日本で生産された模造銭が増えたことや、戦争をコントロールできないことなど、複合的な要因があったのである。

京郊の土豪

細川氏や三好氏が京都をめぐって戦う中で、京都周辺の流通や交通路に立脚する者たちが急成長を遂げ、被官化して、その京都支配に携わっていく。

その一人の今村氏は、東福寺の門前である法性寺《ほっしょうじ》（京都市東山区）の住人と推測され、東寺領柳原《やなぎわら》荘（京都市下京区）に進出していた。文亀三年（一五〇三）には幕府が今村弥七らに対して、年貢の納入を命じている。また、細川政元の下で山城下五郡守護代となった香西元長《こうざいもとなが》の被官となり、その軍事力の一端を担った。天文十年代になると、今村浄久とその子の慶満・政次兄弟が現れる。浄久から柳原の代官職を受け継ぐ政次は、山科の運送業者などと競合しながらも、東山汁谷口を境内とする妙法院《みょうほういん》や、隣接する泉涌寺《せんにゅうじ》の支援を取り付け、汁谷口の「塩合物高荷等諸商売通路上下馬并宿問」を支配し、「法性寺柳原座中」や大坂本願寺の参詣者の荷物を独占的に運送する権利を獲得する。

そして、細川氏の抗争の中で、今村同名中という同族組織を結成しながら、浄久は細川高国に付き、政次は細川晴元に味方する丹波《たんば》国人の波多野秀忠の与力となった。今村慶満は細川氏綱方の細川国慶の被官となり、国慶が滅亡すると三好長慶に仕えて、山科言継《やましなときつぐ》が知行する「禁裏御料所内蔵寮《くらりょう》陸路河上四方八口率分役所」の押領を繰り返す。京都七口《きょうとななくち》などの出入口に設けられた交通関である率分関《りつぶんのせき》のうち、今村氏が特にこだわったのが、粟田《あわた》口《ぐち》・大原口・木《こ》幡《はた》口であった。やがて、長慶の宿老松永久秀の与力となり、大和に攻め込むと、東大寺からの要請を受けて禁制を発給するなど、独自に安全保障を行える軍事力として認められるほどの成長を遂げていた。また、キリスト教宣教師の取次をおこない、彼らに親和的な態度を示している。

今村慶満と共に細川国慶に重用されたのが、津田経長《つだつねなが》である。津田氏は近江国西南部の滋賀《しが》郡・栗《くり》太《た》郡・野洲《やす》郡に散在しており、応仁の乱後にそれぞれ京都周辺に進出し、経済的復興を支えたようだ。

伏見（京都市伏見区）を拠点とした津田兵庫助家は、北村姓も用い、金融活動をおこない、城郭を構えていた。特に高国流細川氏を擁立する細川一族の上野玄蕃頭家と結びつくことから、津田経長はこの家の出身と考えられる。津田与一家は、高国の近習《きんじゅう》となるが、その後、木沢長政と行動を共にし、細川晴元方に転じた。津田与次家は、法性寺を拠点に酒屋を営むだけでなく、三条西家領である淀魚市《よどうおいち》の代官になる。また、享禄二年（一五二九）から天文十年代まで、禁裏御倉職《きんりおくらしき》に在任していた。津田氏と同様に近江国西南部から京都に進出して、同じ時期に禁裏御倉職を務めたのに立入《たてり》氏がいる。

　こうした土豪は、洛北にも現れる。山城と丹波の国境で、京都七口の一つ長坂口から若狭の小浜《おばま》（福井県小浜市）へ至る街道の中継地であった大森（京都市北区）を拠点とした大森氏である。大森氏は、応仁の乱の最中にはこの地で若狭の者に対して金融活動を行っていた。また、近江との国境に近い醍醐寺三宝院《さんぼういん》領である久多郷（京都市左京区）の代官職も務める。大森氏は他の名字の者も取り込んで同名中を構成し、洛北や東山の村の地下人《じげにん》や、賀茂別雷神社《かもわけいかづちじんじゃ》の氏人衆中に貸付をおこなっていた。この一族では、大森七郎左衛門尉が細川氏綱に属していたし、大森兼継は松永久秀より多聞山城の畳の調達を命じられている。また、大森氏と同様に洛北に位置する岩倉（京都市左京区）の土豪である山本久政が、三好長慶に属した。丹波口の押さえとなる西院《さいいん》（京都市右京区）には、洛中洛外図屏風上杉本に唯一描かれた城があり、小泉氏が守っている。

　細川氏の対立の中で、京郊の土豪は主に高国流細川氏を、西岡国人はおおむね澄元流細川氏を支持していく。特に、今村慶満・津田経長・小泉秀清といった京郊の交通路を支配する土豪を文書発給に取り込んで、短期間ながらも京都で勢威を振るったのが、細川氏綱を擁した細川国慶であった。こうした京郊の土豪や西岡国人、山科の四手井氏は対立を乗り越えて、西岡の勝龍寺城《しょうりゅうじ》（京都府長岡京市）に結集し、国慶の死後は新たに氏綱陣営に加わった三好長慶に属していく。また、足利義輝も京都七口を重視し、塩合物や高荷公事役銭を取る権利を、奉公衆の石谷光政に与えていたが、「洛中洛外諸口諸商売人中」「京・淀当座中」などが違乱し、役銭を払わないまま、京中で勝手に商売をする有様であった。

今村一族は江戸時代においても、代々柳原の庄屋を務め、妙法院の院家《いんげ》である日厳院の家司《けいし》となった。また、伏見の津田一族のうち、津田重久は三好氏に仕え、その武功により、足利義昭《よしあき》・明智光《あけちみつ》秀《ひで》・豊臣秀吉・豊臣秀次《ひでつぐ》に仕え、豊臣姓を賜る。最後は前田利長《まえだとしなが》に仕え、その子孫は富山藩士として生きた。

六角氏の流通統制

六角氏の支配した近江南部は、京都と東日本を繋ぐ陸上交通路の大動脈である東海道《とうかいどう》と東山道《とうさんどう》、そして、北陸道《ほくりくどう》や日本海交通の要港である敦賀や小浜を繋ぐ琵琶湖《びわこ》が存在するなど、首都京都の東の玄関口であった。

近江南部には比叡山延暦寺の荘園も多く、その一つである得珍保《とくちんほ》今堀郷（滋賀県東近江市）の百姓は、近江と伊勢を繋ぐ八風街道《はっぷうかいどう》や千草《ちぐさ》街道にも近い立地を生かして、紙や麻・木綿、塩相物などを取り扱う商業活動にも乗り出した。彼らは宮座《みやざ》を結成し、その文書は『今堀日吉神社文書《いまぼりひえじんじゃもんじょ》』として現在に伝えられている。

後発組である保内商人《ほないしょうにん》は六角氏と結ぶことで、商圏の拡大を図った。九里半《くりはん》街道など若狭路を独占する五箇商人《ごかしょうにん》と対立すると、後白河《ごしらかわ》天皇の宣旨《せんじ》を持ち出し、六角定頼《さだより》に訴えた。定頼がこれを偽文書《ぎもんじょ》と見抜けなかったのかどうかは不明であるが、享禄二年（一五二九）七月に保内商人は勝訴し、若狭への進出を果たす。また、永正十五年（一五一八）には保内南郷で商売上の掟を定め、大永七年（一五二七）になると近隣の小幡・石塔《せきとう》・沓掛《くつかけ》と四本商人《しほんしょうにん》として結束を固める掟を作成した。四本商人は、伊勢北部の国人である梅戸氏に弟の高実を養子に送り込んだ六角定頼と歩調を合わせ、伊勢路の独占を目指していく。

保内商人は、美濃紙《みのがみ》の専売を幕府や六角氏より認められた枝村《えだむら》（滋賀県豊郷町《とよさとちょう》）との抗争を繰り返していた。天文十八年（一五四九）十二月、六角氏は観音寺山城の南麓にある石寺《いしでら》新市（滋賀県近江八幡市）は「楽市」のため除外するが、それ以外の地では枝村の独占権を追認する裁許をおこなう。ところが弘治四年（永禄元年、一五五八）に、保内が八風街道で枝村の紙荷を押し取る事件が発生すると、六角義賢《よしかた》は永禄三年に保内を勝訴とする裁許をおこなった。その背景には、保内の賄賂が功を奏しただけでなく、六角氏がこの頃、石寺に開設した保内町でのみ売買をおこなうよう、保内商人に命じるなど、台頭する保内商人を取り込もうとしていた事情もあるであろう。そして、義賢は、保内商人の勝訴を伝え、被官化していた田能村《たのむら》氏や千草氏など伊勢北部の国人を通じ、交通路の支配を進めた。
琵琶湖水運においても、足利義尚《よしひさ》と義稙《よしたね》の親征を撃退した六角氏が、幕府や延暦寺に代わって、湖上関の関銭免許状である過所《かしょ》の発給権を得た。このため、琵琶湖の北湖と南湖の境界に位置し、水運業や漁業、造船業に従事した堅田《かただ》（大津市）は、六角氏と交渉し、自由往来の特権を安堵《あんど》して貰わねばならなくなる。六角義賢は、浅井長政との軍事的緊張が高まっていた弘治四年（永禄元年、一五五八）から永禄三年にかけて、米止めによる経済封鎖を断行した。堅田の船は、弘治四年こそ特権を認められたが、その後は制止された。

近江の交通路は、首都京都の喉元に当たり全国的な流通に位置付けられるものであったが、義晴幕府や前期義輝幕府の主柱となった六角氏の影響力は大きかった。また、六角氏は居城観音寺城の城下町である石寺で、「楽市」という在地に根付いた慣習を追認し、権力が介入できない自由な新市と、権力が保護する商人の活動特区として新たに設定した保内町という、二つの異なる性質の交易空間をつくりあげたのである。

撫養隠岐守後家阿子女

細川政元の養子となった阿波守護家の細川澄元《すみもと》とその後見人の三好之長が、永正三年（一五〇六）二月に上洛した際、之長の「執事」として、供奉《ぐぶ》したのが撫養《むや》掃部助《かもんのすけ》であった。

撫養掃部助は、大毛島などを挟んで、淡路島との間にある鳴門海峡を望む阿波随一の港町である撫養（徳島県鳴門市）の領主であった。特に戦国時代の吉野川は現在と異なり、撫養で海に注いでいたことから、撫養は播磨灘と紀伊水道の二つの海の結節点であると共に、内陸部を結ぶ吉野川舟運と海運の結節点でもあった。翌年には撫養修理進が明石海峡に程近い兵庫津に設けられた兵庫南関の知行を目論んで、南関を管轄する興福寺と対立するなど、撫養氏は三好氏の力を背景に、大阪湾の出入口となる海運の要衝を掌握しようとした。

そうした撫養一族の末裔と考えられる撫養隠岐守の後家の阿子女《あこめ》が、天文十六年（一五四七）十二月に、幕府の裁判史料である『賦引付《くばりひきつけ》并徳政方』に現れる。幕府が債権の破棄を命じる徳政令を出すことを知った阿子女は、債権の十分の一を幕府に上納する代わりに、細川一族とその被官や上京の町人に貸し付けていた百十四貫文と米十石の債権を保護するよう求めた。

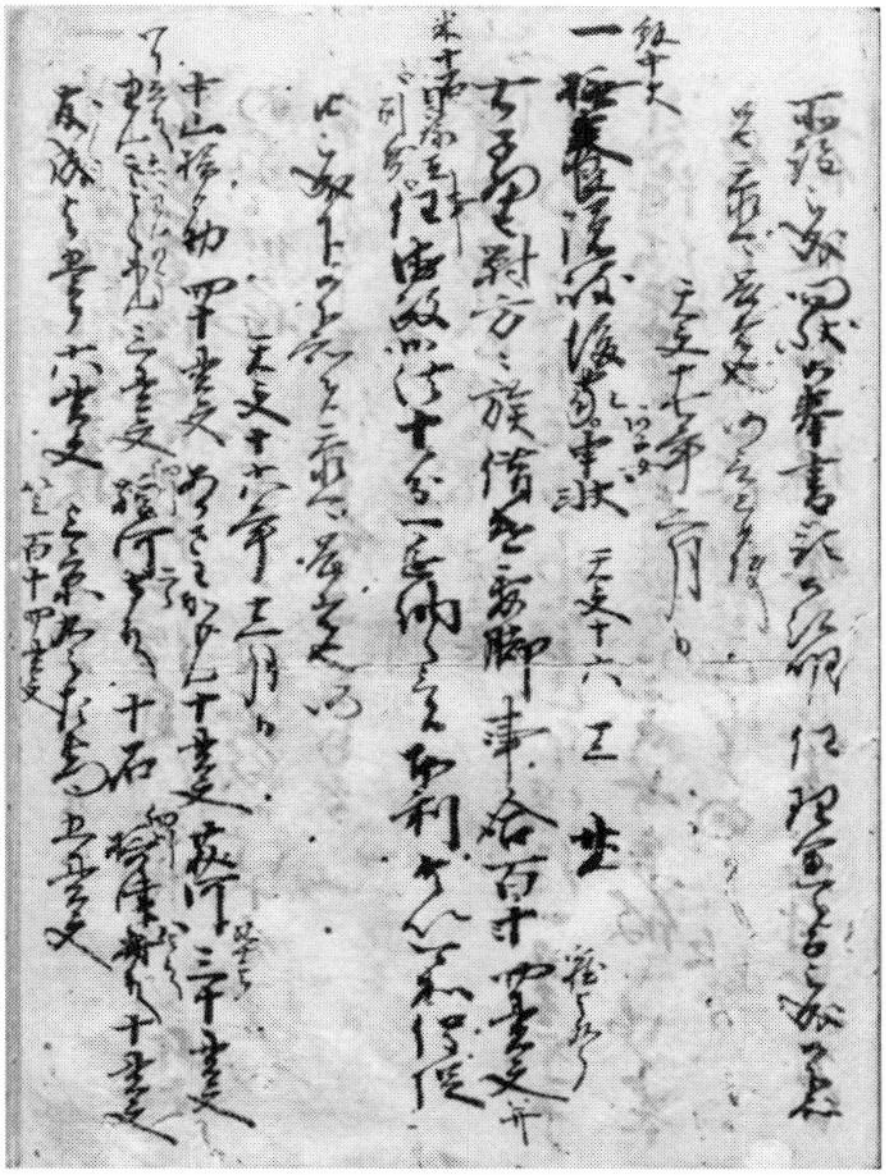

26—賦引付并徳政方・撫養隠岐後家阿子女申状写・天文16年12月21日付（内閣文庫、蜷川家等旧蔵史料）

阿子女はどのようにして金融

業を営んでいたのであろうか。推測するしかないが、東大寺が管轄する兵庫北関《ひょうごきたせき》の文安《ぶんあん》二年（一四四五）の徴税帳簿である『兵庫北関入船納帳《いりふねのうちちょう》』によると、撫養は阿波で生産された藍の約半分を積み出す港であった。吉野川流域は鎌倉中期から明治時代まで続く藍作地帯であり、吉野川流域の領主たちは三好氏に編成され被官化していた。こうした状況を踏まえると、三好氏が阿波から京都へ進出していく経済基盤の一つに、阿波藍《あわあい》の利益を元手にした金融業があったようだ。その担い手となったのが、港町の領主であり、室町前期より金融業に従事してきた女性であったのである。

四　宗教と文化

1　顕密寺社の力

日本の仏教界においては、奈良時代以来の南都六宗《なんとろくしゅう》や、平安時代初期に生まれた比叡山延暦寺を中心とする天台宗、そして紀伊《きい》に開かれた高野山金剛峯寺《こうやさんこんごうぶじ》や京都の東寺《とうじ》を中心とする真言宗などからなる顕密仏教が、戦国時代になっても正統と位置付けられていた。顕密仏教は国家に丸抱えされた古代だけのものではなく、中世においては地域に根付き、発展を遂げていく。その一つに根来寺《ねごろでら》（和歌山県岩出市、現在は真義真言宗）がある。

根来寺

根来寺は、大治《だいじ》五年（一一三〇）に覚鑁《かくばん》が高野山上に伝法院《でんぽういん》（後の大伝法院）を開いたことに始まる。大伝法院の僧侶は金剛峯寺と対立すると、南北朝期には根来の地に移り、室町時代には足利将軍家の護持僧《ごじそう》を務めた醍醐寺三宝院と結んで、伽藍を整備していった。大塔は永享《えいきょう》元年（一四二九）に着工し、文明《ぶんめい》八年（一四七六）には後土御門天皇《ごつちみかどてんのう》の綸旨《りんじ》により諸国で勧進《かんじん》がおこなわれ、天文《てんぶん》十六年（一五四七）頃に完成している。大塔に残された墨書によると、畿内近国だけでなく、東は出羽《でわ》・下野《しもつけ》・下《しも》総《うさ》・甲斐《かい》・駿河《するが》、西は日向《ひゅうが》・薩摩《さつま》にも参詣者は及んでいた。その五年後には覚鑁御影堂《みえいどう》も建立されており、戦国時代こそ、根来寺の最盛期であった。

根来寺の寺内組織は学侶《がくりょ》（衆徒《しゅと》）と行人《ぎょうにん》から成るが、紀伊と和泉《いずみ》の地侍《じざむらい》・土豪や有力百姓が子院を営んだり、逆に寺側が土豪らに声をかけて子院を相続させたりする中で、行人の力が増大していった。本来は満寺集会《まんじしゆうえ》で意思を決定してきたが、やがて、惣分（行人方）の集会が優越し、その中でも十人程度の有力子院による寡占化が進むことになる。そうした土豪として、雑賀《さいか》（和歌山市）の土橋《つちはし》氏、岩橋（和歌山市）の湯橋氏、吐前《はんざき》（和歌山市）の津田氏、粉河《こかわ》（和歌山県紀の川市）の荒見氏、佐野（大阪府泉佐野市）の藤田氏・食野《めしの》氏、中庄（大阪府泉佐野市）の新川氏、熊取（大阪府熊取町）の中《なか》氏、貝塚（大阪府貝塚市）の井手氏などが挙げられる。十六世紀後期には、土橋氏の泉識坊《せんしきぼう》、津田氏の杉坊《すぎのぼう》、田中氏の岩室坊、そして、閼伽井《あかい》坊による寡頭支配が強まり、中氏の成真院は江戸時代に旗本の根来氏となった。そのため、政長流畠山氏の河内守護代遊佐長教《ゆざながのり》は、根来寺と結ぼうとして、弟を入寺させ、杉坊明算《みようさん》と名乗らせている。

行人を構成した土豪らは永禄《えいろく》初年をピークに子院へ土地を集積し、寺はそれを元手に高利貸をおこなって、荘園の代官職を獲得していく。また、紀淡海峡を臨む加太《かだ》（和歌山市）は行人の知行《ちぎよう》する港であり、海外貿易で栄えた坊津《ぼうのつ》（鹿児島県南さつま市）に末寺の一乗院《いちじようい ん》が進出した。このことを踏まえると、根来寺は南海路を経て南九州にも独自の教線を持っていたことが、津田氏による鉄炮の畿内伝来や津田流砲術《つだりゆうほうじゆつ》の逸話を生む出す背景となったのであろう。

そして、根来寺は地域社会を守る担い手となり、根来寺僧は願主や勧進聖《ひじり》として、寺社の再建や祭礼に関わるだけでなく、災害の際には米や金を下賜して復興を支援したり、雨乞いをおこなったりし

27—根来寺の大塔（和歌山県岩出市）

た。十五世紀末には村落間の用益相論の仲裁もしている。

また、応仁の乱以前より、根来寺は、高野山や粉河寺、守護畠山氏に対抗しうる軍事力を形成し、政長流畠山氏を一貫して支持した。乱後には、荘園を違乱する和泉国人一揆を抑止する役割を幕府から認められる。永正《えいしょう》元年（一五〇四）には和泉の荘園所領の半済《はんぜい》徴収権を獲得し、和泉では畠山氏から自立した独自な公権力となる。在地でも、売買契約に対する和泉守護の「国新儀」を抑制する「公方」と認識されるようになった。

このため、細川氏や三好氏との戦争を繰り返すことになる。根来寺が出兵した際には、惣分沙汰所が軍勢を指揮し、文亀《ぶんき》二年（一五〇二）には入山田村（大阪府泉佐野市）に「行人若衆沙汰所、同老衆沙汰所」が、永禄五年（一五六二）には真観寺《しんかんじ》（大阪府八尾市）と本興寺《ほんこうじ》（兵庫県尼崎市）に「大伝法院惣分老若中快秀」が禁制《きんぜい》を発給した。また、個々の子院に属さず、境内に住む俗人らによって形成された足軽衆を出陣させている。逆に泉南紀北の地域権益を守るための戦争では、常々より連携を申し合わせていた村々の連合である「綬之郷」が動員された。こうした村の武力は、豊臣秀吉の侵攻に際しては「下和泉一揆」「泉州下郡ノ一揆」として現れる。

その一方で、入山田村（大阪府泉佐野市）は根来寺の動員を、前関白九条政基《くじょうまさもと》の在荘中を理由に断っている。泉南紀北の地侍・土豪は、根来寺のみを唯一の結集格としたのではなく、雑賀惣国や下和泉一揆の構成員でもあり、根来寺と同様に地域権力化し、同盟を結んだ粉河寺・水間寺《みずまでら》（大阪府貝塚市）・神於寺《こうのじ》（大阪府岸和田市）・金剛寺《こんごうじ》（大阪府河内長野市）・観心寺《かんしんじ》（大阪府河内長野市）などを支える共通の基盤であった。根来寺は、これらの地域の人々が生き残るために関係を結ぶ最も有力な選択肢の一つであったのである。

白山平泉寺

奈良時代に女神の導きで泰澄《たいちょう》が登山した白山《はくさん》（石川県白山市、岐阜県白川村）は、山岳修業の霊場としてだけでなく、越前《えちぜん》の福井平野を潤す九頭竜川《くずりゅうがわ》の源流としての水の神や、日本海海運の安全を祈念する航海の神としても、北陸地方だけでなく美濃《みの》や飛驒《ひだ》の人々に信仰された。越前東部の白山平泉寺《へいせんじ》（福井県勝山市）は、こうした白山への三つの登拝口（三馬場《さんばば》）の一つとして、白山信仰の中核を担うだけでなく、平安末期には比叡山延暦寺の末寺となり、発展していった。

戦国時代の平泉寺は、谷の扇状地の扇頭にあたる地に中心伽藍が築かれ、それを見下ろす山際に地蔵院・明王院・西蓮院《せいれんいん》などの有力子院が設けられた。開かれた西側は構口門をはじめ堀や石垣で守ら

28―平泉寺の発掘された中世の石畳（勝山市教育委員会提供）

れ、北側には北谷川と山上の砦、白山へつながる東側の越前禅定道には堀切を設け、南側は女神川を利用して、惣構が構築された。徳市や安ヶ市、墓地はこの外側に配される。

そうした平泉寺の特徴は、都市全体に石畳《いしだたみ》道や土塀の基礎として、石垣が施工された点である。永享十二年（一四四〇）に平泉寺が焼失すると、幕府は北陸に造営棟別銭《むねべつせん》を賦課し、復興に取り組ませた。これ以降、石造りの都市として整備されていくが、石畳道は基準尺が統一されておらず、有力子院がそれぞれ整備にあたったようである。弘治《こうじ》年間（一五五五～五八）には、波多野玉泉坊と飛鳥井宝光院が造営に用いる石の大きさを張り合い、朝倉義景《あさくらよしかげ》が制止を加えるほどであった。永禄三年（一五六〇）に宝光院を訪れた連歌師《れんがし》の谷宗養《たにそうよう》も千人引きの巨石を称え、「露ををも　ミおけや千引きの　石の竹」と詠んでいる。白山神社の拝殿裏には高さ三メートルを超す大石垣があるが、これは自然石の巨石を立てて、壁面に貼り付けており、巨石を用いて権力を誇示する文化は、同様に白山信仰の拠点であった豊原寺《とよはら》（福井県坂井市）や、朝倉氏の城下町である一乗谷（福井市）の下城戸《しもきど》にも共通する。

こうした平泉寺の末寺やその伝承地は、平泉寺と三国湊《みくにみなと》（福井県坂井市）を結ぶ九頭竜川流域に展開しており、浄土真宗本願寺と対立していた勝曼寺《しょうまんじ》や専西寺《せんせいじ》など真宗高田派の諸寺院も平泉寺の末寺となった。藤島荘（福井市）や志比荘《しひのしょう》（福井県永平寺町）などの寺領も九頭竜川流域に所在した。平泉寺の有力子院の出自は、このような荘園の地頭や下司たちであった。玉泉坊の波多野《はたの》氏は志比荘の地頭で、曹洞宗の道元を招き永平寺を開いた。増智《ぞうち》坊の中村氏は藤島荘の下司を務め、宝蔵《ほうぞう》坊の三段崎《みたざき》氏は朝倉一族で、本拠地も一乗谷の近郊であった。さらに平泉寺は本願寺とも共存しており、本願寺巧如《ぎょうにょ》の弟で藤島超勝寺《ちょうしょうじ》を開基した鸞芸《らんげい》の子慶春は平泉寺の等地院に、同じく巧如の弟で志比荘の荒川興行寺を開基した玄真の子如順も平泉寺の両界院に住んだ。平泉寺は顕密仏教と戦国仏教、そして朝倉氏被官の中心核となり、越前の均衡を保っていたのである。

しかし、朝倉氏が滅亡すると、玉泉坊は織田信長に接近を図った。これに対して、宝光院は玉泉坊を討ち、朝倉義景を討った朝倉景鏡と結ぶ。その結果、景鏡と対立する一向一揆に攻められて、天正《てんしょう》二年（一五七四）に平泉寺は全山を焼失し滅亡した。

石清水八幡宮寺と淀川流域の都市

中世の石清水八幡宮寺（京都府八幡市）は伊勢神宮に次いで、天下第二の宗廟として尊崇された。歴代の足利将軍が放生会《ほうじょうえ》の上卿《しょうけい》を務め、六代将軍を選ぶ籤引《くじび》きの舞台となった。戦国時代においても、橘本坊は足利将軍家や北条氏、古河公方、橘坊は尼子氏、泉坊は島津氏、滝本坊は豊臣氏、豊蔵坊は徳川氏など、檀那は全国に広がっていた。

そうした石清水八幡宮寺を主人と仰ぎ、神物を取り扱う神人《じにん》や、社家《しゃけ》に就任する祠官《しかん》の寺家と主従関係を結び、神事の警護役を勤仕した殿原《とのばら》層の侍らは、膝下の八幡をはじめ、淀や大山崎などに居住した。荏胡麻油を扱う大山崎神人や、米・塩・塩合物《しおあいもの》・蠟《ろう》・漆など多様な商売をおこなった淀神人は、関銭を納めずに淀川を自由に往来できる過所船《かしょせん》を幕府から公認されていたが、十六世紀になると、新儀商人に押されはじめる。そこで、八幡では境内の四郷を単位とした安居《あんご》役の仏神事頭役を勤仕する「衆中」を母体に都市共同体をつくり、十六世紀初頭には「四郷中」として幕府へ提訴をおこなうなど、活動していくことになる。

淀は、山城下五郡の要所であったことや、廻船《かいせん》を掌握するため、細川政元の被官で摂津《せっつ》守護代であった薬師寺元一が進出し、城が築かれた。この城は淀城とも、薬師寺氏に右筆《ゆうひつ》として仕えた藤岡氏に因み藤岡城とも呼ばれた。永正元年（一五〇四）に薬師寺元一が政元に背き没落すると、細川高国段階では、淀の侍衆で京都や大山崎・八幡などで多角的な同族経営を行っていた石清水神人《いわしみずじにん》の河原崎氏らが在番した。細川晴元は被官の小畠越前守を城番に配したが、その後、河原崎氏出身で藤岡氏の名跡を継いだと推測される藤岡直綱が、淀の高荷公事銭《くじせん》の代官を請け負って、三好長慶に仕える。この時期、淀城には細川氏綱が入り、氏綱の死後にはその被官の多羅尾綱知が在城した。

そして、在地では八幡と同様に、神人や侍といった職能的な「衆中」に代わり、地縁的な「淀六郷惣中」が結成され、石清水八幡宮寺が惣中や侍、神人の主人として、交通や生業を保障する中、都市自治を進める。また淀の廻船は、石清水神人が幕府より十一艘の過書船の権利を保障されていたことから、「淀六郷船方中」を組織した。しかし、細川氏の抗争に関わった土豪らの同族的な問丸《といまる》経営は衰退していき、廻船業に特化した専業の仲間組織による「淀過書廻船中」に変化を遂げていく。

大山崎においては、十四世紀以降「神人中」、十五世紀後期には「諸侍中」や「大山崎惣中」が幕府や守護の発給文書の宛所として現れる。応仁の乱の最中の文明三年（一四七一）から天文の一向一揆の最中の天文二年（一五三三）まで、大山崎には軍忠を賞した感状《かんじょう》が発給されていたが、天文の一向一揆の和睦が成立し、京都の法華一揆が鎮圧された天文五年以降はなくなった。武家から発給される文書は、禁制や徳政《とくせい》免除、贈物の礼状に限定されていく。

石清水八幡宮寺を主人とした都市では、侍分でもあった商人らが都市民へ特化し、軍役《ぐんやく》を馳走せず、礼物や礼銭により都市を防衛する非戦都市を志向したのである。

また、石清水八幡宮寺の影響力が戦国時代に河内北部に拡大していくと、膝下に神人たちがつくった都市である楠葉《くずは》（大阪府枚方市《ひらかた》）は分解する。代わって成立したのが、浄土真宗系の寺内町である枚方や出口、招提《しょうだい》（いずれも大阪府枚方市）であった。枚方寺内町の開発を主導した四人長衆の一人の好村宮太夫は、本願寺の門徒であるだけでなく、石清水の神人でもあった。招提寺内町は八幡出身の小篠氏と片岡氏の協力によって建設される。河内北部の寺内町建設は、石清水八幡宮寺と本願寺の協調関係が大きかった。それゆえ、大坂本願寺合戦においても、いたずらに本願寺に与するのではなく、非戦を選択していくことになる。

2　新たな宗教勢力

本願寺教団の苦悩

平安末期から鎌倉時代にかけて、浄土系の浄土宗・浄土真宗・時宗や、日蓮によって始まる法華宗が生まれ、さらには中国から禅宗が伝来した。これらはかつて「鎌倉新仏教」と総称されてきた。しかし、宗祖が生まれた時代ではなく、広く社会に定着した時代を重視する考え方から、近年では「戦国仏教」と呼ばれている。

そうした中でも、特に知られるのは、本願寺の中興の祖とされる蓮如である。ただ他者との軋轢も大きく、守護の富樫政親《とがしまさちか》を滅ぼした加賀の一向一揆では、激怒した将軍足利義尚《よしひさ》が蓮如に門徒の破門を迫った。しかし、細川政元が仲介に入ったおかげで、破門に至らずに済み、本願寺は政元を聖徳太子に擬し、特別な外護者として頼むようになる。このため、永正二年（一五〇五）、畠山尚順《ひさのぶ》・義英と対立する政元から軍勢催促を受けると、本願寺実如《じつにょ》（蓮如五男）はこれを断ることができなかった。本願寺が初めて主導した一揆は、教団を混乱に陥れることになる。大坂御坊に結集する摂津と河内の坊主衆や門徒衆は実如の命令を拒否したので、実如は加賀より呼び寄せた軍勢を河内に派遣し、政元ともに翌三年正月に両畠山氏を破った。そして、畠山氏と結び、自らに代わって宗主になろうとした大坂殿実賢（蓮如九男）や畠山一族のその母蓮能尼を追放する。これを河内錯乱《さくらん》や大坂一乱という。

本泉寺《ほんせんじ》蓮悟（蓮如七男）を中心とする加賀一向一揆も、河内の両畠山氏と結ぶ能登《のと》の畠山義元や越《えち》後《ご》の長尾《ながお》能景《よしかげ》、越前の朝倉貞景《さだかげ》を攻め立てた。能景を討ち取り、越中《えっちゅう》を支配下に置くことには成功したが、九頭竜川の戦いで大敗北を喫し、越前や越後では一向宗の禁制が強化された。

ところが、永正四年に細川政元が暗殺されると、政元と結んできた実如も山科《やましな》から堅田《かただ》（大津市）に没落せざるを得なくなった。

永正十八年（大永《だいえい》元年、一五二一）、越後の長尾為景《ためかげ》が越中に侵攻すると、実如・円如父子は、加賀四郡のうち北部の石川郡・河北《かほく》郡と南部の江沼《えぬま》郡・能美《のみ》郡のそれぞれの郡一揆に初めて、仏法のために戦うよう指示を下した。ただ北二郡は、実如が法義を理解せず、講《こう》を結成しないと怒って、蓮悟を詰問したり、その蓮悟と出陣しても勝手に帰陣したりするなど、自立した行動を取ることもあった。

そして、享禄《きょうろく》四年（一五三一）閏《うるう》五月には、本泉寺蓮悟を中心とする一門寺院（小一揆）と本願寺証《しょう》如《によ》が支援する超勝寺や本覚寺《ほんがくじ》（大一揆）が争う享禄の錯乱（大小一揆）が起こる。前期義晴幕府を支持する蓮悟と義維幕府と結ぶ証如という畿内の政局も影響を及ぼしていた。本願寺は畿内や東海、飛騨から援軍を差し向けて、朝倉孝景の支援を受ける蓮悟らを排除すると、天文十五年（一五四六）に金沢御坊を設置し、超勝寺や本覚寺に代わって、加賀にとどまらず、北陸の中心寺院と位置付け、直接支配を強めようとする。これに対して、従来から加賀門徒を組織してきた郡一揆や組は激しく抵抗し、その中核であった国人の洲崎氏や河合氏は上洛すると、将軍や公家の二条家、延暦寺や出雲の尼子氏と結んで、復権を目論んでいた。幕府は徴税や検断について、本願寺を加賀の大名として認めていたが、領国化は容易ではなかったのである。

証如と『天文日記』

本願寺証如は大永七年（一五二七）に代々の宗主に倣って、延暦寺の門跡寺院の一つである青蓮院《しょうれんいん》で得度し、享禄元年（一五二八）に本願寺宗主では初めて、摂関家である九条尚経の猶子《ゆうし》となった。そして、後奈良天皇より五位の殿上人《てんじょうびと》になぞらえる直叙法眼に任じられる。あまりの異例の出来事に三条西実隆《さんじょうにしさねたか》も不相応とみているが、本願寺は公家社会で摂関家に連なる身分を確保し、武家社会では細川晴元との連携により、教団を安定させようとしたのである。

細川氏や六角氏、法華一揆と激しく対立した天文の一向一揆の戦後処理、すなわち幕府や諸大名との和睦を維持すること、教団を再建し社会的地位を確立することが、証如の使命であった。そして、和睦成立直後の天文五年（一五三六）正月より、死去する二週間前の天文二十三年八月まで、証如は諸勢力と交わした音信や書状をはじめ、斎《とき》（共同飲食）を中心に営まれる宗教行事や大坂寺内町の出来事を『天文日記』に記し続けた。

武家を参考にして、正月一日の儀礼を調えた証如は、「家」の主人として、従者で寺務を所管する殿原・青侍《あおざむらい》、御堂衆《みどうしゅう》、中居衆、綱所《こうしょ》衆、大坂留守居衆と女房衆に自ら盃《さかずき》を与えた。領主としては、頭役を担う直参坊主衆・門徒衆、親鸞御影を守護するため上番する番衆、三月二十五日の蓮如の祥月忌《しょうつきき》日法要《にちほうよう》を勤仕する大坂寺内町の六町の町人に下行した。こうして教団の構成員をそれぞれ身分に応じて把握し、支配秩序を再建していく。

29—本願寺証如画像（上宮寺所蔵）

また、享禄の錯乱によって崩壊した一門一家衆を再編し、外祖父でもある蓮淳（蓮如六男）の親族と、山科より親鸞御影を持ち出した功績により御堂鎰取《かぎとり》役に任じられた実従（蓮如十三男、『私心記《ししんき》』の著者）を中心に据え、細川晴元との交渉を担当した興正寺《こうしょうじ》蓮秀を新たに加えた。

大坂本願寺には多くの公家や青蓮院門跡の尊鎮《そんちん》（後奈良天皇弟）などが来訪し、公家社会の一員として四《し》方膳《ほうぜん》や高麗縁《こうらいべり》の上畳《あげだたみ》が免許された。かつて勅願寺《ちょくがんじ》の宣旨《せんじ》を得た寺院としての威勢を示すため、阿弥陀堂、御影堂、庶務をおこなう綱所、接客対面所である寝殿《しんでん》などの建築が相ついだ。証如は権僧正を極官とするが、子の顕如《けんにょ》は勅許により永禄二年（一五五九）十二月に門跡となり、顕密仏教寺院の最高の寺格を有するに至る。戦国仏教として広く門徒を獲得してきた本願寺は、公家社会や顕密仏教界においてその地位を確立したのである。

そして、武家社会との交渉を重ね、多方面との協調外交に徹し、大坂寺内町を中心に、守護不入や徳政令、諸役免除といった特権を獲得していく。そうした本願寺も当初は、遊佐長教に礼物を贈ったが、書状を欠いたため、怒りを買い、正月の音信をしてもらえないなどの失敗もあった。ところが天文二十年にもなると、儀礼にも成熟し、本願寺が三好長慶に贈った礼物を、長慶が細川氏綱に使いまわし、氏綱から本願寺への礼物として戻ってきたため、「呵々」と大笑する余裕も生まれている。公家であれ、武家であれ、音信を交わす際には、家格秩序に細心の注意を払い、適切な書札礼《しょさつれい》を踏まえなければならなかった。

一向一揆の運動方向はどうであれ、本願寺自体は、公家・武家・寺家を包括する室町時代の身分秩序を前提とし、相互依存する関係を構築して、教団の存続と安定を目指したのである。

法華宗は教義によって、大きく勝劣派《しょうれつは》と一致派に分かれ、さらに、有力な僧侶や寺院ごとに形成される門流に細分化されており、天文法華の乱以前には京都に二十一の本山が成立した。室町時代は個人の信仰が主体で、檀那と寺院の関係は流動的であったが、戦国時代になると、工芸の本阿弥《ほんあみ》家は本法寺《ほんぽうじ》、絵師の狩野家と彫金《ちょうきん》の後藤家は妙覚寺《みょうかくじ》、茶屋中島家は本能寺《ほんのうじ》というように、徐々に家職集団と寺の関係が固定化し、師檀関係《しだんかんけい》から寺檀関係に移り変わりつつあった。また、その信仰は、京都の町衆の富裕層から公家社会にも広がり、鷹司《たかつかさ》家・木寺宮《きでらのみや》・西園寺《さいおんじ》家からは妙顕寺《みょうけんじ》に、九条家からは立本寺《りゅうほんじ》に、近衛《このえ》家からは本満寺に、三条家からは本法寺に、広橋家・久我《こが》家からは本国寺に、伏見宮からは本能寺に相次いで入寺していた。

法華宗寺院の結合と永禄の規約

社会的地位も上昇させつつあった法華宗寺院は、天文の法華一揆に際して、「諸法花宗中」「諸法花宗諸寺中」「諸法花諸檀方中」「五ヶ寺法花宗中」といった個別の寺院や門流、教義すらも越えた結合体を成立させた。この結合体は、延暦寺と六角氏に京都を追放された天文法華の乱で消滅するが、天文十六年（一五四七）に再び法華宗寺院は「十五ヶ寺連署《れんしょ》」という形で結集した。その実態は「諸寺代」や「惣代三ヶ寺」と称された勝劣派の本能寺、一致派の本国寺と妙顕寺を代表とする結集であり、これらの寺院が六角氏を仲介者として交渉を重ねた結果、延暦寺と和睦し、洛中へ還住《げんじゅう》することになる。この後、しばらく結合体の姿は見えなくなるが、永禄四年（一五六一）に三好氏と対立する六角氏が京都へ侵攻した際、法華宗寺院は天文法華の乱の時と同様に弾圧が始まるのではないかと警戒し、再び「諸寺代」や本能寺・本国寺・妙顕寺の三か寺が六角氏と交渉し、礼物や礼銭を贈ることで平和を維持した。

このように天文の法華一揆以後、門流や教義の枠組みを越えた結合が、法華宗存亡の危機に際して、臨時的に形成されるようになっていた。

そうした中、永禄六年に大事件が発生する。日蓮が安房《あわ》の出身であったことから、関東南部は法華宗の盛んな地域であったが、勝劣派日什《にちじゅう》門流妙満寺末で東金《とうがね》（千葉県東金市）の領主である酒井胤敏《さかいたねとし》が、一致派日朗《にちろう》門流である平賀（千葉県松戸市）の本土寺《ほんどじ》の末寺を奪い取ったのである。この事件は、京都の諸本山を巻き込み、その解決にあたったのが、一致派六条門流の本国寺の檀那であった三好氏の宿老松永久秀であった。

六月、久秀は本山である京都の妙満寺に対して、末寺を返還するように胤敏へ意見することを命じた。妙満寺はこれを承諾したが、その背景には、直前に京都の諸寺院が結集して六角氏に対処した経緯があり、門流や教義を超えて結合しようとする機運が高まっていたことがあった。この頃、三好長慶も勝劣派内部の和睦を促し、京都の諸本山に連判状《れんぱんじょう》を作成させるだけではなく、地方にも適用して「都鄙《とひ》和談」を進めようとしていた。このため、妙満寺は檀那といえども、酒井胤敏の行動を擁護しなかったのである。これに対して、胤敏は、私領に口出しする久秀は中国周代の伯夷や叔済のような仁者ではないと非難し、妙満寺は本山として檀那を守るよう訴えた。ところが、妙満寺は胤敏を切り捨て破門にしたのである。

京都の気運を感じ取った本土寺は、東金の酒井胤敏と敵対していた土気《とけ》（千葉市）の酒井胤治《たねはる》が、勝劣派と一致派の和睦を志向していると、一致派の代表寺院である本国寺や妙顕寺に伝え、都鄙の調整を進めたいという意向を示した。この動きに、池上（東京都大田区）の本門寺など関東の主要寺院も同調していく。

十二月、関東から上洛した薬草院日扇は久秀に仲裁を依頼し、久秀が寺院間の調整を進めた。永禄七年四月には、三好長慶が保護してきた勝劣派日隆《にちりゅう》門流の両本山である京都の本能寺と尼崎の本興寺が和睦の条文を検討し、八月には、三好実休とその家族が帰依した一致派中山門流の頂妙寺日珖《ちょうみょうじにちこう》が、堺の妙国寺《みょうこくじ》より上洛して、一致派と勝劣派の内談にあたった。そして同月、京都の十五本山が連署して「一致勝劣都鄙和睦之条目」、すなわち永禄の規約が結ばれる。九月には久秀の母も堺の一致派と勝劣派の仲裁をおこなっていたようで、堺の二十八か寺より御礼を受けた。

永禄の規約は、一味同心《いちみどうしん》して布教に努めること、他門流を中傷しないこと、末寺・衆徒・檀那を奪い取らないことを定めた。これにより当初は三年に一度であったが、「諸寺会合」「本山会合」が定期的に開催されることになった。延暦寺や六角氏など軍事的危機に対してのみ臨時的に形成されていた結合体が、共有の文書と財産を保有する恒常的な結合体に質的変化を遂げることになったのである。

江戸時代にはもう一か寺が加わり「京都十六本山会合」と称されたが、その内部は、連署の場に参会した僧侶の数が多い本国寺・妙顕寺・立本寺・妙覚寺・本能寺の五か寺と、少ない本満寺・頂妙寺・本法寺・妙伝寺・妙蓮寺・本隆寺・本禅寺・妙満寺・要法寺《ようぼうじ》・妙泉寺の階層差があった（本能寺・妙蓮寺・本隆寺・本禅寺・妙満寺・要法寺・妙泉寺は勝劣派）。上位の五か寺は天文の法華一揆の時の「五ヶ寺法花宗中」を構成していたと考えられ、延暦寺や六角氏との交渉を担当した「諸寺代」の本国寺・妙顕寺・本能寺が含まれている。『京都十六本山会合用書類』に含まれている近世文書にも「上五ヶ寺」や「頭五ヶ寺」という表現があり、天文の法華一揆以来の連続性がうかがえる。

三好氏にとっては、京都だけでなく、大阪湾岸の港町の富裕層を信者に持つ各門流の数百年越しの問題を解決し、法華宗全体の保護者としての地位を確立することは単なる宗教政策に留まらず、都市支配において有力な回路を持つことになった。また、領国外である関東の国人の私領にまで介入することで、その影響力を示すことができた。

法華宗の諸寺院は、都市富裕層や公家を檀那として、社会的地位を上昇させたが、内部では各寺院や門流による活動が主体で、外部には常に武家権力や顕密寺院との対立にさらされてきた。そうした状況を乗り越えるため、永禄の規約を結んで、恒常的な結合体を形成する。内部では末寺や檀那の統制と固定化は、荘園を持たない本山寺院にとって経済基盤の安定化につながり、外部では一揆など武力による解決手段をいち早く放棄し、多方面外交と非戦による平和維持を目指すことになった。

そうした点では、同じ戦国仏教でも、寺内町を保護した三好氏に加担して、約十年に及ぶ織田信長との大坂本願寺合戦を戦うことになった本願寺とは異なる方針を示すものであった。

キリスト教の受容

宣教師フランシスコ・ザビエルがキリスト教を布教する許可を得るため、上洛したのは天文二十年（一五五一）正月の事である。しかし、将軍足利義輝や後奈良天皇に拝謁することはできず、失意の中、山口に退去した。

そのため、畿内におけるキリスト教の布教は、宣教師ガスパル・ヴィレラが永禄二年（一五五九）に上洛し、居を構えたことに始まる。翌年正月にヴィレラは足利義輝に拝謁し、迫害を受けないように禁制を得ることに成功した。ヴィレラはその際、日本の僧侶と同様に剃髪し、日本の着物にポルトガルのマントを纏っていた。当時の日本人はキリスト教の神デウスを真言密教の本尊である大日如来《だいにちにょらい》と理解し、後には人知の及ばない天の理である天道と表現した。そして、宣教師をブッダの生まれた天竺《てんじく》や、西方の極楽浄土《ごくらくじょうど》といった仏教の本場からやってきた僧侶として、とりわけ尊敬した。また、イエズス会側も当初、仏教の利他行や弥勒信仰《みろくしんこう》に共通点を認め、日本の文化だけでなく仏教も含めた適応主義を取っていた。

こうしたキリスト教の動向に敏感に反応したのが、京都の都市富裕層に広まっていた法華宗であった。法華宗は檀那の松永久秀に宣教師を京都より追放するよう求めた。そこで久秀は、義輝が追放令を出したと虚説を流す。久秀の与力で宣教師との取次を担っていた今村慶満は虚説を信じ、宣教師を保護するため、避難を促し、ヴィレラが購入していた四条坊門姥柳町の寺院に被官を遣わした。この

30―キサトゥス『日本諸島実記　日本図』（天理大学附属天理図書館所蔵）

時は宣教師が幕府に問い合わせ、虚説であることを確認したことで、事なきを得た。

ところが、永禄六年には延暦寺が、宣教師を追放するよう久秀に訴えた。そこで久秀は取り調べをおこなうため、ヴィレラを奈良に召喚しようとする。殺害を恐れたヴィレラは、肥前《ひぜん》出身の盲目の琵琶法師で、山口で受洗したロレンソ了斎を遣わした。久秀の命令で尋問にあたった結城《ゆうき》忠正《ただまさ》と清原枝賢《きよはらのしげかた》、高山飛騨守は、ロレンソ了斎の答弁に感銘を受け、キリスト教に改宗する。

ただ京都での布教は低調であったようで、ヴィレラはロレンソ了斎を、翌永禄七年に久秀の主君三好長慶の居る飯盛城に派遣し、城内の七十三名の長慶被官を改宗することに成功した。長慶は直接ロレンソ了斎の説教を聴聞しなかったが、臨済宗大徳寺派の奥義に達した後に聴くとし、キリスト教の布教を承認し保護を約束した。このため、ヴィレラも飯盛城に赴き、多くの人々に洗礼を授け、教会を設置する。将軍義輝ではなく、長慶の保護と布教の公認により、ようやく他宗からの排撃も止んだという。そのため、世界最古（一五八六年）の日本専図であるキサトゥスの『日本諸島実記』所収の日本図にも、飯盛（Imoris）や麓の三箇（Sanga）、岡山（Ocaiama）の地名が記されている。

キリスト教を排除しようとしたのが、京都の法華宗と延暦寺であったことを踏まえると、彼らはキリスト教を一向一揆や法華一揆と同様なものと見ていたようだ。イエズス会は宣教師の絶対的不足を補うため、洗礼・堅信・聖体拝領・結婚・終油（葬儀）をおこなうことができるようにコンフラリア（信心会）の設置を推奨し、信徒の組織化に努めていた。当時のキリスト教はまさしく戦国仏教の一つとして、認識されていたと言えよう。

三好長慶は大徳寺九十世の大林宗套《だいりんそうとう》に帰依し、死後大徳寺に長慶の菩提を弔う聚光院が造営されるが、豊後《ぶんご》のキリシタン大名である大友義鎮《おおともよししげ》も、大徳寺九十一世の徹岫宗九に帰依して宗麟と名乗り、生前に大徳寺に瑞峯院を設けており、その後に洗礼を受けた。肥前のキリシタン大名である大村純忠《おおむらすみただ》ですら、洗礼後にもかかわらず、理専という法号を名乗っており、仏教かキリスト教かではなく、キリスト教を仏教の宗派の一つと考えていたようだ。また、大名たちのキリスト教を保護する目的は、海外貿易の利潤であるが、東アジア貿易に携わる宣教師を、中国や琉球《りゅうきゅう》との貿易を担っていた禅僧と同一視していても不思議ではない。

キリシタンの誕生

畿内におけるキリシタン第一世代は、三好長慶や松永久秀の被官たちであった。彼らは永禄八年（一五六五）七月に発布された正親町天皇《おおぎまちてんのう》の伴天連《バテレン》追放令《ついほうれい》を乗り越えていく。久秀の下にいた高山飛騨守ダリオは摂津高山荘（大阪府豊能町）の土豪で、三好氏領国の東部国境を守るため、大和の沢城（奈良県宇陀市）を与えられるほど信頼されていた。宣教師は武芸と交渉術に秀でていたとする。結城忠正アンリケは奉公衆《ほうこうしゅう》であったが三好長慶に属し、京都で徴税業務をおこなったり、朝廷への使者を務めたりした。忠正は久秀に重用され、後に柳生新陰流《やぎゅうしんかげりゅう》の開祖となる柳生宗厳《むねよし》（石舟斎《せきしゅうさい》）と交流があり、フロイスは学問・交霊術・剣術・右筆・天文学に優れていると評した。清原枝賢は儒教《じゅきょう》の経典を講究する明経博士《みょうぎょうはかせ》で、親王《しんのう》の教育にあたり、神道や国文学、漢詩、幕府法にも通じた博学多才な学者であった。

飯盛城で改宗した者には、三箇《さんが》頼照《よりてる》サンチョ、結城弥平次ジョルジ、三木半大夫、池田教正シメオン、庄林コスメらがいる。三箇頼照サンチョは飯盛城西麓に広がる深野《ふこの》池や旧大和川の河川交通に立脚する土豪で、宣教師を接待する際には茶会を催したり、出迎えた頼照サンチョの息子が鉄炮を肩に担いでいたりするなど、堺の先進的な文化に通じていた。後には教会建設のため、深野池の埋め立てもおこなっている。茶道や能に秀でた池田教正シメオンは、三好氏滅亡後も織田信長に服属して河内北部を支配し、若江《わかえ》城（大阪府東大阪市）や八尾《やお》城（大阪府八尾市）の城下町を整備し布教に努めた。その後、長慶の叔父康長の養子となった豊臣秀次《ひでつぐ》（三好信吉）の宿老として、小牧《こまき》・長久手《ながくて》の戦いで武功を挙げる。

豊臣秀吉が伴天連追放令を出した翌天正十六年（一五八八）には「日本都并五畿内」のキリシタンとして、庄林コスメ・伊地知《いじち》文大夫ハウロ・池田教正シメアン・瀬尾ハスチアン・清水レウゴ・三箇頼照サンチョ・蔵ジムアント・真柄《まがら》加介ロマン・日比屋《ひびや》了珪ディオゴ・小西如清ベント・日比屋了荷ヴィセンテの十一名が連署して、ザビエル以来の日本における布教の歴史を、イエズス会総長に伝えるなど、ヨーロッパ世界に情報を発信した。

特に池田教正シメオンと庄林コスメは、豊臣秀次に対して、棄教せず仕えることを許して欲しい、そうでなければ、迷惑をかけるので放逐して欲しいと訴え出たが、秀次は彼らを思慮分別に富む相談役として認め、キリシタンのまま仕えることを許した。教正シメオンは後に清洲（愛知県清須市）の町奉行を務め、木曽川の堤防を建設することになる。

一五九六年にオランダ人のファン・ラングレンが作成した「東アジア図」には、Nara（奈良）、Sawa（沢）、Tochis（十市《とおち》＝高山飛騨守ダリオによりキリスト教に改宗した松永久秀被官石橋忠義の居城）、Imoris（飯盛）、Saquay（堺）といった地名が記されており、畿内キリシタンの第一世代の聖地として、海外でも知られていたことがわかる。

キリシタンの第二世代は、高山飛騨守ダリオの子である高山右近ジュストや、松永久秀の甥の内藤ジョアン、細川ガラシャ（細川忠興室、明智光秀の娘）を改宗させた清原枝賢の娘マリア、堺商人の子の小西行長アウグスティヌスであった。

秀吉の伴天連追放令により高山右近ジュストは改易《かいえき》されたが、肥後《ひご》南部を拝領した小西行長アウグスティヌスは伊地智文大夫ハウロ、結城弥平次ジョルジ、日比屋了荷ヴィセンテを宿老に取り立て、九州に下向した。彼らは文禄《ぶんろく》の役で活躍する。特に内藤ジョアンは北京《ペキン》（中国北京市）に赴き、明《みん》の万暦帝に謁見して和睦交渉にあたった。万暦二十三年（文禄四年、一五九五）正月に、万暦帝が秀吉を日本国王に封じた勅諭《ちょくゆ》にも、「豊臣行長遣使藤原如安」と明記されている。結城弥平次ジョルジは、名《な》護屋城《ごやじょう》（長崎県唐津市）で明使の接待役の一人となった。白村江《はくそんこう》の戦い以来なかった日本の国外出兵という未曽有の事態を収拾することになった内藤ジョアンと結城弥平次ジョルジは、たんにキリシタンであっただけではなく、東アジア世界にも通じた新たな国際人であったと言えよう。

彼らは戦国時代に台頭してきた新興の土豪であり、日本最高の知識層とも言える存在であった。戦国時代の新しい文化や技術に長じ、築城や城下町の整備をおこない、ヨーロッパにもアジアにも通じた国際感覚に優れた統一政権のテクノクラートに成長していく。

棄教せずフィリピンに追放された高山右近ジュストや内藤ジョアン、長崎で殉教した二十六聖人の一人である三木パウロの父半大夫は、キリスト教自体の教義を正確に理解していたと考えられる。ただ、清原枝賢や医聖と称えられた曲直瀬道三《まなせどうさん》は後に棄教している。彼らは宗教としてよりも、ヨーロッパの知識や医療技術に対する探究心から、それを支える精神文化や思想としてのキリスト教に興味があったのであろう。また、京都と堺を除くと、畿内ではキリシタンを領主とする城下町でしか、キリスト教は広まっていない。キリシタンの領主が信仰をある程度主導しないと、ほとんどの日本人にとっては、従来の仏教と異なる宗教であると理解することは難しかったようだ。ポルトガル人のキリスト教宣教師で、イエズス会より『日本教会史』の編纂を命じられたジョアン・ロドリゲスは、一向宗を農民の宗派と捉えたのに対し、キリシタンを身分の高い者の宗教と対照的に述べている。

3　公家の活動

山科言継の生活

山科家は、藤原北家四条流の一つ冷泉家《れいぜいけ》の分家で、山科七郷を家領としたことに始まる。楽所別当《がくそべっとう》として管弦を司り、朝廷の財政を管理する内蔵頭《くらのかみ》として、有職《ゆうそく》故実《こじつ》の一つである衣服の調進にあたった。歴代当主は詳細な日記を書き残したことでも知られ、特に『言継卿記《ときつぐきょうき》』は欠年があるものの、大永七年（一五二七）の細川高国の時代から、天正四年（一五七六）の織田信長の時代までが記録されている。言継は地方に避難せず、戦乱の京都に留まり、町衆と共に戦争を見物し、時には将軍や大名の築いた城や陣所に表敬訪問し、軍勢や武装、城の様子を記録し続けた。

戦国時代の朝廷は、摂関家などが離脱していき、禁裏小番《きんりこばん》と呼ばれる、山科家ら中級公家による天皇の身辺での勤番制度が政務の場となっていた。また、天皇の家政は後宮女房によって運営されており、『お湯殿の上の日記』はその勤務日誌にあたる。こうした朝廷を支えるため、言継は織田信秀や北畠具教《きたばたけとものり》、松永久秀に献金を求め、その地に赴いた。駿河に身を寄せていた義母の中御門《なかみかど》氏を訪ねたこともある。しかし、窮乏は厳しく、方仁《みちひと》親王（正親町天皇）が鞍馬寺《くらまでら》に参詣する際に輿舁を揃えることができず、詰問を受け、延暦寺で出家するため出奔したこともある。また、足利義輝に山科七郷を押領されるなど、厳しい状況は続くが、最終的には、長年の功労が認められ、異例の正二位大納言に昇進し大いに面目を施した。

荘園年貢を失っていく中、山科家の財政は、粟津供御人《あわづくごにん》・嵯峨《さが》鮎鮓《あゆずし》供御人・同猪皮供御人・祇園柑《ぎおんかん》類座鳥《るいざちょう》供御人・伏見雑喉公事銭《ざこくじせん》・大原竹公事銭・内蔵寮領陸路河上四方八口率分所《やつくちりつぶんしょ》など、京都の流通に立脚した営業税や関銭への依存を高めていく。ただ、蚊帳《かや》をはじめ、刀剣や直垂《ひたたれ》、重代の笛まで質入れして金策に走ったり、修験者の石見慶春に借金の保証人を頼んだりしなければならなかった。そのため、しばしば副業として、山科家秘伝の薬を調合し、家計の足しにしていた。妻（葉室頼継《はむろよりつぐ》の娘）が病床に伏した時には、一か月余りにわたって症状を記録し続けている。言継が診断したのは公家だけでなく、後宮女房や近所の麺屋で熱湯をかぶり火傷した下女にまで及んだ。

また、方違《かたたがえ》という慣習を言い訳にして、薬屋小山氏のもとに酒を飲みに行き、町衆の求めに応じて、家職である歌舞音曲《かぶおんぎょく》を教授するなど、幅広い交流も生まれていた。山科家の下女と甘露寺《かんろじ》家《け》の下男の夫婦が喧嘩し、夫が妻の髪を切った際には、厳重抗議をおこない、幕府や曼殊院《まんしゅいん》門跡を巻き込んだ両家の対立に発展したが、発端の下男下女の夫婦はいつの間にか元鞘《もとさや》に収まっていたということもあった。言継の姿は単なる没落貴族ではなく、身分を越えて、活動の幅を広げ、武家や町衆との間に独自の人脈を作り上げ、生き抜こうとするものであった。

久我家の経営

久我《こが》家は村上源氏中院流の諸家の一つで、戦国時代には足利将軍家に代わり、源氏《げんじの》長者《ちょうじゃ》を独占していた。京郊の久我荘《こがのしょう》（京都市伏見区）や東久世荘《くぜのしょう》・本久世荘（京都市南区）をはじめ、河内・近江・播磨・伊勢・尾張・肥後に荘園を有しており、同じ村上源氏の一族というよしみを活かして、播磨赤松氏や伊勢北畠氏に官位を推挙する見返りに、格別の計らいを求め、維持を図ってきた。

ところが、膝下の久我本荘預所職《あずかりどころ》が、明応の政変の際に、細川政元によって敵方の所領として没収され、庶流家である上野玄蕃頭家に与えられてしまった。久我家は交渉を重ねて、知行を折半することで和睦したが、後に細川氏綱が挙兵した際、京都支配を目指す細川国慶によって、ようやく正式に返還された。このようなことは、三好三人衆・三好義継方と松永久秀・足利義昭方の抗争でも繰り返された。三好三人衆は、預所職の竹内季治《たけうちすえはる》が久秀に味方したため没収したが、義継が久秀方に寝返るとその混乱を鎮めるため、久我家の返還要求に応じている。このように京都を支配しようとする勢力が、在京権門対策の一環として、所領の返還や安堵《あんど》をおこなうことは、織田信長によっても繰り返された。

また、室町中期より続く内乱で、久我荘の中には、将軍らに敵方として没収された名田《みょうでん》などが多く存在し、一円的な領域支配はできなくなっていた。そのため、久我家の家政機関として年貢公事の収納にあたっていた「領主政所《まんどころ》」は、複数の領主に対する収納を請け負うようになり、独立性を強め、村落の年寄衆を代表する「百姓政所」へと変化を遂げていく。

そこで、久我家は在地との繋がりを維持するため、諸大夫《しょだいぶ》身分の家僕、すなわち、竹内氏、春日《かすが》氏、森氏らを活用する。特に竹内氏は預所職にしばしば登用され、在地の土豪である小寺氏とともに名主を務めた。また、上久我荘の鎮守菱妻神社の千種祭は、久我荘にある久我家の別邸周辺で、田楽《でんがく》や競《くらべ》馬《うま》などの農耕儀礼を共同でおこなう重要な神事であったが、その頭役を負担していた。森氏も政所に就くなど、在地との繋ぎ役となった。

土豪の小寺氏は、一族の中で細川氏と久我家の双方の被官になる者が出てくるが、そうした志向は、家僕である竹内氏にも見られた。竹内氏は三好氏の被官となり、季治は長慶の推挙により堂上公家《とうしょうくげ》に昇格し、弟の秀勝は長慶より沢上江《かすがえ》（大阪市都島区）の代官職を与えられ、その後、松永久秀の宿老に登用された。後に久秀の娘は季治の子の長治《ながはる》に嫁いでいる。彼らは被官先の細川氏や三好氏の動向に左右されるようになり、在地との関わりを薄めていく。そうした中、新興の土豪として中西氏や竹村氏、侍身分の家僕として信濃《しなの》氏が立ち現れてくる。

こうした変動を受けて、荘園年貢が不安定化する中、久我家は京都の座からの営業税を重視するようになり、小袖屋や小破座（薪に用いる木材）をはじめ、御服所《ごふくしょ》が管理していた京都七口の関銭と洛中の立売における櫛・皮籠《かご》・鏃《ぞく》・擂鉢《すりばち》の徴税も、幕府より認められた。また、洛中の遊女屋が治める傾城局公事や仲人公事、三条町の屋地子《やじし》は大きな収入源で、三好元長が山城下五郡守護代になると、その被官の加地氏に代官職を請け負わせる。さらに平家物語を語り継いできた盲目の琵琶法師たちの当《とう》道座《どうざ》も、重要な財源であった。

久我家は通言《みちのぶ》の時に後継者がなく、近衛尚通の末子晴通《はるみち》を養子とした。これにより、足利将軍家の外戚《がいせき》である近衛家の分家格となった。晴通の名も姉である慶寿院（近衛尚通娘）の夫足利義晴よりの偏《へん》諱《き》である。兄の近衛稙家《たねいえ》や甥の近衛前久《さきひさ》と共に、義晴・義輝親子を支えることになった。しかし、その子通堅は後宮女房との密通を疑われて、勅勘により堺に逼塞し、足利義昭と織田信長を頼って、かろうじて復権を果たすことになる。

苦悩する天皇

室町時代の足利将軍家と北朝天皇家の基本的な関係は、足利将軍家が北朝天皇家をさまざまな面で守護し輔弼する、他の守護家を排除し、天皇家との関係を独占するというものであった。両者は一体であり、天皇は将軍に敵対する畠山義就や六角高頼、大内義興の征伐を命じる治罰の綸旨を発給した。ところが、前将軍義稙を擁した大内義興が将軍義澄を破って入京するに及び、二度と治罰の綸旨が出されることはなかった。逆に周防《すおう》に帰国しようとする義興を宥めるため、後柏原天皇が主導して従三位を付与し、後期義稙幕府の維持に努めねばならなかった。足利将軍家や幕府の弱体化により、天皇家や朝廷は危機に瀕することになり、両者の関係も変化していくことになる。

戦国時代を生きた後土御門天皇・後柏原天皇・後奈良天皇・正親町天皇の四代の天皇は、幕府の財政が逼迫する中、譲位《じょうい》するための費用が献上されず、終身在位しなければならなかったし、正式に皇后を立てることもかなわかった。上皇や皇后、女院は設置されず、摂関家の近衛家は足利将軍家を、九条家は細川氏や三好氏と結ぶ状況で、朝廷は大幅な縮小を余儀なくされた。

その上、廷臣たちの欲望は天皇を悩ませる。清原宣賢《きよはらののぶかた》が通例と異なり、大外記《だいげき》を経ることなく少納言への任官を望み、武家執奏という手段を用いた。後柏原天皇は幕府の推薦を拒否できず、これを承認したが、その直後、勅勘という罰を与え、子孫には通例を守ることを誓約させることで、本来の秩序の回復を図ろうとした。また、土佐《とさ》で生まれて、一度も上洛したことがない一条房冬は、義兄の伏見宮貞敦親王を抱き込んで、銭一万疋を送り、左近衛大将への任官を望んだ。後奈良天皇は出仕できない者に任ずることはできないと拒否したが、貞敦の懇願を無視することはできず、売官にならないよう、銭は返却した。

朝廷内部で起こった訴訟に際して、正親町天皇は裁許を下すと、綸旨の作成を命じ、担当者が作成した綸旨を確認して、自らが筆を取って控えを書き残した。後柏原・後奈良・正親町の三天皇は、実務官僚さながら、自らの手で日々の業務を書き残した日記が現存している。そして、丹波国山国荘《やまぐにのしょう》（京都市右京区）をはじめとする御料所《ごりょうしょ》の維持に奔走し、引退する女房達の世話をし、新たに台頭する大名たちとの関係を構築した。経済的な困窮により儀式に参加しない廷臣や、儀式に通じていない廷臣が続出して混乱する中、天皇自身が主導権を発揮して、後宮女房や一部の中級公家を率いて、懸命に職務をこなす以外、縮小した朝廷を存続させることができなかったのである。

公武の架け橋となった広橋保子

戦国時代に朝廷と幕府の意思疎通を図り、その交渉を担った武家伝奏《ぶけてんそう》に任じられる家の一つに広橋家があった。家格は名家で、儀礼や政務の実務を担う中級公家であった。室町初期から戦国時代にかけて、歴代当主は、天皇に意見を述べる敷奏という役職に就き、将軍に近侍する古参の昵近衆でもあった。また、広橋家の女性たちも、費用がなくて、皇后や中宮《ちゅうぐう》を立てることができなかった天皇の後宮に仕え、天皇家の家政を担った後宮女房の統括者である大典侍《おおすけ》や、天皇の乳母《うば》となって支えてきた。

後奈良天皇から正親町天皇の時期に武家伝奏として、将軍足利義輝との交渉を担ったのが広橋国光であった。また、将軍だけでなく、上杉謙信や三好長慶、松永久秀との交渉役となり、禁裏御料所からの年貢の徴収や儀式の費用調達を担当した。国光の妹の国子は、大典侍となるだけでなく、後奈良天皇との間に娘をもうけている。

その妹の保子《やすこ》は関白一条兼冬に嫁いだものの、兼冬が天文二十三年（一五五四）に死去した後、後宮の人員不足と、国子から女房職を相伝《そうでん》する必要から、後奈良天皇に出仕した。ところが、保子は、後奈良天皇が弘治三年（一五五七）に死去すると、正親町天皇には仕えず、後宮女房を辞して、松永久秀の妻になったのである。これ以降、保子は、天皇と将軍、三好氏の間の橋渡し役となった。永禄三年（一五六〇）正月、三好氏が警固を努めた正親町天皇の即位式に関連して、保子が費用を負担し、朝廷で臨時神楽《かぐら》を挙行したが、それは、将軍義輝が正親町天皇に対して、保子にその差配をさせるよう執奏したためであった。

松永久秀と広橋国光は義理の兄弟であり、久秀と後奈良天皇は相婿の関係となった。三好氏の外交にこうした姻戚関係の果たす役割は大きく、国光が永禄改元を将軍義輝に伝えなかったり、永禄七年の甲子改元を久秀とともに正親町天皇に執奏したりするなど、三好氏の政策遂行にあたって、大きな力を発揮した。

永禄七年三月、広橋保子は久秀の居城である多聞山城で死去する。翌月、深く悲しんだ久秀は奈良に歌舞音曲や普請を禁止する鳴物《なりもの》停止令を出し、喪《も》に服すよう命じた。その後、保子には久秀の主君三好長慶が深く帰依した大徳寺の大林宗套《そうとう》より「仙渓」の号が授与され、宗套やその法嗣の笑嶺宗訢《そうきん》によって、一連の葬礼が営まれた。そして、長慶が父元長のために建立し、長慶の嫡男義興の葬礼が執行された堺の南宗寺《なんしゅうじ》に、久秀は保子の菩提を弔う勝善院を創建している。保子について尊貴の身であることを示し、主家と同待遇の葬礼をおこなったことから、久秀の保子への深い愛情を知ることができる。

4　武家と民衆を結んだ文化

御成記の世界

御成《おなり》とは、将軍など上位の権力者が招きを受けて、下位の者の屋敷や寺社などにおもむき、饗宴や贈答儀礼を通じて、主従関係を確認・構築する儀礼である。室町時代に多くおこなわれるようになったが、やがて、その次第や座次、進物の目録、献立、能の番組など遊興が記録された御成記が作成され、故実化していく。

現存する最も古い御成記は、寛正《かんしょう》七年（一四六六）に足利義政《あしかがよしまさ》が奉行人《ぶぎょうにん》の飯尾之種《いのおゆきたね》の屋敷に御成した際のもので、十六世紀になると、永正十五年（一五一八）の足利義稙の側近の畠山順光邸御成、大永三年（一五二三）の足利義晴の政所執事伊勢貞忠邸御成、翌年の義晴の細川尹賢《ただかた》邸御成、天文二年（一五三三）の義晴の六角定頼邸御成、天文七年の義晴の細川晴元邸御成、翌年の義晴・義輝親子の六角定頼宿所相国寺万松軒御成、永禄四年（一五六一）の義輝の三好義興邸御成、永禄十一年の足利義昭の一乗谷朝倉義景邸御成の際の御成記が残されている。この中で、御成の重点が進物の贈答から茶湯に移っていき、饗宴が組み込まれ定式化するのが、三好義興邸の御成記であった。

将軍義輝の三好義興邸御成は、栄典を授与された義興が幕臣の勧めにより、義輝を招待し、京都に急遽冠木門《かぶきもん》をはじめ新邸を造営したことに始まる。義輝は輿で義興邸を訪れると、四間の座敷において、義興との間で式三献《しきさんこん》と呼ばれる献盃《けんぱい》をおこない、主従関係を確認した。一膳目はかわらけや打鮑など、二膳目は鯉の刺身《さしみ》、三膳目は鯉の腸煎《わたいり》だけでなく、鯛や鳥の置物が用意されている。そして、馬の献上を経て、九間の座敷に移動する。ここからは、公家の勧修寺尹豊《かじゅうじただとよ》・広橋国光・飛鳥井雅教・高倉永相《たかくらながすけ》や、御相伴衆《ごしょうばんしゅう》である細川氏綱と三好長慶も加わって、十七献におよぶ酒と料理がふるまわれた。それは、雑煮《ぞうに》・鯛・するめ・タコ・麺・饅頭《まんじゅう》・海老・なます・いるか・羊羹《ようかん》・鯨《くじら》・くらげ・鯛の子・蛤《はまぐり》が供された。他にも七膳として、菜はかまぼこ・タコ・カラスミ・かざめ（蟹）・鵠《くぐい》・鮨《すし》・ウズラ・鮑《あわび》・鱧《はも》など二十三種が、汁は鯛・鯉・鯨・鮒《ふな》など八種が、菓子は蒟蒻《こんにゃく》・麩《ふ》・亀足・胡桃・栗・山芋・結び昆布《こんぶ》・串柿・蜜柑《みかん》など十一種が調えられ、その費用に八十貫を要している。

この際、一献《いっこん》ごとに御酌をおこない、太刀や馬、鎧《よろい》などの引出物《ひきでもの》が献上され、四献目からは能が始められた。御供衆《おともしゅう》として加わった細川藤賢や松永久秀をはじめ、幕臣や公家、三好氏の被官たちも含め、千近い膳がそれぞれの身分や格式に応じて用意され、終了時には能舞台に百貫が積まれている。

足利義輝は一泊して帰ったが、翌日には、三好義興が公家や幕臣を招いて慰労会を催し、観世大夫には三十貫、その他の楽屋には五貫がそれぞれ遣わされた。他にも、三畳敷や奥の四畳半で茶湯が用意され、道具が置かれていた。義興邸の敷飾りを担当した同朋衆《どうぼうしゅう》の春阿弥陀仏と万阿弥陀仏にも二十貫が支払われた。これは南宋の画家である馬麟《ばりん》の山水画や、東晋の書家である王羲之《おうぎし》の書、香炉《こうろ》・燭台《しょくだい》・花立といった仏具、花瓶などの唐物《からもの》を、義興が将軍の御蔵より購入した代金も含まれるようだ。

現存する御成記を見ると、将軍による主従関係の確認以上に、自らの幕府を構成する有力者たちとの信頼関係の誇示が目的であった。当時の三好氏は長慶が大御所、義興が家督《かとく》となり、その領国は細川氏と畠山氏を合わせる畿内最大の勢力となっていた。十年前までは陪臣《ばいしん》であった三好氏のもとに、将軍が御成することは極めて異例であったが、将軍義輝としては、両管領家の領国を合わせ持つ三好氏の現状を公認し、協調関係にあることを示すことを優先したのであろう。

清原氏と学問の広がり

清原氏は、古代以来、儒教の経典を専門とする明経道《みょうぎょうどう》の教授をおこなう博士家であった。清原宣賢は、吉田神道を大成した吉田兼倶《かねとも》の三男で、清原宗賢の養子となり、『日本書紀』や『御成敗式目《ごせいばいしきもく》』など国学にまで学問の幅を広げた。宣賢は昇殿《しょうでん》を許されると、親王時代の後奈良天皇に学問を教える侍読《じとう》となり、享禄二年（一五二九）に出家後は、大名らに招かれて諸国に下向し、講義をおこなった。

能登の畠山義総《よしふさ》に招かれ、幼年期の者が学ぶ『蒙求《もうぎゅう》』を講義した際には、上冊を享禄二年六月二十六日から七月十八日の間に十三回、中冊を七月十九日から八月一日の間に十一回という進み具合であった。同年には若狭武田氏や越前朝倉氏のもとでも講義をする。特に朝倉氏当主やその一族、被官は京都の文化を貪欲に吸収しようとしており、宣賢は天文十一年（一五四二）から天文十九年七月に一乗谷で死去するまで、毎年数か月に渡って一乗谷に逗留し、『論語』や『中庸』といった儒教の経典から『六韜《りくとう》』など兵書にいたる漢籍、『日本書紀』などの国書を講義していた。その墓も一乗谷に残されている。

ほかにも和歌と蹴鞠《けまり》の飛鳥井雅康、学人の豊原統秋《とよはらのむねあき》、神道の吉田兼右《かねみぎ》、医者の谷野一栢《いっぱく》らが、朝倉氏の招きに応じて一乗谷に下向している。特に朝倉氏は医学の興隆に熱心で、谷野一栢は医書『八十一難経』を復刻・校正して、一乗谷で印刷した。こうした一栢の教えを受けて、典薬頭半井明重《なからいあきしげ》とその家族（子孫が越前半井家を創設）、朝倉一族の三段崎安指などが育っていった。このように高度な医学を達成していた一乗谷からは、中国の金・元代を代表する医薬書『湯液本草』の写本も発見されている。

朝倉氏は武芸においても、武力の象徴として位置付けられた鷹狩《たかがり》を研究しており、当時珍しかった鷹の人工孵化や飼育に成功した朝倉宗滴の事績をまとめた『養鷹記』が残されている。一乗谷奉行人の朝倉景契が細川政元の内衆上原元秀の弟高家より伝授された『弓術秘伝』や、窪田三郎兵衛尉が主家朝倉氏より伝授された築城や弓術の伝書『用害之記』、野尻又四郎が武蔵《むさし》の児玉経平より馬の飼育や調教方法を伝授された『野尻又四郎直伝馬術書』も伝わっており、学習熱は非常に高かったのである。

清原宣賢の孫で一乗谷に下向したこともある清原枝賢も学問に秀でており、三好長慶の宿老松永久秀に寵愛された。一乗谷で使われた『中庸』は、弘治二年（一五五六）に久秀の発起により長慶の居城である芥川山城で行われた講義でも用いられた。同様に『古文孝経《こぶんこうきよう》・漢孔安国伝《かんこうあんこくでん》』は、久秀の居城滝山城（神戸市中央区）の講義で使用されている。

久秀の弟で丹波支配を担った内藤宗勝は、御成敗式目の注釈書である『貞永式目抄《じようえいしきもくしよう》』、三好長逸や久秀の甥で八上城を守った松永孫六は『建武式目』といった幕府の基本法の写本を、枝賢に求めている。枝賢の縁戚には吉田兼右や細川藤孝（幽斎）の母となる智慶院などがおり、枝賢も幅広い学識を有していた。三好長逸はこの吉田兼右より、政務をおこなうため『太宗問答（貞観政要）』をはじめ、『呉子』や『六韜』といった兵書を学んでいる。

四国東部を支配した三好実休の子長治は、宿老の篠原長房が編集した『新加制式《しんかせいしき》』を分国法《ぶんこくほう》として施行した。その第一条には神仏への尊崇が謳《うた》われているが、当時の大名たちが定めた分国法で唯一「神国」の語が確認できる。暦応《りやくおう》三年（一三四〇）に慈遍《じへん》が記した『豊葦原神風和記』などの神道書に因む文言もあり、畿内近国から西国で神道の伝授に努めた吉田兼右や、それに近い神道家の影響を得て、神国思想を取り入れていたのであろう。

こうした学問を支えた技術に印刷術がある。天文二年（一五三三）に堺の豪商である野遠屋阿佐井野氏が、清原宣賢に出版を勧め、初学者向け『天文版論語』が刊行された。阿佐井野氏は出版活動に熱心であった一族として知られ、他にも、宗禎が『唐賢三体詩法』、宗瑞が『医書大全』を刊行した。

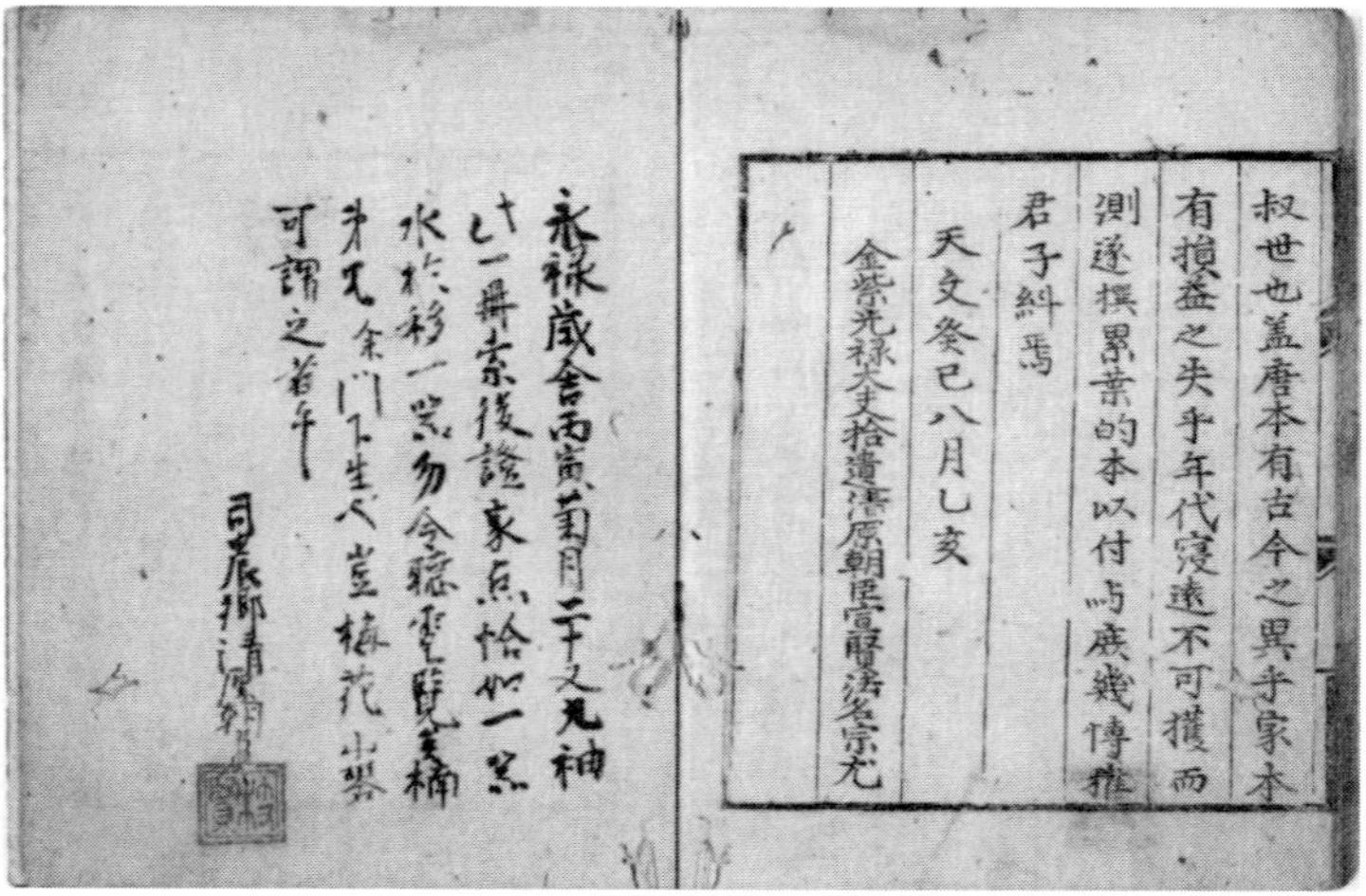

31―天文版論語初印本跋文・巻末識語（慶應義塾図書館所蔵）

『天文版論語』の版木は三好長慶が建立した南宗寺の所有に帰し、大正年間（一九一二〜二六）まで使用されたが、第二次世界大戦により焼失したという。こうした出版活動により、公家の秘伝から武士など新興知識人の教養書となり、普及していった。

現存する『天文版論語』のうち、慶應義塾図書館所蔵の巻末識語《しきご》によると、その伝来過程が明らかになる。永禄九年（一五六六）、清原枝賢が秘説の註を付して、楠正虎・正種兄弟に伝授したこと、その後に楠正種が妙覚寺の日奥《にちおう》に譲ったことがわかる。永禄年間には枝賢が大和の松永久秀の下に身を寄せていることや、枝賢が久秀の奉行人である楠正虎の依頼により、系図を作成していることから、両者の関わりは深く、正虎は『建武式目』の写本を作成するほど、学識を深めていった。正虎はその後、織田信長や豊臣秀吉の右筆となり、彼らの政治を助けることになる。

印刷だけではなく、写本を用いた伝授も行われていた。枝賢は正虎に『六韜私抄《ししょう》』を与えたが、これを書写したのが、奈良で饅頭屋《まんじゅうや》を営む林（塩瀬）宗二であった。宗二は枝賢の祖父宣賢に学んだ当代無比の和漢の学者として知られ、吉田兼右とも親交があった。三条西実隆や牡丹花肖柏《ぼたんげしょうはく》とも交わり、古今伝授を受けた連歌師でもあった。『源氏物語』の注釈書である『林逸抄』を執筆し、奈良や京都の寺院で唐詩を中心に漢籍の筆録をおこなう。興福寺の多聞院英俊が頼りにする蔵書家で、松永久秀より饅頭の独占販売権を与えられた豪商としても知られる。

久秀の被官たちの交流は、武芸にも生かされた。大和国人の柳生宗厳（石舟斎）は、奉公衆であった結城忠正（進斎）と出会い、上泉信綱《かみいずみのぶつな》から学んだ新陰流《しんかげりゅう》にはないとして、忠正より「左太刀」という構えを学び、新陰流に取り入れたという。

戦国時代、天皇の侍読であった清原氏の学問は、儒教にのみ固執せず、兵書や国学、幕府法にまで広がった。儒教も幼童の教育用のものを積極的に活用し、新興の武士や商人の旺盛な知識欲に応えていく。主家に代わって台頭した朝倉氏や三好氏は、学問や文化を軽んずることなく、むしろ重んじた。文弱といったイメージで語られてきたが、これは統治者としての自覚の醸成であり、弓・馬・剣といった武芸を怠ることはなかった。そして、それを媒介したのは、都市の豪商たちの個人の数奇に留ま

32―洛中洛外図屏風・歴博甲本「細川邸」（国立歴史民俗博物館所蔵）

らない公共心であったのである。

洛中洛外図屏風の世界

十六世紀初期より、京都内外の名所や人々の風俗を描いた洛中洛外図屏風が作成されてきた。六曲一双という一対の屏風からなっており、右隻が東山の名所群と京都市街の東南部を描き、左隻は洛北の名所をはじめ、将軍御所や細川邸など京都市街の西北部を描く。また四季が、おおむね東が春、南が夏、西が秋、北が冬と配されている。

現在、最も古い洛中洛外図の記録は、永正三年（一五〇六）十二月に、甘露寺元長が三条西実隆の屋敷を訪問した際、元長が実隆に、越前の朝倉貞景のために朝廷の絵所預である土佐《とさ》光信《みつのぶ》が京都を描いた一双の屏風を見せ、実隆が「尤も珍重の物なり、一見興あり」と感想を述べたものである。朝倉貞景は姻戚関係にあった甘露寺元長を通じて土佐光信に発注し、翌年正月に一乗谷で被官たちと共に眺めて、自らの幕府や朝廷とのつながりや、一乗谷の理想像を示したのであろう。

洛中洛外図屏風はこのように発注者がおり、写実的に描かれたのではなく、発注者の意向に沿った、発注者の見たい京都が描かれた。

33―洛中洛外図屏風・東博模本「讃州の館」「小笠原殿」（東京国立博物館所蔵、Image: TNN Archives）

現存最古の歴博甲本（国立歴史民俗資料館所蔵）に描かれたのは、大永五年（一五二五）に、細川高国が自らの被官たちが住んでいた土地をわざわざ提供させて、足利義晴のために造営した「柳の御所」であった。そして、細川京兆家や典厩《てんきゅう》家、さらには摂津守護代薬師寺氏や丹波守護代内藤氏の屋敷群が配置されている。特に京兆家の屋敷の広縁には、高国・稙国親子がおり、その上方には、細川《ほそかわ》澄元《すみもと》を打ち破った船岡山が大きく描かれた。これらから、歴博甲本は、高国の発注を受けた狩野元信《かのうもとのぶ》が、高国が理想とした前期義晴幕府が治める京都を描いたと考えられている。

ついで、東博模本（東京国立博物館所蔵）では、「柳の御所」ではなく、天文八年（一五三九）に細川晴元が「花の御所」の跡地に造営した「今出川御所」が描かれている。同様に歴博甲本にはなかった「さんしうのやかた（讃州の館）」、すなわち細川一族のうち讃岐守を代々の官途とした阿波守護家や、阿波守護家の出自である澄元・晴元親子を擁した三好氏の祖先とされる「おかさ原殿（小笠原殿）」が見える。また、鴨川では狩猟のため、鉄炮を撃つ人もおり、天文十年代であることは間違いない。発注者は、細川晴元の弟で阿波守護家を継いだ細川持隆かその周辺の人物、作者は狩野元信の工房の者であろう。東博模本は、晴元と三好長慶の関係が安定しない中で、三好氏を従えた細川晴元・持隆兄弟が幕政を主導する後期義晴幕府を理想像として描かれている。

上杉本（米沢市上杉博物館所蔵）は、天正二年（一五七四）に織田信長から上杉謙信に贈られた。「花の御所」が室町通に面して、大きく描かれているが、将軍義輝は二条に築いた将軍御所、事実上の城に住んでおり、実際には存在しない。架空の花の御所に、主なき細川京兆家の屋敷から、上杉謙信が行列を組んで向かっている様子や、義輝の御成に合わせて、急遽造営された三好義興の屋敷、御供衆の松永久秀の屋敷も描写された。このため、上杉本は、将軍義輝が本来あるべき姿と考える理想の幕府像、すなわち、関東管領上杉謙信の補佐を受け、在国する三好義興と松永久秀を在京させて従える体制を示したものである。上杉本の発注者は将軍義輝で、狩野永徳《えいとく》が描いたとされるが、発注者は義輝を後見した母で後家の慶寿院（近衛尚通娘）とする見解もある。

京都の町衆の文化

洛中洛外図屛風は、四季絵《しきえ》の性格を本来的に持っており、さまざまな祭礼行事や芸能的な風俗も豊富に描写された。

正月には、内裏《だいり》で行われた節会《せちえ》や三毬杖《さぎちょう》といった正月儀礼が描かれた。三毬杖は後に民間に広がり、どんど焼きとなる。門前には門松が飾られ、子どもたちは羽根つきを楽しんだ。二月になると、飼育した鶯の鳴き声を競い合う鶯合わせを行っている。三月には元は宮中行事であった鶏合わせ（闘鶏《とうけい》）が、内裏だけでなく、斯波《しば》氏の屋敷でも描かれた。

四月は、仏教行事である灌仏会《かんぶつえ》の日に行われる天道花《てんどうばな》の飾りが、それぞれの家屋に設けられた。五月になると、本来は邪気払いの石合戦である印地打《いんじう》ちが、市街地の真っただ中で、子供たちが木刀を振り回す合戦ごっこの形で描かれている。六月には、鴨川を神輿《みこし》が渡御し、下京を巡行する祇園会《ぎおんえ》が描かれた。山鉾巡行《やまほこじゅんぎょう》を担ったのは、文亀元年（一五〇一）は地下人《じげにん》であったが、天文法華の乱後の天文六年（一五三七）に再興された際には、町共同体になっており、京都の町衆の力を示す夏の都市祭礼として有名である。ただ、祇園社の本山である延暦寺の意向で、しばしば延期して、冬に行われることもあった。また、幕府も実施に積極的で、将軍自身が桟敷《さじき》で見物するなど、京都の支配者としての権威を示す場にもなった。

七月には、盂蘭盆会《うらぼんえ》の時期に、お揃いで早乙女《さおとめ》姿に仮装した男女が輪になって踊る風流《ふりゅう》踊りが描かれた。後に盆踊りとして普及していく。風流踊りは、山科言継が「各くるい候」と記すほど熱狂したようで、幕府が禁止する時もあったが、人々は能楽《のうがく》を題材にして趣向を凝らし、金銀・金襴《きんらん》・緞子《どんす》・唐織《からおり》・紅梅《こうばい》・綺羅《きら》で飾り華美を競い合って、幕府や朝廷にも推参したので、公家衆も楽しんだ。八月は、上京を氏子圏とする御霊社の神事や、桂川の渡月橋を月に見立てた月見の宴が催されている。九月になると、貴船社の神輿を子供たちが担いで練り歩いた。

十月は、紅葉狩りの光景が描かれている。十一月には、宮中で行われた神事であるお日焚きを、路上に薪を積んで燃やしておこなっている。十二月になると、家に押しかけ、祝詞《のりと》を述べて音曲を催しては金銭をもらう節季候《せきぞろ》や門松売りをはじめ、傀儡《くぐつ》や桂女《かつらめ》、春駒《はるこま》、千秋万歳《せんずまんざい》、懸想文《けそうもん》売りといった多くの芸能者が描かれ、人々は綱引きや振々毬打《ぶりぶりぎっちょ》といった遊びに興じるなど、騒々しい年末年始を彩った。

洛中には、公家や町人たちが共同で利用できる銭湯《せんとう》形式の蒸し風呂や、天文法華の乱で焼失した下京の復興を牽引するために設置された三条米場（卸売市場）や五条馬市が描かれた。町人たちは、内裏のすぐ側まで農地にして米や麦を育て、鴨川で鮎漁や鵜飼《うかい》をおこない、深泥池《みどろがいけ》で鳥を取った。さまざまな品物は、店舗だけでなく、籠に入れて天秤棒を担ぐ振売《ふりうり》という形態で売り歩いた。薪を背負った大原女《おはらめ》や、布を売りに高野聖《こうやひじり》も京都にやってくる。

また、後家尼が傘を差し、若い女性や幼児たちを引き連れて、幕臣や大名の屋敷前を歩いたり、寺社に参詣したりするなど、外出する姿も描かれた。公家や大名、国人の家だけでなく、町人たちの間でも、後家尼は夫から家長権を引き継いだ権威ある存在であり、寺社の有力な檀那でもあった。しかし、そうした後家尼の姿は、十六世紀末には描かれなくなり、家長権が長男に移っていく。

このように洛中洛外図屏風は、発注者や受容者が見たかった理想の京都や、変わりゆく意識が反映されたものであった。

茶会記の世界

茶会記とは、日付・場所・座主《ざす》（亭主）名・客名、使用した茶道具、座敷飾りに用いられた書画、酒肴を含む献立などが一定の順序に従って書き留められた記録で、戦国時代に成立し、現代でも作成されている。最も古いのは、奈良の塗師《ぬりし》屋である松屋久政《まつやひさまさ》・久好・久重の三代が記した『松屋会記』で、天文二年（一五三三）より百二十年余に及ぶ。同じ時期に作成された、堺の天王寺屋津田宗達《つだそうたつ》・宗及が席主となった『天王寺屋会記自会記』と、宗達・宗及・宗凡が他人の茶会に客として招かれた『天王寺屋会記他会

34―付藻茄子茶入（静嘉堂文庫美術館所蔵，静嘉堂文庫美術館イメージアーカイブ／DNPartcom）

記』も有名である。これらからは、茶人と戦国武将の交流だけでなく、使用された書画や陶磁器、さらには飾られた花や供された料理の変化から、貿易・生産・植物・園芸・食物の歴史を知ることができる。

茶会が具体的にどのように行われるのか、松永久秀が多聞山城で催した茶会から見てみる。永禄六年（一五六三）正月、付藻《つくも》（九十九）茄子や平蜘蛛など名物茶器を多数保有した数奇者として名高い久秀は、前年に棟上を終えたばかりの多聞山城に設えた北向の六畳敷の茶席に、興福寺の塔頭《たっちゅう》である成福院（西福院か）や、当代随一の名医で将軍や大名らを診察した曲直瀬道三《まなせどうさん》、奈良の豪商の松屋久政、堺の豪商の若狭屋宗可、久秀の宿老である竹内秀勝の六人を招いた。曲直瀬道三は富士茄子《ふじなす》・野洲井茶碗・紹鷗花入を、松屋久政は徐熙の白鷺図など松屋三名物を、若狭屋宗可は国司茄子といった名物を所持する茶人たちでもあった。

久秀は床に長盆を置き、足利将軍家から村田珠光《むらたじゅこう》、三好宗三と受け継がれてきた付藻茄子の茶入《ちゃいれ》と、珠光の弟子の松本珠報が所持した松本天目を配した。こうした道具組は後に千家の一子相伝《いっしそうでん》となったという。屏風の内に台子《だいす》四組、すなわち、餌畚水指、足利義満の杓立、天下一の合子《ごうし》、そして、奈良の町人の四聖坊宗助から受け継いだ平蜘蛛の釜を配した。床には玉澗《ぎょくかん》（玉磵）の瀟湘八景《しょうしょうはっけい》のうち、煙寺晩鐘を掛けた。瀟湘八景とは、中国の洞庭湖の風光明媚な地を画題とした山水画で、日本や朝鮮の水墨画に大きな影響を与える。特に宋末元初の禅僧である牧谿《ぼくけい》の画は、日本では愛好された。なお、牧谿が描いたとされる煙寺晩鐘は、足利義満・松永久秀・織田信長・徳川家康・紀州徳川家・加賀前田家に伝えられていく。玉澗もまた南宋の天台僧で、雪舟らの水墨画に大きな影響を与えた。千利休の弟子である山上宗二《やまのうえそうじ》は、牧谿より玉澗を高く評価し、朝倉氏も瀟湘八景のうち三景までを所有していた。

茶頭の若狭屋宗可が、宇治の名茶師森氏の銘茶である別儀を点てた。別議は濃茶の品質で、その茶銘は、村田珠光の弟子の筆屋が茶会の際に、銘茶の無上の中から、品質の特に良い茶葉だけを選び、客に供したところ、その美味に驚いた客に茶銘を尋ねられ、別儀（特別なもの）と答えたことに由来するという。越前朝倉氏も宇治の名茶師堀氏より代々献茶されており、能登畠山氏は東福寺栗棘庵《りつきょくあん》を通じて、茶を調達していた。

そして、成福院・曲直瀬道三・松永久秀・松屋久政・竹内秀勝の順で服し、天目茶碗《てんもくちゃわん》を拝見した。ついで、主客六人が絵の近くによって、曲直瀬道三が中心となり玉澗の自賛をお互いに読んで楽しんでいる。本膳《ほんぜん》料理は三の膳で、煮昆布・揉み瓜・牛蒡《ごぼう》・汁・飯・芹焼《せりやき》・梅漬けの鰻《うなぎ》の鮓《すし》・蒟蒻《こんにゃく》・煎麩《いりふ》が出された。特に鰻の鮓は絵が描かれた金塗りの桶《おけ》に盛られ、煎麩は金箔で飾られた華麗なものであった。酒は十五世紀末より登場する平野（大阪市平野区）で作られた酒が用意された。平野酒は、豊臣秀吉が奈良の僧坊酒や、伊豆《いず》の江川、加賀の菊酒と並び愛飲したことで知られる。菓子も美濃柿など七種が用意され、結び昆布には造花が二枝刺され、飾られた楊梅が配された。

戦国時代の茶会記に登場する料理を見ると、魚類は鯛・鱸《すずき》・鱈《たら》・鮭・鰹《かつお》・鰤《ぶり》・鰊《にしん》など現代人も食するものが多いが、鳥類は白鳥・鶴など現在では天然記念物に指定され食べられないものや、雁《がん》・雲雀《ひばり》など食べる機会がないものも食されていた。鯨汁は時折見えるが、狸汁《たぬきじる》や鹿汁は稀で、牛はない。また、大根・牛蒡・芋などの野菜よりも、蕨《わらび》・芹・むかご・くこなど山菜が多用された。豆腐《とうふ》・納豆《なっとう》・麩・湯葉《ゆば》・蒟蒻・麺・蒲鉾《かまぼこ》・竹輪・唐墨・するめ・心太《ところてん》など加工品もあった。果物は柿と栗が圧倒的に多く、嗜好物は餅《もち》や煎餅《せんべい》・団子《だんご》・麩焼が主体であったが、砂糖は用いられていなかった。

このように、国宝級の文物に囲まれ、豪華さを殊更に演出した茶会を催すことで、久秀は文化の力を通じ、畿内の人々の心を捉えていこうとしたのである。それは質素を旨とした千利休以前の茶会のあり方を示すものであった。

千句連歌

人々が寄り合って創作する文芸として連歌がある。即興での機知や滑稽さだけでなく、芸術性も必要であったが、室町から戦国時代は天皇から庶民に至るまで熱中した。

京都では、細川京兆家の当主が、室町時代より二月二十五日に聖廟千句を催してきた。公家や連歌師の記録では、「細川千句」と呼ばれる。当初は北野社で興行されていたが、後には細川氏の屋敷でおこなわれた。しかし、細川高国が晴元に敗れて京都を追われた大永六年（一五二六）に断絶すると、これ以降は、晴元が上洛し後期義晴幕府に参画した天文九年（一五四〇）、十年、十四年に、氏綱が居城の淀で永禄元年（一五五八）と六年に再興したに留まった。多くの場合、将軍か前将軍の発句を得て、公家や僧侶、庶流家や守護代など被官らが参加し、五座に分かれて詠みあう。朝食後、饅頭や湯漬など精進《しょうじん》料理の昼食や夕食を挟みながら半日以上続き、終了後には酒宴で、雑煮や鳥・鯛の吸物が饗され、観世大夫の能や公家の笛の披露があった。ただ、政元や高国の時代になると、将軍や被官らの代作が横行し、文芸としては形骸化していく。しかし、巨費を投じて興行される千句連歌は、連歌師の宗牧《そうぼく》が北条氏康の許で話題にするなど、細川氏の威信を示すものであった。

こうした連歌は、細川氏が守護職を務めた摂津の国人、池田氏や伊丹氏、芥川氏、瓦林氏、能勢氏、塩川氏にも広がった。永正六年（一五〇九）に行われた「池田千句」は、その前年に高国流細川氏方の池田正盛が澄元流細川氏方の池田貞正を討ち滅ぼしたことを受けてのものであり、勝利と鎮魂の双方の意味が込められた宗教的・信仰的要素が強いものであった。永正十三年には、能勢頼則が築城した芥川山城において、新城の祝賀を目的とした連歌を催した。戦乱の世を生きる国人たちの団結の場であったのである。近江でも有力国人である

35―三条西実隆画像（京都府立総合資料館所蔵）

伊庭氏や永原氏が千句を興行し、寺社に奉納した。そして、連歌師を介して、時代を代表する文化人の三条西実隆らと交流を深めたことは、国人らにとって大いに面目を施し、権威を高めることになった。

畿内で特に連歌を愛好したのは、細川高国と三好長慶であった。高国は三好元長に敗れて自害する際、義理の叔父にあたる徳大寺実敦や三条西実隆、足利義晴、そして連歌師の月村斎宗碩《そうせき》らに辞世の句を送った。宗碩はその句を発句とし、一周忌に懐旧百韻独吟《かいきゅうひゃくいんどくぎん》を張行し、三条西実隆・公条父子は三周忌に追悼和漢聯句両吟《ついとうわかんれんくりょうぎん》を催した。高国の戦死後も変わらぬ友情を示したのである。

三好長慶は弘治二年（一五五六）七月に松永久秀の招きにより、久秀の滝山城に御成し、千句連歌と観世元忠《かんぜもとただ》の能によってもてなされた。この際に詠まれた「瀧山千句」では、当時連歌界の第一人者であった谷宗養《たにそうよう》や、堺の茶人で千利休が師事した辻玄哉《つじげんや》、芦屋神社の範与、兵庫津の豪商棰井《たるい》氏を檀那とする久遠寺《くおんじ》の快玉、池田長正の宿老である池田正秀などが、水無瀬川《みなせがわ》（大阪府島本町）や住吉（大阪市住吉区）、須磨《すま》（神戸市須磨区）など、摂津各地の名所に因んだ歌を詠みあうことで、長慶の摂津支配を言祝《ことほ》いだのである。永禄四年（一五六一）五月には、河内と大和を加え五畿内全てを治めることになった長慶が新たに居城とした飯盛城で「飯盛千句」が催された。この時にも、石清水（京都府八幡市）、春日野（奈良市）、天野川（大阪府交野市）、五月山（大阪府池田市）、信太《しのだ》（大阪府和泉市）など、五畿内の名所を織り込んだ歌が詠まれ、文芸性と共に政治性が色濃く反映された。参加者は、瀧山千句のそれに加え、宗養の死後に連歌界の第一人者となっていく里村紹巴《さとむらじょうは》も参加している。

特に飯盛千句については、近江の日吉《ひよし》大社の神官を猿の姿で描いた御伽草子《おとぎぞうし》の絵巻である「猿の草子」にも逸話が残る。神官は娘を毛利元就《もとなり》や上杉謙信から嫁にと望まれ、大内氏や六角氏・浅井氏からはよしみを通じてくるなど、その勢力を誇っていた。結局、神官は娘を仲間内の横川《よかわ》氏に嫁がせ、祝宴で連歌を張行しようとするが、谷宗養は飯盛城に下向しており、招くことができなかった。また、茶壺《ちゃつぼ》の付藻茄子も松永久秀に奪われたという。新興の大名たちを袖にした比叡山や日吉大社であっても、三好氏にはかなわず、文化支配を進める長慶に対する関心と羨望が看取される。

五　領国の支配

1　城と城下町の構想

山城の発展

室町時代の守護は在京したため、地方の政治拠点である守護所《しゅごしょ》は、幕府や守護の命令を伝達し、徴税にあたる守護被官《ひかん》が詰めているのみで、港町や宿場町に寄生していた。明応の政変を経て、守護在京制は形骸化していくが、在国する大名やその有力被官、および有力国人《こくじん》の居館は、多くの場合、花の御所《ごしょ》を模倣し、主殿や会所、庭園を配した方形館で、京都系土師器《はじき》を大量に消費した宴会を開催するなど、幕府の権威や秩序を地方で体現した。

そうした状況に大きな変化が、十六世紀前期から中期にかけて起こる。山城の政庁化と大規模化である。河内《かわち》の高屋《たかや》城と飯盛《いいもり》城、摂津《せっつ》の芥川山《あくたがわやま》城、和泉の野田山《のだやま》城（根福寺《こんぷくじ》城）、播磨《はりま》の置塩《おしお》城、但馬《たじま》の此隅山《このすみやま》城、若狭《わかさ》の後瀬山《のちせやま》城、能登《のと》の七尾《ななお》城、美濃《みの》の大桑《おおが》城、近江《おうみ》の上平寺《じょうへいじ》城や小谷《おたに》城などが新たに築城された。

これらの山城の多くは、当初は臨時の詰城であったが、やがて山上に大名自身が常時居住し、相論の裁定を望む百姓や寺社を登城させ、裁許をおこなう政庁としての機能を果たしていくようになる。また、側近や奉行人の屋敷は山下にあったが、山上に居住する事例も出てきた。このように軍事的拠点と公権力としての政治的拠点が一体化し、大規模化が進行する。

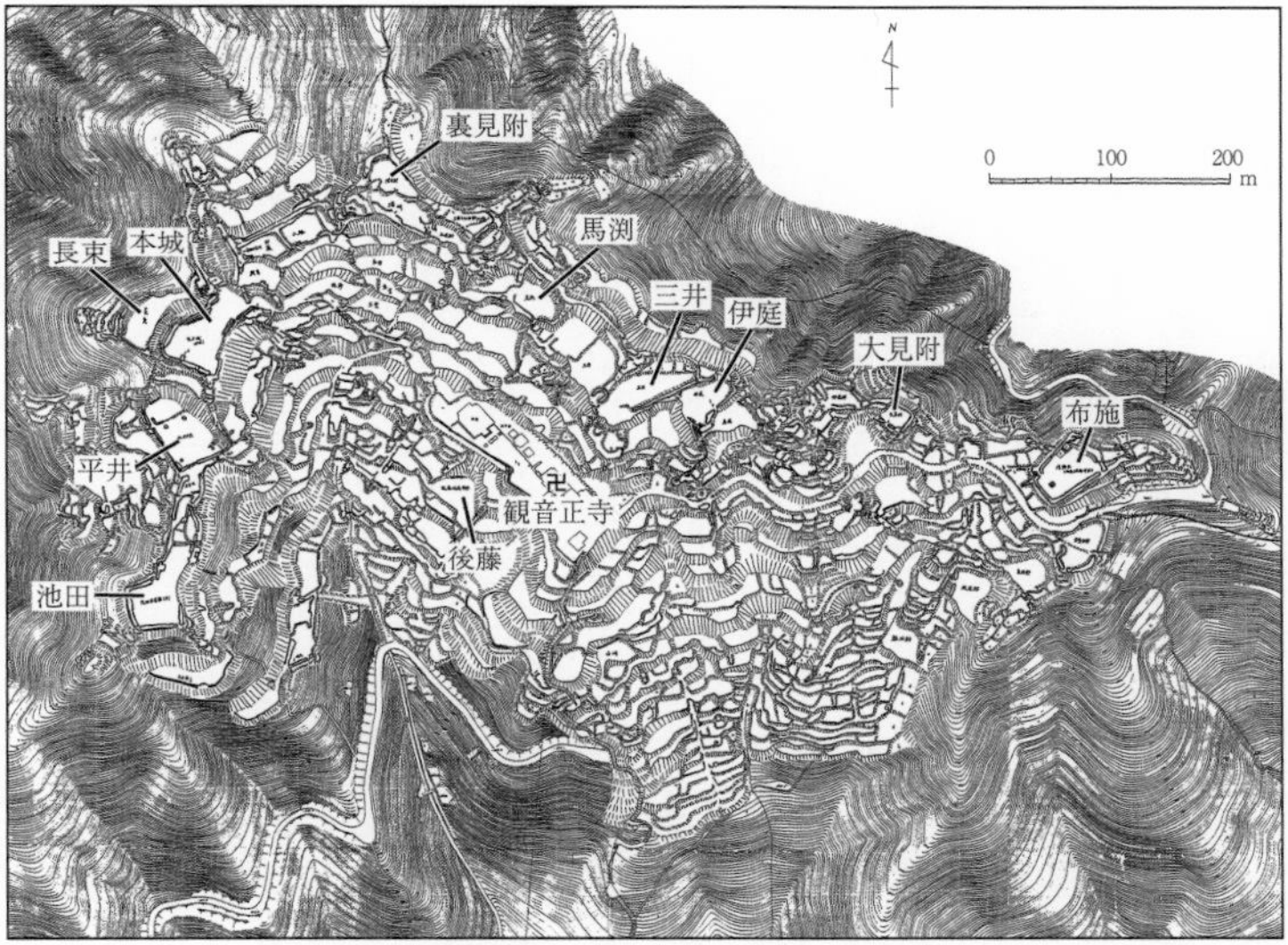

36—観音寺城縄張図（藤岡英礼氏作図）

こうした山城を築く際、京極《きょうごく》氏の上平寺城と弥高寺《やたかでら》や、六角氏の観音寺《かんのんじ》城と観音正《かんのんしょう》寺《じ》・桑実寺《くわのみでら》、木沢長政や松永久秀の居城となった信貴山《しぎさん》城と朝護孫子寺《ちょうごそんしじ》など、先行する山岳寺院を下敷きにしたり、共存したりすることで、それらが持つ求心性や聖地性を取り込んで、城郭に利用しようとする。また、三好長慶が飯盛城内に、祖先の源《みなもとの》義光《よしみつ》が元服した園城寺《おんじょうじ》の新羅善神堂を勧《かん》請《じょう》したり、松永久秀が滝山城内に法華宗の妙蔵寺を置いたりした他、若狭武田氏が山下に氏寺や菩提寺を設置するなど、新たな聖性を加えていくことも行われた。

特に畿内では、数多くの古墳が残っており、古市高屋丘陵（安閑《あんかん》天皇陵）を利用して高屋城が築かれたが、畠山稙長は本城を怖れて居住せず、二の丸に住んだという。また、奈良では松永久秀が、佐保山南陵《さほやまのみなみのみささぎ》（聖武天皇陵）から佐保山東陵（光明皇后陵）、眉間寺山、善称寺山と連なる佐保丘陵に着目すると、眉間寺を佐保山南陵に移して、多聞山城を築城した。

十五世紀末から十六世紀前半にかけて、畿内近国の内でも、美濃・近江・摂津東部・河内北部・播磨西部・備前東部の城郭において、限定的ながら、石垣が導入されていく。播磨の置塩城では切岸を補完するためであり、摂津の芥川山城では登城口を中心に配置されているので、軍事面よりも、荘厳化を意図したものと考えられている。現在、五百か所を超える石垣が発見された近江の観音寺城では、弘治《こうじ》二年（一五五六）に六角氏が金剛輪寺《こんごうりんじ》に石垣普請を命じており、寺院の技術によって石垣が築かれた。近江の観音寺城と河内の飯盛城が、城域全面を総石垣とする。その石垣は主に自然石を積み上げる野面積みで、高さは約四メートルあり、垂直に近い法面を持つ。そして、算木積《さんぎづ》みや根石を用いない点で、織田信長の城郭とは異なる。

山城は高度差があって眺望がよい。山上の大名は、山下に集住する直属の被官や町場の商人だけでなく、領国内の都市の町人や村落の百姓を広く見渡せる一方、彼らから仰ぎ見られる効果も欲していたのである。

魅せる城

畿内近国の諸大名が山城を築き、大規模化していく頃、足利将軍家も京都と近江を繋ぐ東山につぎつぎと山城を築くようになる。北白川《きたしらかわ》城（将軍山城）は応仁の乱の頃より断続的に使用された。周辺には、細川高国《たかくに》が出陣の際に祈禱したとされる勝軍地蔵堂《しょうぐんじぞうどう》があり、平時には多くの人が参詣している。その高国によって城郭化が進められた。天文《てんぶん》三年（一五三四）には近江から上洛を目指す足利義晴が南禅寺《なんぜんじ》を仮御所とし、南禅寺山城を築く。また天文十五年、細川晴元と対立する義晴は、将軍として初めて本格的に京都近郊の諸郷より築城人夫や竹木を徴収し、北白川城の整備に着手した。三好長慶との対立が激化した天文十九年には、鉄炮対策を施した中尾城を慈照《じしょう》寺《じ》（銀閣《ぎんかく》）の背後の如意嶽《にょいがたけ》に築き、北白川城も奉公衆が居住し、御殿が四棟建てられるほど改修が施されたという。その後、清水寺の裏山にあった時宗の正法寺《しょうぼうじ》跡を利用して、霊山城《りょうぜんじょう》も新たに築かれる。在城した義輝は曼殊院門跡《まんしゅいんもんぜき》にも人夫を課し、奉公衆だけでなく、醍醐《だいご》寺《じ》三宝院《さんぼういん》衆にも在番を命じた。義晴・義輝は東山地域の諸寺院を支持基盤として、城を築いていったのであろう。

　永禄《えいろく》二年（一五五九）、長慶と和睦して還京した将軍義輝は、こうした山城の経験を踏まえて、将軍御所として、歴代将軍で初めて平城を築く。場所は、従来の将軍の御所があった室町殿や三条坊門殿の近辺ではなく、惣構に守られた上京や下京からも離れた「勘出（解由）小路烏丸《からすま》室町間」であった。御殿を建造するにあたって、禁裏《きんり》六町にまで人夫《にんぶ》役《やく》を賦課して、永禄八年に三好義継《よしつぐ》に討たれるまで毎年、堀と石垣の普請を行わせた。フロイスも、深い堀に囲まれて、木橋が架かっている様子を目にしている。

　将軍の武威を示したかにみえるが、それまで洛中は、理念として将軍によって静謐が達成されており、恒常的な軍事施設としての城は忌避されてきたとされる。それでも、義輝が築城した背景には、和睦したとは言え、幾度も京都から追放された三好氏との緊張関係が解消されていないことを示していた。将軍の理想とする京都が描かれたとされる洛中洛外図屛風上杉本には、城郭化された将軍御所の姿はない。本当は築きたくなかったのであろう。際限がない負担に百姓は疲弊し、禁裏の修理も滞った。結局、六角氏の京都侵攻や永禄の変では何の役にも立たなかった。

京都と同時期に、奈良にも城が築かれた。永禄四年、大和《やまと》を平定した松永久秀は、奈良の北辺に位置する佐保丘陵に築城を開始した。元々あった眉間寺を移転させて築かれた新城は、「多聞」と命名された。これは久秀が信仰した北方守護の武神である多聞天《たもんてん》（毘沙門天《びしゃもんてん》）に因むとも、久秀の信貴山城にある朝護孫子寺と関係が深い楠木正成《くすのきまさしげ》の幼名に因むとも考えられるが、地名に由来しない城の名は極めて珍しい。

京都の土豪で豪商でもある大森兼継に畳《たたみ》百帖の調達を命じたり、大和では築城用に杉を切ったりして工事を進め、永禄五年八月に多くの奈良市民が見物する中、棟上が挙行された。その後も工事は続いており、十月に久秀は被官の勝雲斎周椿《しょううんさいしゅうちん》らに指示を与えている。会所や主殿の内装をはじめ調度品の準備のため、京都で金属加工を営む体阿弥や、幕府の御用絵師である狩野氏を下向させた。大工の間違いや費用まで指摘する細かさで、茶室の仕様などにも指示を与えており、詰丸（本丸）や西丸の井戸の水量や、瓦屋根の葺き具合も確認している。多聞山城は、会所や主殿、庭園などを詰丸に備えた伝統的な将軍御所を踏襲する一方、「四階ヤクラ」や「高矢倉」と呼ばれた事実上の天主をはじめ、茶室や仮屋、牢、座敷、楊貴妃の間が備えられていた。

一五六五年(永禄八)、宣教師アルメイダは、多聞山城の城内を見学し、イエズス会に報告している。それによると、久秀は切り崩した山の間に幾多の塔や堡塁、平地を造り、多数の井戸を設けさせた。そして、家臣に城内に家屋を建てさせるため敷地を分割している。家臣らの家屋には、ヨーロッパ風の多くの上階や立派な蔵を伴っていた。城の外観は白壁と黒瓦で統一され、内装には杉を使用し、その芳香は見物者を喜ばせた。日本と中国の古い歴史物語を描いた襖絵《ふすまえ》が飾られ、柱には塗金や彫刻が施されており、庭園にも技巧が凝らされ、京都よりも優れているので、日本中から多くの者が見物に来たという。

公家の吉田《よしだ》兼右《かねみぎ》も、華麗で耳目を驚かすと述べており、京都の人から見ても画期的な城であった。こうした豪壮華麗さは、久秀が対峙しなければならない日本最大の宗教権門である興福寺《こうふくじ》を強く意識したものであろう。当時の武家を上回る建造物を有する興福寺や東大寺などだけでなく、それを見慣れた奈良の住民を圧倒する「魅せる」城郭を築く必要があったのである。また多聞山城からは奈良盆地全体を見渡すことができ、新しい大和の支配者として、久秀の存在を示した。

織田信長が安土城を築城する際、多聞山城の高矢倉が移築され、多聞山城の内装を担当した体阿弥と狩野氏も動員されており、多聞山城が安土城に与えた影響は大きかった。

惣構の志向

土塁や堀といった防御施設で町場を守る惣構の志向は、宗教都市と城下町の双方で生まれた。紀伊《きい》の根来寺《ねごろでら》は、大伝法院を中心に多数の子院が谷々に展開する。西の谷の入口には西山城が、南側には前山に土塁が設けられ、惣構を形成した。越前《えちぜん》の平泉寺《へいせんじ》では、東側と北側が山地で囲まれており、南側に崖と女神川があったため、西側に土塁と堀、構門口が設置され、自然条件と構造物で境内を守った。

京都では法華宗の二十一本山の一つである本国寺《ほんこくじ》の寺内は、堀や築地《ついじ》、塀によって囲まれており、町場が建設され、天文法華の乱に際しては三、四千人が立て籠ることができた。そのため、永禄十一年（一五六八）には、将軍足利義昭《よしあき》の陣所となり、翌年正月の三好三人衆の攻撃を退けている。

また、浄土真宗本願寺が本山を置いた山科《やましな》や大坂は、根来寺や平泉寺、本国寺よりもはるかに求心的な構造となる。山科寺内町《じないまち》では、阿弥陀堂《あみだどう》と御影堂《みえいどう》からなる御本寺を中心に、内寺内、外寺内と三重の同心円構造を取り、それぞれが土塁によって囲まれていた。大坂寺内町には、北町・北町屋・西町・清水町・南町・新屋敷からなる六町が成立し、これを守るため、町人を動員して、堀や要害の普請を繰り返し、多くの櫓を設けて、町全体を囲繞《いじょう》する惣構《そうがまえ》を築いた。こうした要害化を担う専門家として、「城作勾当《しろつくりこうとう》」や「城作り松田」、蓮如以来の由緒を主張する「十六人番匠《ばんしょう》」がいた。大坂本願寺合戦では、織田信長は最後まで力攻めで惣構を突破することはできず、勅命講和の際には「大坂城」と呼ばれている。

武家も、朝倉氏の一乗谷では谷の出入口に、上の城戸と下の城戸を、土岐《とき》氏の大桑城では山下の谷の出入口に、四国堀や越前堀を設けることで、周囲の山に築いた砦と連携しながら防衛機能を高める惣構を目指すと共に、都市法の及ぶ城下町の範囲を規定し、周辺の農村との境界を明確にした。畿内では、平野部に築かれた畠山氏の高屋城や、有力国人である大和筒井氏の筒井城、摂津池田氏の池田城は、大坂本願寺のように全方角を人工の土塁や堀で囲繞する完全惣構型を目指す。

その一方、惣構どころか城下町の形成を目的としなかったのが、三好氏である。本国阿波《あわ》の勝瑞《しょうずい》（徳島県藍住町）では吉野川と北千軒堀を利用した惣構の城下町を持つので、積極的に城下町を持たないことを選択したようだ。畿内のような既存の大都市が緊密にネットワークをつくる社会の中では、政治的機能は芥川山城や飯盛城に、経済的機能は代官を設置し、菩提寺を建立した堺《さかい》に機能を分担し、多極的な領国経営を目指したと言える。

2 支配の枠組み

新しい地域の形成

十六世紀になると、令制国の下に設置された郡とは異なる郡が、各国で成立する。

摂津は、南北朝期には細川氏・京極氏・赤松氏・結城《ゆうき》氏・畠山氏・大内氏に分割されていた。この頃より、平野部のうちでも千里丘陵より東側の京都に近い地域が「上郡《かみのこおり》」と呼ばれた。十五世紀になると、神崎川以南をさす「闕郡《かけのこおり》」や、千里丘陵の西側の海岸部を指す「下郡《しものこおり》」も見えるようになる。ただ、下郡は、十五世紀後半に細川氏によって郡代が設定されるも、在地の史料に現れるのは十六世紀中期になってからであった。こうした郡は、徴税の単位として機能した。三好氏段階になると、松永久秀が「下郡一職」という広域支配権を得て、この権限を梃子に、荘園を押領《おうりょう》する三好方給人《きゅうにん》の利益を擁護し、荘園領主を排除する。ただ、この地域の相論の裁許権などは三好長慶が掌握しており、下郡のうちの池田氏や伊丹氏を自身の家臣化した訳でもないので、官僚的性格が強かった。

上郡には細川政元が在国の拠点とした茨木《いばらき》があったが、細川高国が摂津国人の能勢《のせ》氏に芥川山城を、下郡では西宮を守るため、同じく瓦林《かわらばやし》氏に越水《こしみず》城を築かせた。闕郡では細川晴元が近江国人の山中氏を郡代に登用し、天王寺の傍に天王寺城を築かせるなど、それぞれの郡に対応する城郭が成立した。細川氏は、平野部を中心に再編成することで、支配の効率化を図った一方、山間部の能勢郡や川辺郡北部、有馬郡を編成しようとする志向を持たなかった。

河内は、畠山氏の本国であったが、細川氏が京都に近い上郡を在国の拠点にしたのに対し、畠山氏は長く幕府と対立したため、京都より遠い河内南部の誉田《こんだ》城（大阪府羽曳野市《はびきのし》）や高屋城を居城とした。木沢長政が河内北部に飯盛城を築いた後は、高屋城に「上郡代」を、飯盛城に「下郡代」をおく支配体制が確立する。京都より遠い河内南部が上郡となったのである。下郡では、淀川左岸を「嶋中」、大和川流域の平野部を「国中」、生駒《いこま》山地の麓の東高野街道沿いを「中筋」と呼んでおり、個別領主の支配関係を越えて、自然環境に規定された共通の利害関係に対処する地域秩序が形成されたのである。

　大和北部でも、自然条件による地域の形成という点では同様で、奈良盆地を「国中」、大和高原を「東山内」、その南の宇陀山地を「宇陀」、生駒山地と矢田丘陵に挟まれた平群郡《へぐりぐん》を「西山内」、金剛山地の東麓を「葛城《かつらぎ》」、金剛山地と吉野山地に囲まれた盆地を「宇智《うち》」と称している。ただ、応仁の乱の頃より国中に拠点を置く筒井氏・越智《おち》氏・十《と》市《いち》氏・箸尾《はしお》氏の四大国人が「筒井郷」や「越智郷」など、十六世紀中期には中級国人の「布施《ふせ》郷」や「井戸郷」など、既存の荘郷とは異なり、それらを含み込んだ勢力圏に国人の姓を冠する地域単位が見えるようになり、興福寺の賦課単位となった。

　近江では、十五世紀後半より、京極氏や浅井《あさい》氏の勢力圏である伊香《いか》郡・浅井郡・坂田郡を「北郡」や「江北」と呼び、六角氏の勢力圏である栗太《くりた》郡・野洲《やす》郡・蒲生《がもう》郡などを「南郡」、そして境目となる犬上郡や愛知郡を「中郡」と称するなど、概ね大名権力の勢力範囲を指していた。延暦寺の膝下の滋賀《しが》郡、朽木《くつき》氏の高島郡、郡中惣《ぐんちゅうそう》が成立する甲賀《こうか》郡は、北郡や南郡には含まれないようである。

　若狭では、令制国の三郡である大飯《おおい》郡が「西方」、遠敷《おにゅう》郡が「中郡」、三方《みかた》郡が「北方郡《きたかた》」と呼び名が変わっただけであるが、武田氏の居城後瀬山城がある遠敷郡小浜《おばま》の中心性が増し、西・中・北という方角地名を置いたのであろう。

畿内近国の令制国では、一国の内に小さな郡が十以上設定されていた。そうした中、大名たちは、支配の効率化を図り、支配拠点となる居城を中心に、おおむね半国程度に編成した。支配拠点となった城郭に住む大名や郡代が、新しく形成された地域社会の主導権を握り、その地域を象徴する存在となっていったのである。

新たな課税

応仁の乱の頃、畠山義就や朝倉孝景は、占領した土地を要害化するため、堀を掘る人夫や費用を荘園領主に賦課した。そうしたやり方は、領国支配に受け継がれる。文亀《ぶんき》元年（一五〇一）、義就流畠山氏の義英は観心寺《かんしんじ》（大阪府河内長野市）に「御構之堀銭」について、従来の賦課方式を改め、公田《こうでん》だけでなく、除田《じょでん》や新開田を含めて指出検地《さしだしけんち》をおこない、全ての田地に賦課するよう命じた。

義就段階で堀銭の他にも「悪党銭《あくとうせん》」や「足軽段米《あしがるたんまい》」など軍事色の強い税が生み出されると、義就流や政長流を問わず賦課されるようになり、在地の反発を押し切って、恒常化していく。その過程で、要害の管理や悪党・足軽などの軍勢の維持は、郷土を防衛するためといった名目も加わっていったのであろう。

京都と近江を繋ぐ東山には、北白川城・中尾城・霊山城が築かれた。大永《だいえい》七年（一五二七）には細川高国が初めて近隣十一郷に築城人夫を課すと、天文十五年（一五四六）に将軍足利義晴も山科家や東寺などの諸権門に対して、人夫を課し、年貢の三分の一を御城米とした。将軍義輝は中尾城の築城に際し、東寺より藪役として竹千五百本を徴している。三好長慶も義輝の反撃に備えるため、弘治三年（一五五七）に静原城（京都市左京区）を築城し、山城国五十余郷にその人夫を賦課した。このような長慶と義晴・義輝の戦いが収束しても、義輝は絶え間なく洛中に築いた将軍御所に堀を掘り、石垣を築いたので、築城人夫の負担は恒常化していく。このため、天皇が禁裏の修理を命じても、在地は負担に耐えられず、拒否する有様であった。

また、足軽は常備軍となり、公的な軍事組織として位置づけられていった。松永久秀は多聞山城や信貴山城に足軽を居住させたが、「信貴城足軽衆」は法隆寺に矢銭《やせん》米百石を賦課している。久秀やその奉行人ではなく、「信貴城足軽衆」自身が黒印状《こくいんじょう》を発給するなど、高圧的な姿勢からみて、公的な存在として地位を確立していた。同様に大坂本願寺合戦の際には、「雑賀足軽衆惣中」が黒印状を発給して、河内の真観寺《しんかんじ》に安全を保障している。

このような足軽だけでなく、多くの被官を常時召し抱えるのは難しかった。天文十年、若狭の武田信豊は、被官に給付する扶持米が不足したため、「千国頼子」という事実上の臨時課税をおこなった。本来、頼母子《たのもし》は庶民の間で行われた民間金融で、参加者が定額の米銭を拠出し、それを元本として利子付きで貸し付け、その利益を参加者への配当にあてるものである。信豊はこれを応用し、若狭の寺社や有力商人に米銭を拠出させ、被官に与えたのである。しかし、当然ながら利益を配当できるわけもなく、二年で破綻している。

戦争に備えるため、新たな税が生み出され、その賦課は恒常化していった。それは足軽の身分上昇を促す一方、在地に大きな負担を伴うもので、相当の反発も招いたのである。

戦争への動員

京都はたびたび戦場になった。そのたびに、公家たちは逃げだすのではなく、上洛した軍勢を見物して書き留めている。永正《えいしょう》十七年（一五二〇）三月、鷲尾隆康は、上洛した三好之長の軍勢について、甲冑《かっちゅう》を着用する馬上百余騎の美麗さに驚いている。総勢は二万余人であったが、その過半は「京衆・辺土《へんど》衆」であったという。之長の軍勢は、天文八年（一五三九）に細川晴元に背いた三好長慶の軍勢が二千五百であったことから、馬に乗る給人と馬廻《うままわり》、彼らの足軽を合わせると、同程度であろうか。一方の「京衆・辺土衆」であるが、鷲尾隆康は、法華一揆が山科本願寺を攻めた際には、「京勢」を三、四万と記しており、山科言継《やましなときつぐ》は本願寺証如《しょうにょ》の指示で集まった摂津と河内の門徒を「廿一万騎」とする。

天文十四年五月、細川晴元が二万余の軍勢を山城南部に派遣し、細川国慶の蜂起を鎮圧させた。この時に派遣された兵の内訳は、三好長慶が千五百、香西与四郎が五百、柳本又二郎が三百、池田信正が千五百、三宅《みやけ》氏が五百、三好宗三《そうさん》が三百、伊丹氏が三百、塩川氏が百、山城諸侍が四千、播磨の明石氏・櫛橋《くしはし》氏が七百、河内の野尻氏が五百、大和衆が五百であった。

やがて、長慶が足利義輝と戦う段階になると、動員する軍勢も格段に増えていった。天文十九年七月には、三好長逸《ながやす》や十河一存《そごうかずまさ》が指揮する一万八千の軍勢が東山へ出陣し、天文二十年七月には、松永久秀・長頼兄弟が指揮する四万の軍勢が相国寺を焼き、義輝・晴元方と戦っている。いずれも、長慶自身は出陣していないので、総勢はその倍近い可能性がある。

それに対して、足利義輝が天文二十一年正月に三好氏と和睦して、近江から入京する際に率いた軍勢は、御供衆《おともしゅう》として大館《おおだち》晴光が百、上野信孝が百、大館晴忠が五十、朽木稙綱が二百、細川晴経が五十、縁阿弥が五十、ほかにも醍醐寺三宝院が二百、公家の高倉永相《たかくらながすけ》が二百、義輝の叔父にあたる近衛《このえ》稙家《たねいえ》が二百、大覚寺《だいかくじ》義俊《ぎしゅん》が二百と、総勢二千余名であった。

将軍や守護、国人がそれぞれ動員できる武士や武家奉公人（侍・若党、中間、小者、あらし子）が数百から二、三千名程度の他に、京都やその近郊、大阪平野には、数万の町や村の百姓が非常時には即座に集結できる土壌があったのである。また、三好長慶が戦った舎利寺の戦いは七月、江口の戦いは六月、霊山城の戦いは八月（いずれも旧暦）で、農繁期にも大規模な合戦が行われていた。

こうした軍勢はどのように動員されていたのか。守護から国人に対しては、知行の安堵や新たな宛行の約束により、軍役《ぐんやく》の奉仕が求められた。軍役は軍勢だけに限らない。近江の国人で奉公衆でもある朽木氏は、永正十四年六月に細川尹賢《ただかた》が若狭へ出陣するにあたって、軍勢だけでなく、矢や楯の供出を求められた。このような軍役の負担は大きく、大永二年（一五二二）七月に六角定頼《ろっかくさだより》より軍勢催促を受けた際には、自らの蔵から兵粮米《ひょうろうまい》を被官に給付したが、それだけでは足りなくて、借米《しゃくまい》までおこなわなければならず、領主財政の大きな負担となっていた。

大永七年三月、近江に在国する足利義晴は、十万匹の銭を贈ってくれた能登の畠山義総《よしふさ》に謝意を示す御内書《ごないしょ》を発給している。義晴は参陣した守護を賞し、いまだ参戦していない守護には強く催促している最中であった。義総は軍役を奉公しない代わりに多額の銭を献上し、義晴はその銭で牢人《ろうにん》を雇ったり、武器や兵粮を調達したりしたのであろう。京都・堺・奈良といった畿内の都市群には、繰り返された戦争や飢饉《ききん》の結果、闕所《けっしょ》された牢人や農村で食えなくなった人々が集まっていた。また、永禄四年（一五六一）には、近江の浅井長政が、「約銭」という契約金を支払い、伊賀《いが》衆を傭兵として雇っている。

さらに、幕府や守護は臨時的かつ集団的に、町や村の武力を動員しようとした。永正元年九月、薬師寺元一の反乱を鎮圧するため、細川政元の被官の香西元長《こうざいもとなが》は下京の者には地子《じし》を、京郊の百姓には年貢や公事《くじ》の半額免除を意味する半済《はんぜい》を認めた。天文八年には、西岡の国人一揆が細川晴元に味方することの見返りに債務の取り消しを認める徳政令を求める。晴元もかつての徳政一揆の基盤を利用しようとしたが、結局、西岡国人は動かなかったため、徳政令を見送っている。逆に、晴元に対抗する三好長慶は、債権者が多く住む大山崎に徳政免除の特権を与えて、味方につけようとした。

また、戦争への動員は、身分の低い中間《ちゅうげん》や百姓には命の危険が伴ったが、身分上昇の大きな好機でもあった。松永久秀の中間の源八は数度の高名を挙げ、首二つを取った手柄により、侍身分に取り立てられ、川辺の名字を与えられた。伊賀の惣国一揆《そうこくいっき》の掟書にも、百姓が足軽として敵城を取るほどの忠節を働いた場合は、褒美を与え、侍に取り立てると明文化されている。

畿内では三好氏が検地を繰り返したが、いずれも惣国検地ではなく、国人への所領安堵や闕所、在地の相論に際して、名主百姓中や庄屋に差出を命じる公事検地であった。ただ、内容を窺い知ることはできないが、「給人衆の帳」を作成しており、給人や役高を管理しようとする志向は見受けられる。

東国のように、詳細に軍役を規定した着到状は作成されなかったが、高速度で大規模な兵力の結集を可能にする背景はあったのである。

村落間相論の裁許

戦国時代の村落は、絶え間のない内乱や災害の中で自力救済《じりききゅうさい》の主体となり、百姓たちの生命維持装置として機能した。そうした村落の力が発揮されるのが、再生産を維持するために必要な山野や用水をめぐる用益《ようえき》相論であった。領主は村落を支配するため、再生産と成り立ちを保障することで、同意を調達する必要があった。そうした領主と村落のせめぎあいの場が、村落間相論の裁許であった。

近江北部では浅井亮政《すけまさ》・久政・長政が三代にわたって、用水相論を裁許する。浅井氏は基本的に小谷城（滋賀県長浜市）に当事者を登城させて、奏者《そうしゃ》などを介して現地の意見を聞き、両者を調整して旧来の慣習を遵守させた。村落同士の武力衝突や、自らの強制執行によって相論が激化することを防ぎ、地域の平和を維持しようとしたのである。

ただ、浅井氏が新たな秩序を設定したと思われる事例もある。それが高時《たかとき》川からの取水における餅《もち》の井《い》（滋賀県長浜市）の「懸越し」の慣行である。これは浅井久政《ひさまさ》が最も下流の村々を灌漑《かんがい》する餅の井の井堰《いせき》を、上水井・大井・下井の三つの用水を「懸越し」して、最も上流に移したというものである。この異常な状況を解消するために、渇水時には大井・下井懸りの村々が一時的に餅の井の井堰を切って水を取る慣行もあった。「懸越し」を天文十一年（一五四二）に久政が命じたとする書状は偽文書であるが、この異常な用水体系は自然発生的にではなく、明らかに人為的に形成されたであろうことを考えると、それを成しえたのは、個別村落を越えた公権力である浅井氏以外にはないであろう。

美濃西部を灌漑する根尾川（岐阜県本巣市）は、途中で東に分流する糸貫川が本流であったが、享禄《きょうろく》三年（一五三〇）の氾濫を機に、西の藪川が新たに本流となった。糸貫川流域を灌漑する筵田《むしろだ》用水には筵田拾壱ヶ郷、藪川扇状地を灌漑域とする真桑《まくわ》用水には真桑七ヶ井と呼ばれる村落連合がそれぞれ自律的に形成されていたが、この氾濫を契機に用水相論が頻発するようになる。享禄五年、土豪の馬場氏が筵田井方に既得権を保障したため、真桑井方が反発し実力で井堰を破壊する事件を起こした。筵田井方は土岐氏の宿老長井長弘と長井新左衛門尉（斎藤道三《さいとうどうさん》の父）に訴え、真桑井方の曲事と判断した長井氏が土岐氏に取り次ぐと、土岐氏も筵田井方の正当性を認め、上使を現地に派遣した。

永禄元年（一五五八）には、真桑井方の訴えを受けた一色義龍（斎藤道三の子）が、真桑用水に新溝を掘ることを禁ずる条々を発給する。これに反発する曽井方が長井新左衛門尉の折紙《おりがみ》を証拠文書として訴えたが、美濃国人によって構成される「六奉行」が、過去の新左衛門尉の由緒よりも、去年春に上使を遣して現場検証をおこなった義龍の裁許を優先し、真桑井方の勝訴とした。相論だけでなく、用水の運営、分水をおこなう際にも、在地からの要請を受けて、上使が派遣されている。

領主権力の裁許は、当事者双方からの事情徴収と実況見分を重視するようになり、在地の慣行の再確認だけではなく、時には新しい秩序の制定へと進んでいった。そして、大名や宿老の文書によって、保障されるようになる。在地側にとっても、領主を利用することは、特別なものではなくなっていく。

畿内では、三好長慶が村落間相論に対処し、今井用水をめぐる今里村（京都府長岡京市）と上植野村《かみうえの》（京都府向日市）や、芥川をめぐる郡家村《ぐんけ》と真上村（ともに大阪府高槻市）の用水相論などを裁許し、百姓や村落共同体を直接支配対象に位置付けた。京都近郊においても、荘園領主ではなく、「今里郷惣中」や「郡家惣中」といった村落共同体に裁許状を直接手交し、庄屋の家の文書または村の共有文書として永続的に保管されるようになる。

また、仙翁寺村（京都市右京区）の用水相論では、用水への非分に関する民事の問題と、百姓打擲《ちょうちゃく》など自力行使に関する刑事の問題に分けて、実力行使そのものを抑止する豊臣政権と同様の法理を打ち出している。

そうした三好氏の裁許状は、その後に相論が再び起こった際に重要な先例となり、明治十六年（一八八三）には大阪控訴裁判所でも採用されて、今里村に勝訴をもたらした。摂津では戦国時代より芦屋《あしや》庄（兵庫県芦屋市）と東隣の西宮（兵庫県西宮市）や西隣の本庄（神戸市東灘区）の間で六甲《ろっこう》山地をめぐる争いが起こる。長慶は西宮を勝訴とする裁許状を下していたため、江戸時代に相論が再発した時、芦屋庄は「三好長康」という架空の人物が再審をおこなったとする裁許状を創作し、寛延《かんえん》三年（一七五〇）に大坂町奉行より勝訴の判決を受けた。三好氏の裁許は江戸時代や明治時代の裁許を規定することになる。

十六世紀中期の大名は、村落間裁許を通じて、村の成り立ちを支える用益を保障することで、この時期に新たに成立し、高度経済成長期まで存続した村落に立脚する公権力たらんとしたのである。

3　惣国の一揆

伊賀の惣国一揆

伊賀では守護の仁木《にき》氏が織田信長の時代まで在国しているが、その力は弱く、足軽は「伊賀衆」だけでなく、「柘植《つげ》衆」や「島原衆」といった衆を形成し、浅井氏や六角氏、筒井氏や木沢氏、畠山氏の軍勢催促を受け、傭兵として活動していった。その一方で、国人らが一揆を結ぶ「伊賀惣国」が、天文二年（一五三三）以前に成立している。

永禄年間になると、伊賀は西からは三好氏、東からは織田氏という他国からの侵略にさらされるようになる。そうした危機的状況に対処し、郷土を防衛するために、本来は対立する領主と村落の百姓が身分を越えて、重層的に結合し、「惣国一揆」を形成するに至る。三好氏が大和を制圧し伊勢へ攻め入るとの風聞があった永禄三年（一五六〇）十一月に制定されたとみられる十一か条の掟書によると、他国からの侵略があった場合は、「惣国一味同心」して対抗することとし、「里々」の鐘を鳴らすので、在々所々で武者大将を定め、その指示に従え、十七歳から五十歳までの者は在陣し、在陣しない諸寺の老人は祈禱をおこなえ、という総動員体制を布くものであった。また、「惣国諸侍」の被官は、国がどのような状況になろうとも、主君と行動を共にするよう起請文《きしょうもん》を里々で書かせた。そして、足軽として、敵が国境に築いた城を攻め落とした百姓は、侍に取り立てると、侍成《さむらいなり》をおこない、恩《おん》賞《しょう》を約束する一方で、他国に寝返った者には、所領を没収する制裁を課した。惣国の「弓矢判状」に従わない者についても、その親子や兄弟に至るまで軍事的援助は行わないと処分を定めている。他国との関係では、諸侍や足軽が三好氏に奉公することを禁じた。また、大和はかつて伊賀に不義を働いたので、「大和大将（筒井氏か）」の牢人を許容してはならないと定める一方、甲賀との同盟を重視している。

伊賀では諸侍や百姓を問わず、他国の領主に被官化したり、傭兵として赴いたりすることが常態化していた。侍は主君（国人）と被官に分かれ、百姓も里に帰属する者と主取りする者がいた。被官の下層や主取りする百姓は、足軽として傭兵になったが、里に帰属する百姓はこの定書により年齢を限って動員された。

通常時より「惣国」を主導する国人らは、郷土防衛という非常事態を利用して、階層的に結集し、里に住む被官らをそれぞれの家に帰属させるだけでなく、百姓をも動員し、包含する「惣国一揆」を成立させた。そして、掟書により、恒常的な組織化を志向していたのである。

甲賀郡中惣と宇陀郡内一揆

伊賀の惣国一揆が同盟を求めた近江の甲賀郡でも、一揆的結合が形成されていた。山中氏をはじめとする多くの国人は、一族や被官を含む「同名中」を形成し、その領内で発生した相論の裁定にあたってきた。しかし、用水相論など、紛争が激化して合戦に及び死者も出る事態になると、当事者だけで解決できず、山中同名中惣・伴同名中惣・美濃部同名中惣によって構成される「三方」が、近隣の第三者として調停をおこなったのである。

そうした三方が、永禄九年（一五六六）十二月に結んだ一揆契状《いっきけいじょう》がある。全八条のうち六条までが、「三方領中」における検断《けんだん》について定めたもので、夜討、強盗、山賊、主人の殺害、盗み、毒殺、同名中による犯人の秘匿を禁じ、内部告発を奨励した。同名中同士の紛争を抑止し、治安の維持を、彼らの支配領域全体にまで広げていこうとしたのである。

また、若党と百姓ばかりで勝手に集団をつくった場合は、三方が解散させる。もし三方以外のどこと組もうと、その同盟は棄破するとも定めている。三方が連合して、若党や百姓への支配を確立し、勝手に他国へ奉公することや被官化を禁じたのである。

このようなそれぞれの同名中が、信楽《しがらき》地域を除いて郡規模で連合した「郡中惣」は、元亀《げんき》二年（一五七一）が初見であるが、それ以前から、織田信長に対応するために、伊賀の惣国一揆と合力した

「甲か」や、伊勢の北畠氏や長野氏と結んだ「甲賀連判中惣」などとして、その存在は知られていた。そして、掟により、他国の者を引き入れてはならないと定めている。伊賀と同様に郷土防衛が、広範に結集する契機であったのである。

伊賀の南に位置する大和の宇陀《うだ》郡は、伊勢にも隣接しており、室町中期より、国人の沢氏が伊勢国司北畠氏より、伊勢において多くの所領を与えられ、代替わりごとに安堵も受けていた。そうした沢氏は、享禄五年（天文元年、一五三二）に郡内の国人である秋山氏や芳野《ほうの》氏、吉野郡の小川氏と共に、宇太水分神社《うだのみくまりじんじゃ》（奈良県宇陀市）に集まって郡掟を契約し、「郡内一揆」を形成した。喧嘩や殺人を発端とした国人同士の抗争を防ぎ、犯人である被官の成敗を約束したり、そうした被官が他の国人を頼っても互いに受け入れないよう人返し規定を組み込んだりしている。沢氏や秋山氏らは自らの家中を「方」と呼び、所質《ところじち》や国質《くにじち》と同様に、方質を禁止する旨も定めた。また、沢氏や秋山氏は、同名や被官らが主君より与えられた給地の売買を禁じるなどした「御領中御法度」を個々に定め、その情報を交換して、共通の課題に対処しようとしていた。このような郡内一揆は北畠氏を保障者として仰ぎ、沢氏と秋山氏が紛争を起こした際には、北畠氏が裁定などにあたった。

郡内一揆を形成する契機となった対外的危機的状況は、大和へも波及した天文の一向一揆であろう。結局、一揆は宇陀郡には影響を及ぼさなかったが、永禄三年に三好氏が大和に侵攻すると、松永久秀らが宇陀郡に攻め込んだ。この時、秋山氏は三好氏の聟と称して、伊勢に攻め込む一方、沢氏は松永久秀の被官である高山飛騨守に城を追われるなど、郡内一揆は機能しなかった。

こうした宇陀の郡内一揆が、伊賀の惣国一揆や甲賀の郡中惣のあり方、結集の契機に影響を与えたのではないだろうか。

宇智郡の二つの一揆

大和の宇智《うち》郡は、畠山氏の支配する河内と紀伊に面し、高野山金剛峯寺《こうやさんこんごうぶじ》の膝下とも言える位置にあった。宇智郡の国人は「郡衆」や「惣衆中」「宇智郡衆中」として、政長流畠山氏と音信を交わしたり、軍勢催促を受けたりするなどしており、紀伊の伊《い》都《と》郡衆とも行動を共にしている。二見《ふたみ》氏や牧野氏、坂合部《さかいべ》氏が同名中を形成しており、坂合部氏の同名中は十六世紀になると、村同士の相論の解決にあたったり、祭祀を催したりすることで、公的な存在になっていく。彼らは、祭祀において、侍や百姓、同名若党、同名衆、同名寺衆、若党百姓など身分に応じて役負担や座次を定めており、身分を設定する権限を有した。また、軍功を挙げれば、同名中に取り立てることもあった。

こうした宇智郡において、弘治四年（一五五八）二月に二つの一揆が結ばれる。前年に起こった旱《かん》魃《ばつ》により、宇智郡は存亡の危機に瀕していた。そこで、二十人の百姓が連判して、国人らに惨状を訴え、馬借《ばしやく》一揆の噂もあって蔵本（金融業者）も逃げてしまったので、今後十年は徳政を求める訴訟はしないことを誓約することを条件に、高野山やその他の銭主より金を借りられるよう仲介して欲しいと願い出たのである。

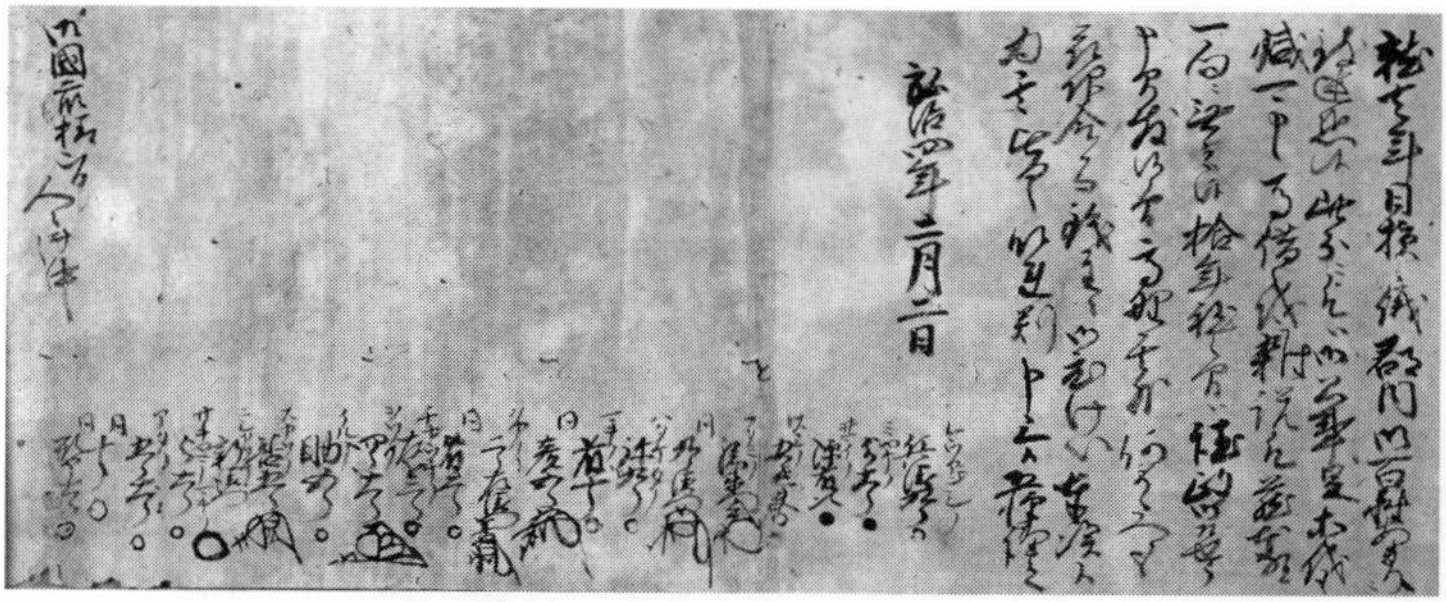

37—三箇家文書・宇智郡百姓衆連判状・弘治４年２月２日付（個人蔵，五條市立五條文化博物館提供）

これを受けた二十人の国人も連判状《れんぱんじょう》を作成し、銭主にかけあい借金ができたと百姓に回答した。そもそも馬借一揆を起こしていたのは、国人の被官である百姓たちであったようで、これを禁じている。そして、畠山氏が徳政令を出しても、表向きは従うが内々には従わないことを認めさせ、高野山の債権は保護されることを確認した。

百姓らは、一村から二、三名が出ており、花押《かおう》を持つ者もいるが、筆軸印や略押《りやくおう》の方が多く、村落を代表する侍層で、郡規模の馬借一揆を起こせる実力を持っていた。彼らは被官関係を通じて、国人らに銭主との借金の交渉を要求する。国人らは、坂合部氏や三箇氏が政長流畠山氏に、二見氏が義就流畠山氏に与していたが、郡の存亡の危機を前にして抗争を抑止し、対応にあたった。こうして、旱魃という危機的状況に対処するため、宇智郡では百姓らの一揆と国人らの一揆が重層的に成立する。百姓らは一揆を結ぶことで、国人らに銭主との交渉を強く促し、国人らはそれを利用して、畠山氏や高野山と交渉して堂々と渡り合うと共に、馬借一揆を抑え込んだのである。

4　諸大名の支配

赤松氏と女当主洞松院

嘉吉の乱で一時滅亡した四職《ししき》の一つ赤松氏は、政則が応仁の乱で山名《やまな》氏から播磨・備前・美作《みまさか》を奪還し再興を果たした。明応の政変の直前に細川政元の姉（洞松院《とうしょういん》）を娶るなど、細川氏との同盟関係を基調とする。領国支配においては、備前守護代を出自とし侍所所司代《さむらいどころしょしだい》を勤めた家宰の浦上則宗《うらがみのりむね》の台頭に悩まされ、東播磨守護代に別所則宗《べっしょのりむね》を起用するなど、家中の均衡を保った。また、「条々壁書《かべがき》」を定めて、訴訟制度を整備し、自らを「公儀《こうぎ》」と位置付けて、被官の私戦や二重に主取りすることを禁じた。作刀の特技を活かし、自作の刀を被官らに与えたことでも知られている。

将軍並の従三位にも昇った政則が明応五年（一四九六）に死去すると、西播磨守護代の庶流赤松七条家を出自とする義村（道祖松丸、二郎）が跡を継いだ。そして、浦上則宗の死後、幼少の義村を後見したのが、政則の後家の洞松院であった。永正三年（一五〇六）十二月から七年間、洞松院は義村の意を奉じる形で、「釈」の黒印状を発給し、駿河《するが》の今川氏親《いまがわうじちか》室の寿桂尼《じゅけいに》と同様に領国を支配した。また、赤松氏の居城を、播磨随一の名刹である書写山円教寺《しょしゃざんえんきょうじ》の南麓の門前町に付随する形で築かれた平地居館の坂本（兵庫県姫路市）から、京都建仁寺《けんにんじ》の塔頭《たっちゅう》で赤松義則《よしのり》の菩提寺である龍徳寺領の置塩《おじお》荘に移した。上流から置塩、そして坂本、要港の英賀《あが》（兵庫県姫路市）は夢前川《ゆめさきがわ》で繋がっていた。置塩は夢前川西岸の丘陵上の守護所に続き、東岸の山城が天文年間に尼子《あまこ》氏の侵略を受ける中で整備されていく。足利義満《よしみつ》以来の嘉例として、播磨で養育されていた足利義晴も置塩で過ごし、楽人の豊原統秋《とよはらのむねあき》、歌道の冷泉為広、連歌師《れんがし》の牡丹花肖柏《ぼたんげしょうはく》が来訪するなど、置塩は政治と文化の中心となった。

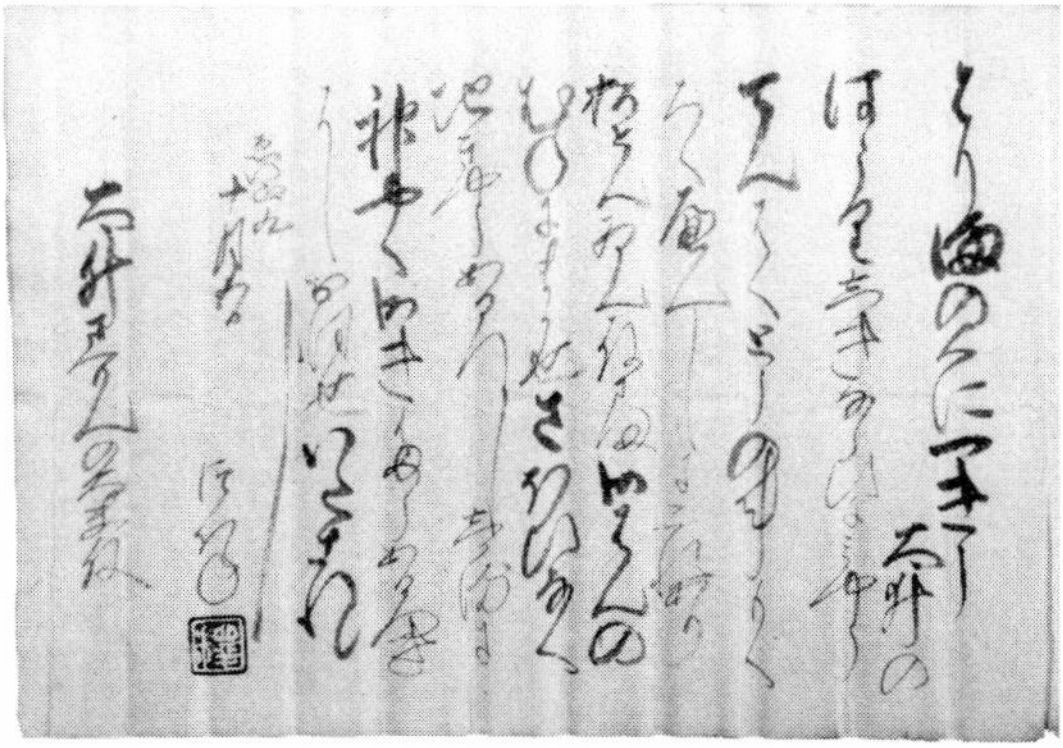
38―伊和神社文書・赤松洞松院の印判状・永正９年10月５日付（たつの市立龍野歴史文化資料館提供）

外交では、赤松氏は義澄《よしずみ》幕府を支持していたが、船《ふな》岡山《おかやま》の戦いで細川澄元《すみもと》・赤松義村連合軍が敗れると、方針転換を迫られる。永正九年六月、洞松院自身が尼崎に赴き、細川高国と直接会談して和睦すると、後期義稙《よしたね》幕府に参画した。これにより、義村は偏諱《へんき》を与えられ「義村」と名乗ることになった。

赤松義村は永正十二年八月に五か条の式目を定め、義母の洞松院や自分の妻の瑞松院《ずいしょういん》の政治介入を禁じ、自らの親政を開始する。ところが、洞松院は義村の裁許に背く振舞があった。また、義村は家宰の浦上村宗とも対立した挙句、細川澄元と結んだため、永正十八年に村宗に幽閉された。同年、村宗・洞松院・瑞松院は高国と協議して、足利義晴を播磨より上洛させ将軍に就任させると、九月には義村を殺害する。

将軍義晴は大永六年（一五二六）や翌年に、赤松晴政（政村、政祐、晴政）や浦上村宗に軍勢催促をおこなうが、洞松院と瑞松院にも御内書を発給し、晴政に意見するよう求めた。播磨で育った義晴にとって、洞松院こそが赤松氏の家長で、自身の乳母《うば》のような存在であった。義晴は義維《よしつな》幕府に敗れて朽木に退いた享禄元年（一五二八）にも洞松院と瑞松院に援軍を求めており、軍事面でも影響力は大きかった。こうした政治的権限を有した洞松院と瑞松院は、それぞれ「大めし」「小めし」と呼ばれ、特に洞松院は「大方殿女司《めし》様」と記された。

浦上村宗が享禄四年に細川高国と共に、摂津へ出陣し三好元長と戦ったが、父義村を殺された赤松晴政の裏切りにより戦死する。これを受けて、堺公方義維は晴政と御着《ごちゃく》（兵庫県姫路市）にあって段銭《たんせん》奉行《ぶぎょう》を独占した小寺氏に御内書を発給し味方に付けている。

その後、晴政は尼子晴久《はるひさ》の侵略に苦しめられた挙句、足利義輝に備前と美作の守護職を没収され、晴久に与えられてしまった。この地を基盤とする浦上宗景《むねかげ》は自立を志向し、晴政は義輝と対立する三好長慶を頼る。そのため、播磨東部の別所氏や明石氏は三好氏に従属していき、三好氏の戦争に動員されるようになった。そして、永禄元年（一五五八）に赤松晴政は息子の義祐に追放されると、晴政や浦上宗景は毛利元就《もうりもとなり》と結び、義祐は尼子晴久と同盟して戦う内紛の時代に突入する。

赤松氏は守護・屋形《やかた》・公儀として推戴され、一定の影響力を持つものの、その家中は畿内の政局の影響を受けて分断されていき、有力国人は国外の三好氏や尼子氏、毛利氏と結び、自己の勢力拡大を推し進めることになったのである。

山名氏の凋落

応仁の乱で西軍の総大将となった山名氏であったが、播磨・備前・美作を赤松氏に奪還されただけでなく、細川氏の調略によって、一族や国人の結束は乱され、赤松氏に因幡《いなば》や伯耆《ほうき》まで脅かされるようになった。山名政豊《まさとよ》は国人らに対する求心力を取り戻そうと、文《ぶん》明《めい》十五年（一四八三）から長享《ちょうきょう》二年（一四八八）にかけて播磨に侵攻した。しかし、それが失敗したことで、権威はさらに失墜し、政豊の長男俊豊を家督《かとく》に推す動きが表面化して内部抗争に発展したり、但馬守護代の垣屋《かきや》氏の台頭を招いたりした。垣屋氏の圧迫を受けた山名氏は、但馬一国を縦断し日本海に注ぐ円山《まるやま》川に面した九日市（兵庫県豊岡市）から、支流の出石川《いずしがわ》を遡った地に鎮座する但馬一宮である出石神社の北山に此隅山《このすみやま》城（兵庫県豊岡市）を築き、守護所を移す。

永正二年（一五〇五）六月、足利義澄《よしずみ》は山名政豊の次男致豊《むねとよ》と垣屋続成に和睦を命じ、致豊に上洛を促した。しかし、義澄が義稙に将軍の座を追われると、永正九年に致豊も失脚して、弟の誠豊《のぶとよ》に家督を譲るなど、山名氏の家督は京都の政局に左右される。

山名誠豊も播磨に侵攻するが失敗して、国人に対する求心力を失った結果、伯耆を尼子氏に奪われただけでなく、庶流家の因幡守護山名豊治まで離反した。このため、誠豊の跡を継いだ致豊の子の祐《すけ》豊《とよ》は、将軍の権威を利用しようと天文九年（一五四〇）に上洛し、後期義晴幕府に参画した。そして、天文十一年二月に銀を産出し始めた生野銀山《いくのぎんざん》（兵庫県朝来市《あさご》）に生野城を築くなど領国の再建に努め、天文十七年には因幡守護家の誠通《のぶみち》を滅ぼした。

しかし、天文二十一年に足利義輝が因幡と伯耆の守護職を山名氏から没収し、尼子晴久に与えたため、但馬の山名祐豊と、因幡を支配する祐豊の甥の豊国《とよくに》は、毛利氏と尼子氏を両天秤にかけながら、西方の脅威に対峙することになる。

若狭武田氏と小浜

大乗院尋尊《だいじょういんじんそん》から応仁の乱の東軍の大将と名指しされた一人である若狭守護武田信賢《のぶかた》は、丹後《たんご》に勢力を伸ばした。細川政元より偏諱を受けたと考えられる武田元信《もとのぶ》は、明応の政変にもいち早く賛同し、その後も在京を続ける。このため、足利義澄は細川政元の反発を押し切って御相伴衆に任じ、前期義晴幕府からは管領家を越える従三位昇進が許されるなど、幕政に重きをなした。元信の子元光も在京していたが、大永七年（一五二七）の桂川の戦いで義維幕府に大敗すると、その後は被官を上洛させることはあっても、自身は在国し丹後一色《いっしき》氏に備えた。

その元光が拠点としたのが、一色氏と相論の結果、祖父の武田国信《くにざね》に安堵された禁裏御料所《きんりごりょう》である小浜であった。京都の北の玄関口で、日本海海運の要所として「唐人」も居住する小浜には、「小浜代官」が設置される。小浜代官の粟屋氏は、若狭一国の徴税をおこなう税所《さいしょ》を支配し、船の抑留など湊の管理や近江の保内商人《ほないしょうにん》の排除など、市場および流通の支配をおこなった。大永二年、元光は小浜に父元信の位牌所として禅宗佛国寺を創建するだけでなく、港町の豪商を檀那とする法華宗長源寺をわざわざ移転させて、自らの居館を構え、その背後に後瀬《のちせ》山《やま》城（福生県小浜市）を築城し、小浜を掌握する。永正十四年（一五一七）には丹後の加佐《かさ》郡も支配下に置き、その維持のために、後瀬山城は丹後街道を押さえる役割も担っていた。

39―武田元光画像（発心寺所蔵）

享禄四年（一五三一）十月に「三郡百姓等」の代表三人が「国中惣百姓中」として、武田氏に徳政令の発布を訴えて認めさせた際には、塩屋小路の紙屋を拠点としており、小浜は百姓たちの結集の場でもあった。

武田元光は天文三年（一五三四）頃に出家するが、息子の信豊と対立するようになる。これを見た小浜代官の粟屋元隆は天文七年に、朝倉氏に庇護されていた武田信孝と結び、反乱を起こした。元光は足利義晴や細川晴元、本願寺に援助を求め、これを鎮圧した。天文八年に信豊が家督となったが、歴代当主の官途である大膳大夫を甲斐《かい》の武田信玄《しんげん》に奪われ、名乗ることができなかった。その後も息子義統（元栄、義元、義統）との対立により、近江に退去するなど、若狭の政情は不安定化していく。永禄三年には高浜（福井県高浜町）の逸見昌経が、三好氏の宿老内藤宗勝と結び、粟屋勝久の加勢を得て挙兵するが、翌年正月の高浜の戦いで朝倉氏の援軍を得た武田氏に撃退されている。その後、武田氏は朝倉氏の介入を受けることになった。

こうした危機的状況下で、武田義統は将軍との結びつきを強めていく。義統は足利義晴の娘を正室に迎えるが、これは足利将軍家の娘が寺院に入れられず、大名の室になった初めての事例である。永禄四年（一五六一）頃には足利義輝より偏諱を受けて「義統」を名乗るなど、義輝も京都に最も近い大名として、若狭武田氏を深く信頼していた。

ところが、義統は息子元明との対立を抱え、永禄十年に死去することから、義輝の期待には応えられなかった。元明は朝倉義景《あさくらよしかげ》によって越前に留め置かれたため、若狭国主としての実態を失っていく。

武田氏の歴代当主の弟たちは、武田氏が建立した京都建仁寺の塔頭である十如院に入寺《にゅうじ》し、京都と若狭を繋ぐ役割を果たしてきた。また、武田氏やその被官も在京することが多く、武田国信が藤原定家自筆の『伊勢物語』を所持し、粟屋親栄は三条西実隆の屋敷で『源氏物語』の講義を受けている。また、武田元光が京都雑掌《ざつしょう》として取り立てたのが、京都で帯座座頭職を得て、土倉など金融業を営むだけでなく、天龍寺の策彦周良と親しく天文八年の遣明船貿易にも参加した角倉《すみのくら》吉田与二（宗忠《むねただ》）で、能や鼓にも長じていた。

また、若狭武田氏には、甲斐や安芸《あき》の武田一族の惣領家《そうりょう》として相伝されてきた弓馬の武芸があり、犬追物《いぬおうもの》や流鏑馬《やぶさめ》が弓箭故実《きゅうせんこじつ》として、元信から信豊の代に整えられていく。これらは細川藤孝《ほそかわふじたか》(幽斎)に継承されることになる。

朝倉氏と一乗谷

応仁の乱の最中の文明三年(一四七一)五月、斯波《しば》氏の宿老で西軍方の朝倉孝景は足利義政《よしまさ》より「越前国守護職事、望み申すの旨に任せおわんぬ」という御内書を与えられた。孝景は守護職を望んでいたが、義政は東軍方の守護である斯波義敏《よしとし》に配慮し、細川勝元《かつもと》も近いうちに守護職補任状《ぶにんじょう》を発給することを約束したので、東軍方に寝返る。孝景は一時期「国司」を名乗って、守護代の甲斐《かい》氏らと戦った。また、初代孝景から、二代氏景、三代貞景の頃まで、形式的には主家である斯波氏を奉じるものの、斯波氏が上意文書を発給することなく、朝倉氏が単独で奉書《ほうしょ》のみを発給し、寺社の安堵をおこなう体制が成立した。朝倉氏は自らを、甲斐氏に代わる越前守護代に位置付けていたのである。

二代氏景は越前の奪還を図る東軍方の斯波義寛《よしとお》との抗争に勝利するため、西軍方の斯波義廉《よしかど》の子(後の含蔵寺殿)を一乗谷に迎えた。三代貞景は美濃守護代斎藤妙純の娘を正室に迎えて同盟を結び、流浪する前将軍義稙を一乗谷に迎えてもいる。四代孝景(宗淳)は、内乱に窮する若狭の武田元信や美濃の土岐頼武を助けて介入し、大永七年(一五二七)には前期義晴幕府の求めに応じて、朝倉宗滴を京都に派遣し、義維幕府と戦わせている。その結果、御供衆の地位を得て、将軍直臣となり、斯波氏を擁する必要もなくなった。天文七年（一五三八）には御相伴衆にも任じられ、有力大名としての地位が公認される。

五代義景（延景、義景）は天文二十一年に将軍義輝より将軍家の通字《つうじ》である義字の偏諱を受けるなど、幕府を支える存在として期待された。永禄八年（一五六五）に義輝が殺害された際には、義景は調略を駆使して、義輝の弟義昭《よしあき》（一乗院《いちじょういん》覚慶、義秋、義昭）を奈良から助け出し、永禄十年には一乗谷の安養寺《あんようじ》に迎えている。翌年に義景は義昭の御内書に副状《そえじょう》を付けたり、加冠《かかん》役となって義昭を朝倉館で元服させたりしていることから、かつての六角定頼のように管領に擬せられた。その一方、加賀一向一揆と結んだ国人の堀江景忠らの反乱が起こり、約六十年続いた越前の平和は破られた。本願寺顕如が景忠に感状を発給し支援する中、義昭の斡旋で顕如と和睦するが、義景は動揺する国内情勢を無視してまで、義昭のために出兵することはなかった。

また、朝倉氏は斯波氏の支配体制を引き継いだ。大野盆地の大野郡と木ノ芽峠以南の敦賀郡にはそれぞれ郡司《ぐんじ》を配し、中央部の福井平野は守護代と府中（福井県越前市）小守護代が管轄したが、さらに朝倉氏は福井平野北部の坂井・吉田・足羽の三郡を一乗谷奉行人（宿老衆）が直接支配し、福井平野南部の丹生・今立・南条の三郡を府中両人の管轄とした。また、府中両人の裁判に不服があれば、一乗谷での裁判に上訴することができた。なお、二代氏景の弟で貞景・孝景・義景を補佐し、国外出兵の際に軍奉行《いくさぶぎょう》として指揮に当たったことで有名な朝倉宗滴は敦賀郡司である。

一乗谷は、但馬出身の朝倉高景が貞治《じょうじ》五年（一三六六）に一乗谷を含む宇高荘の地頭職を得たことを契機として、朝倉氏の本拠地となっていった。谷を南から北に流れる一乗谷川は下城戸の外にある川港の安波賀《あばか》で足羽川《あすわがわ》に合流し、さらに九頭竜川《くずりゅうがわ》河口にある日本海海運の要港である三国湊《みくにみなと》（福井県

40——一乗谷の全景（福井県立一乗谷朝倉氏遺跡資料館提供）

坂井市）と一乗谷を結んだ。初代孝景が遺した「朝倉孝景条々」には、越前一国の城破《しろわり》と一乗谷へ被官を集住させることや、巡検して寺院や町屋の見栄えをよくするよう指示すること、在地の芸能者を上洛させ育成すること、才能のある者を他国へ流出させてはいけないことなど、まちづくりの指針が示されている。

鉄炮の生産地として堺や近江国友が有名であるが、一乗谷でも火縄挟みや弾き金など鉄炮の部品と、イベリア半島産の鉛の弾丸、長野県産の鉛の地金、地金を溶かす坩堝《るつぼ》がまとまって出土している。朝倉氏は鉄炮の部品を交換したり、弾丸を製造したりする技術を持ち、各地より鉛を収集していたことがわかる。永禄末年には義景は島津《しまづ》氏を通じ、琉球《りゆうきゆう》貿易に参画しようとしていた。また、「越前一乗住兼則」の銘を持つ刀が出土しており、美濃の関（岐阜県関市）から招聘された刀鍛冶《かたなかじ》もいたと考えられる。貿易品としては、遠くイタリアのヴェネツィアで製作されたリブ付装飾ガラス容器が、朝倉館跡から発見された。

こうした一乗谷について、天文四年（一五三五）に公家の富小路資直は「きてみれば　楊さくらの春の園　都のけしき　たちをもよばじ」と詠んで、その栄華を称えている。

能登畠山氏と七尾城

能登の府中（石川県七尾市）は国府の外港である加島津として発展し、その北西には気多《けた》本宮の門前町で港町の所口《ところくち》が存在していた。畠山義統《よしむね》が守護所を置いたのは、この府中であった。府中に滞在した歌人の招月庵正広は、義統の被官の三宅氏や遊佐氏の館で和歌会を開いている。

義続の死後、畠山義元は上洛し、後期義稙幕府を支えた。しかし、永正十年（一五一三）に国人が加賀の一向一揆と結んで反乱を起こすと、帰国し鎮圧した。こうした情勢を受けて、永正十二年十月に義元が死去し家督を継いだ弟の慶致《よしむね》の子義総《よしふさ》は、府中から南東へ三キロメートルの地にある七尾城に移った。七尾城は北陸有数の霊山である石動山《せきどうさん》を背後に有する要害の地であった。義総は七尾城内の書庫に長持ち三万棹に及ぶ蔵書を所有しており、大永年間（一五二一〜二八）には城下の招月庵や、自邸で連歌《れんが》会を開く文化人でもあった。享禄年間になると毎年、清原宣賢《きよはらののぶかた》を招き、数か月にわたって七尾で漢籍を講義させ、自身や被官の研鑽に努めた。天文十三年（一五四四）に七尾を訪れた禅僧の彭叔守仙《ほうしゅくしゅせん》の『独楽亭記《こまていき》』によると、義総の御殿が最高所にあり、宿老の温井総貞《ぬくいふささだ》の屋敷が城内の大石谷中腹に配置された。府中から七尾に家を移したのは、被官だけでなく、大寧寺《だいねいじ》や安国寺《あんこくじ》も同様であった。中国の絹や錦をはじめ、米や塩、鉄を行商したり、座売りしたりする者もいたという。

絵師の長谷川等伯《はせがわとうはく》は天文八年に所口で生まれ、元亀二年（一五七一）に京都に移るまで、この地で法華宗関係の画業に従事した。七尾城が政治・文化の中心となったのに対して、浄土真宗や時宗が進出した府中や、法華宗が広まった所口は経済の中心として、並存し続けたのである。

天文十九年、畠山義総の子の義続《よしつぐ》に対して、温井総貞・長続連《ちょうつぐつら》・三宅総広《みやけふさひろ》・平総知《たいらふさとも》・伊丹続堅《いたみつぐかた》・遊《ゆ》佐《さ》宗円《そうえん》・遊佐続光《つぐみつ》の七人衆が反乱を起こし、翌年三月に義続の籠城する七尾城を落城させる事件が起こった。その結果、義続は出家し七人衆に「国務」を任せることになる。この背景には、被官の遊佐豊後守家と遊佐美作家の争いなど、被官の一族間の抗争や、畠山義続の寵愛する奉行人の河野続秀の排除といった問題があった。

七人衆はやがて遊佐派と温井派に分裂し、さらに畠山義続・義綱《よしつな》父子が温井氏の排除を企んでいた。さらに、国外の武田信玄と一向一揆が温井氏を支援し、上杉謙信と朝倉義景は畠山父子を援助したため、北陸一帯を巻き込む戦争に発展したが、永禄三年（一五六〇）頃には畠山義綱が能登の統一を果たした。

ところが、永禄九年に遊佐続光らは畠山義続・義綱を追放し、義綱の子の義慶《よしのり》を擁立する。そして、温井氏・長氏・平氏・遊佐氏による四人衆が政治を主導する体制が成立した。この四氏は相互に縁戚関係を結んでおり、温井氏は輪島《わじま》湊（石川県輪島市）、長氏は穴水《あなみず》湊（石川県穴水町）、平氏は阿部屋湊（石川県志賀町）、遊佐氏が若山荘《わかやまのしょう》（石川県珠洲《すず》市、同能登町）を中心に、それぞれまとまった領域支配を展開する有力在地領主であった。彼らは在国する畠山氏の力を背景に在地支配を強めた結果、守護家の推戴を前提に一揆的結合を遂げ、相互の権益を保障しあったのである。

飛騨三木氏と国司姉小路氏

南北朝期より飛騨は、南朝方の公家である姉小路《あねがこうじ》氏が務める国司と、北朝を擁する幕府の四職京極氏が任じられた守護が並置された国であった。姉小路氏は飛騨北部の古川盆地に入り、小島・古川・向《むかい》（向小島、小鷹利《こたかり》）と地名を名乗り、三家に分かれた。このうち飛驒に居住したのは向氏で、小島氏と古川氏は京都と飛驒を往復した。これに対して、京極氏は飛驒南部の高山盆地を拠点に勢力を拡大した。中でも応永飛驒の乱後、竹原（岐阜県下呂市）に入部した京極氏被官の三木《みつき》氏が台頭していく。

永正十三年（一五一六）、三木直頼と飛驒北端の国人である江馬《えま》氏との抗争が勃発すると、古川済継が京都より下向し、江馬氏を討ち飛驒を平定するが、その二年後には飛驒で病死してしまい、政情は安定しなかった。享禄三年（一五三〇）と翌年には、古川氏と向氏の被官がそれぞれ反乱を起こし、これを鎮圧した三木直頼が、古川家を取り仕切ることになる。

直頼は天文二十三年（一五五四）に十刹《じつさつ》に列せられる禅昌寺《ぜんしょうじ》を菩提寺として創建し、美濃遠山氏や信濃木曾氏など他国を始め、江馬氏や向氏との交渉や情報取集をおこなわせた。

また、奈良時代の泰澄《たいちょう》を開山とし、霊山白山《はくさん》（石川県白山市、岐阜県白川村）を崇め修験道《しゅげんどう》と関わりながら、加賀・越前・美濃・飛驒・越中に広まった白山信仰とも関係を深める。直頼は、白山信仰の美濃における拠点である長瀧寺（岐阜県郡上市）に、京極氏を先例として河上荘（岐阜県高山市）を安堵するだけでなく、天文七年には、長瀧寺の院坊である辻坊が都築小右衛門尉《つづきしょうえもんのじょう》に売却した白山大御前別当職について、三木氏の祈禱所として院家《いんげ》を取り立てるので、道雅を住職にして管理させよ、都築氏には別当職をそれに寄進させると指示している。白山は、主峰が白山大御前、大汝《おおなんじ》（越南知）、別山で構成されており、別当職は参詣者に対する関銭をはじめとする宗教的権益の徴収権を指すのであろう。

三木氏は長瀧寺を通じて白山の管理を図った結果、白山大御前は三木氏、大汝は加賀の那多寺、別山は石徹白《いとしろ》氏の支配と認識されるようになった。

さらに、本願寺証如とも音信を交わし、飛騨の照蓮寺をはじめ、越中西部の門徒と友好を図っている。三木氏は飛騨と周辺諸国を繋ぐ宗教勢力と連携し、勢力を拡大していった。

直頼が天文二十三年に死去すると、跡を継いだ三木良頼と姉小路三家の間で争いが起こり、姉小路氏は没落した。良頼の子光頼は、永禄二年（一五五九）七月に足利義輝を通じて正親町天皇《おおぎまちてんのう》に「三国司」加入を申請して許可され、飛騨介に補任された。翌年二月には、良頼が義輝より飛騨国司の継承と「古河」への改姓、飛騨守補任が認められ、飛騨支配の正当性を獲得した。永禄五年には従三位に叙されて公卿となり、関白近衛前久《このえさきひさ》の当時の実名《じつみよう》「前嗣」より偏諱を受け、良頼は「嗣頼」と改名した。良頼はさらに姉小路古川基綱の例にならって中納言を望み、正親町天皇には却下されたが、武家社会では「姉小路中納言」と称されるに至った。

こうした三木良頼の厚遇の背景には、将軍足利義輝と関白近衛前久、関東管領上杉謙信による後期義輝幕府の再建構想があり、以後、良頼と謙信は互いを同盟国として位置付けていくことになる。

伊勢国司の北畠氏

南朝より伊勢国司に任じられた北畠氏は、伊勢南部で大和の宇陀郡との国境にも近い多気《たけ》（津市）を本拠として、幕府と戦い続け、南北朝合一後も、一志《いちし》郡と飯高《いいたか》郡の知行を幕府に認めさせた。また伊勢神宮より神三《しんさん》郡（飯野《いいの》郡、多気《たけ》郡、度会《わたらい》郡）の成敗権を得ると、沢氏や秋山氏など宇陀郡の大和国人とも被官関係を結んだ。特に伊勢南部の参宮《さんぐう》街道と、伊勢と宇陀郡を結ぶ伊勢本街道には、関所を配して交通支配にあたっている。

その中で北畠氏は、木造《こづくり》氏・大河内《おおこうち》氏・坂内氏・玉丸《たまる》氏などを一族衆として作り出すが、在京した木造氏や玉丸氏以外は実子相続よりも、国司家の子弟が養子となって家督を継承するという特徴を持ち、四氏とも独自に四位の位階を得て、奉行所を構える自立した権力となった。伊勢には他にも、亀山（三重県亀山市）の関氏と長野（津市）の長野氏が守護に従わない勢力として存在していた。

応仁の乱が始まると、北畠教具《のりとも》は東軍より誘いを受け、伊勢守護職を与えられた。ただ跡を継いだ政勝（政具、政郷、政勝、逸方）は西軍の畠山義就に好意的であり、たびたび守護職を没収された。前期義稙幕府が成立するとようやく関係は安定し、政勝の息子材親《きちか》（具方、材親）は義稙の初名義材より偏諱を受ける。しかし、義澄幕府は細川澄元に伊勢守護職を与えており、緊張した関係は続いた。後期義稙幕府になると、その軍事力を期待され、永正六年（一五〇九）の三好之長討伐の際には、中納言の材親は、近江京極氏や伊賀仁木氏、美濃土岐氏、越前朝倉氏よりも厚礼の御内書を与えられている。

材親は最終的に権大納言に進み、その子の晴具《はるとも》（親平、具国、晴具、天祐）は細川高国の娘を正室に迎えて、高国が主導する前期義晴幕府とも友好的な関係を築き、大永六年（一五二六）には上洛も果たしている。晴具の官職は参議に留まったが、むやみに幕府の戦争に加わらず、天文年間には伊勢神宮の門前町山田（三重県伊勢市）に成立した都市共同体である「山田三方《やまださんぼう》」と戦い、北監物など被官関係を結んだ個別商人を通じて、宇治《うじ》と山田を支配しようとした。その後も、志摩《しま》や紀伊東部に勢力を拡大していく。

晴具の子の具教《とものり》は従三位権中納言に進んだ。三好氏の圧力を受ける一方、長年の宿敵である長野氏を服属させ、伊勢北部への進出を果たすが、織田信長との対立を深めていく。

斎藤道三と一色義龍父子の国盗り

応仁の乱が収束すると、西軍として活躍した美濃守護土岐成頼とその被官の斎藤妙椿《さいとうみょうちん》（守護代の弟、持是院《じぜいん》家）は、足利義視《よしみ》を伴って、妙椿の拠点であった革手《かわて》（岐阜市）に下向した。もともと革手は正法寺を中心とする川港であったが、義視の船田城や守護館としての革手城が築城され、妙椿の加納《かのう》城と共に政治拠点へと変貌を遂げる。

こうした状況から、土岐政房や斎藤妙椿の養子妙純は、義視・義稙父子に近く、前期・中期義稙幕府を支持し、越前や尾張へ出兵した。これに対して、義澄幕府は在京していた政房の弟元頼を帰国させ、妙純の排除を図ったため、明応四年（一四九五）から翌年にかけて船田合戦が起こる。妙純は越前の朝倉貞景《さだかげ》や尾張上四郡守護代の織田寛広《とおひろ》の援軍を得て勝利したが、直後に近江の六角高頼《ろっかくたかより》との戦いで戦死した。

土岐政房は妙純の死により、義澄幕府支持へと政策を転換した。そして、永正六年（一五〇九）頃に、「惣国人足」を徴発して「福光御構」の普請をおこない、守護所を尾張国境に近い革手から、長良川北岸の福光（岐阜市）に移した。福光には東海地方に教線を伸ばしていた臨済宗妙心寺派の中核寺院である崇福寺《すうふくじ》があり、長良川の対岸には古代以来の伊奈波神社《いなばじんじゃ》門前町があった。また、西の鷺山《さぎやま》東麓には鷺山館が、東には枝広館《えだひろ》が築かれた。

永正末年から大永年間にかけて、政房の後継者をめぐって、朝倉貞景の娘を正室とし六角氏の支援を受ける頼武と、浅井氏と結んだ頼芸《よりのり》兄弟の争いが起こった。大永七年（一五二七）に土岐頼芸が家督に就くが、この内乱の中で、持是院家の内衆である長井長弘が台頭する。それを補佐したのが、元は京都妙覚寺《みょうかくじ》の僧侶で、最初は西村氏を名乗った長井新左衛門尉であった。天文二年（一五三三）に新左衛門尉が病死すると、子の斎藤道三（長井規秀、斎藤利政、道三）が跡を継ぐ。こうした内乱や、天文四年の大洪水により、被災した福光や枝広は放棄され、守護所は古城山に築かれた大桑《おおが》（岐阜県山県市）に移る。

斎藤道三は長井長弘の子景弘に取って代わり、斎藤に改姓すると、天文十三年には土岐頼武の子頼充や朝倉孝景、織田信秀の侵略を阻止した。これにより道三の地位は確立する。天文十八年、道三は織田信秀の息子信長に娘を嫁がせ、国外の脅威を取り除くと、翌年末頃に土岐頼芸を追放し、美濃を支配下に収めた。道三は長井氏の拠点であった井口《いのくち》や稲葉山（岐阜市）を本拠地とした。天文二十三年に息子の一色義龍（斎藤利尚、范可、高政、一色義龍）に家督を譲るが、両者の関係は悪化し、国人の大多数を敵に回した道三は、弘治二年（一五五六）四月の長良川の戦いで義龍に敗れ討死した。

戦国時代に父子の争いは珍しくないが、ほとんどの場合、武田信虎《のぶとら》のように国外追放か、伊達稙宗《だてたねむね》

41――一色義龍（斎藤義龍）画像（常在寺所蔵）

のように強制的に籠居させられるのが普通で、殺害されたのは稀である。

一色義龍は道三のような独裁を改め、道三以降に服属した美濃国人を「六奉行」に編成し、国内の安定に努めた。国外では朝倉氏・武田氏・織田氏・六角氏の包囲網に対抗するため、自身が上洛し御相伴衆に任じられると、幕府政所《まんどころ》の伊勢氏や将軍足利義輝の外戚《がいせき》である近衛氏と姻戚関係を結び、土岐氏より格上の幕府四職の一色氏に改姓し、将軍家の通字である義字の偏諱を受けた。さらに、日《ひ》根《ね》野《の》弘就《ひろなり》を延永氏にと、六人衆も一色氏の宿老義龍は安藤守就《あんどうもりなり》を伊賀氏に、桑原直元を氏家氏に、の名字に改姓させ、家《か》格《かく》を上昇させると、彼らとの一体化を強めた。それに対して、義龍と対立する織田信長は一貫して「斎藤」と呼び続け、義龍の家格上昇を認めることはなかった。

永禄四年（一五六一）五月に義龍が急死すると、義紀（龍興、義棟、義紀）が十四歳で跡を継ぎ、三好氏や武田氏と結んで、永禄十年まで織田信長の侵攻を退け、美濃を保つ。

近江北部は幕府四職で出雲・隠岐・飛騨の守護職を有する京極氏の本拠地であった。応仁の乱で、京極氏は近江北部を押さえる京極高清《きょうごくたかきよ》と、出雲に基盤を置く京極政経・材宗父子に分裂すると、守護代の多賀氏をはじめ、国人らの家内部でも対立する争乱が続いた。ようやく永正二年（一五〇五）に和睦し、高清を家督に、上坂《こうさか》氏を執政とする体制が成立した。高清は美濃との国境に近い山岳寺院の上平寺《じょうへいじ》を改修して、上平寺城（滋賀県米原《まいはら》市）を本拠地とする。

浅井氏と菅浦

ところが、大永三年（一五二三）に事件が起きた。上坂氏に不満を持つ浅見貞則や浅井亮政を代表とする国人一揆が、高清の長男高広（高延、高明、高広）を擁して、上平寺城を攻め、高清とその次男高吉（高佳、高慶、高吉）や上坂氏を尾張へ追放したのである。その後、国人一揆の盟主となった浅井亮政は、京極高清や上坂氏と和睦して帰国を許し、大永五年に六角定頼や京極高吉と戦うが、敗北を喫した。この後も抗争が続き、享禄元年（一五二八）に亮政・高広が定頼・高吉を破ると、天文三年（一五三四）に亮政は高清・高広父子を小谷《おだに》城（滋賀県長浜市）清水谷に招き、盛大に饗応した。この儀礼を通じて、浅井氏が筆頭宿老として、「御屋形様」京極氏を推戴し、政務をとる体制が示された。

ただ、六角氏の度重なる侵攻を受け、浅井氏に不満を抱く京極高広と高吉が手を組む中、天文十一年に家督を継いだ浅井久政は六角氏への従属を強いられた。永禄二年（一五五九）に元服した久政の子長政（賢政、長政）は、六角義賢《ろっかくよしかた》の偏諱を受け「賢政」と名乗る。

浅井長政は永禄三年に野良田《のらだ》（滋賀県彦根市）の戦いに勝利して、六角氏から独立すると、翌年には織田信長と結んで、信長の妹の市を妻に迎え、信長より偏諱を受け「長政」と改名した。これは一色義龍の急死による混乱をついて、美濃を挟撃することを目的とするものであった。この後、長政は観《かん》音寺騒動《のんじそうどう》で混乱する六角氏に対して攻勢に出て、永禄十一年には六角氏の背後に位置する甲賀郡の山中氏と同盟を結び、高島郡の朽木氏を服属させるに至った。

琵琶湖《びわこ》の北岸、葛籠尾崎《つづらおざき》の西側に位置する菅浦《すがのうら》（滋賀県長浜市）は、中世の惣村《そうそん》の典型とされ、村の結界《けつかい》とされる四足門《よつあしもん》や山裾の寺院など、中世の景観が現在まで残る。また、鎌倉時代以来の村人が作成した文書群が、須賀神社に保管されてきた。

菅浦の村人は、朝廷の供御人《くごにん》や日吉神社《ひよしじんじゃ》の神人《じにん》であると主張し、竹生島《ちくぶしま》や延暦寺、梶井宮《かじいのみや》や公家の日野氏、さらには六角氏といった領主たちと交渉し、村の権益を守ってきた。二十人の乙名《おとな》を中心に自治をおこない、村掟《むらおきて》を定めて、違反者には自検断を行使した。また、村で年貢を徴収し、領主に納める地下請《じげうけ》もおこなっている。十五世紀中期に起こった隣村の大浦との用益相論では、乙名が主導し、お互いに同盟関係にあった近江北部の村々から援軍を募り戦争を引き起こすなど、村の武力を発動する一方、幕府への訴訟を展開した。

しかし、戦国時代になると、京極氏を主君とする近隣の土豪が領主となり、天文十三年より、浅井久政が配した代官である浅井井伴の支配を受ける。浅井氏からは過重な舟役などが課せられ、未進を重ねた結果、菅浦惣中は村内寺院や有力百姓を始め、村外の商人や浅井井伴から借銭を重ねていく。

永禄十一年には、井伴の被官となった源三郎父子と清徳庵親類四人が、惣掟《そうおきて》に背く事件が起こった。菅浦惣中が彼らを処罰しようとしたところ、井伴が惣中の決定に介入したため、源三郎父子の還住《げんじゅう》を認める一方、改めて「壁書《かべがき》」を定めて、守護不入と自検断を確認し、清徳庵親類四人の座抜きを決定する。

42—菅浦の東の四足門（滋賀県長浜市）

遠方の荘園領主とは異なり、近隣に成立した大名権力の前に、菅浦の自治はかつてない危機を迎えつつも、結束が再確認され、その維持が図られていったのである。

六角氏と式目

応仁の乱で西軍に属した六角高頼（行高、高頼）は、寺《じ》社本所領《しゃほんじょりょう》や幕府奉公衆の所領を押領していった。そのため、将軍権威の再興を目論む足利義尚《よしひさ》が長享元年（一四八七）に、足利義稙《よしたね》が延徳《えんとく》三年（一四九一）に近江へ親征する。高頼は居城の観音寺城（滋賀県近江八幡市）から甲賀や伊賀に退き、美濃の援軍を得ながら持久戦に持ち込んだため、義尚は鈎《まがり》（滋賀県栗東市）で陣没し、義稙は明応の政変で失脚した。こうした六角氏の伝統的な作戦は、後に織田信長に対しても発揮される。

将軍の攻撃を退けたことにより、六角氏の支配は安定するかに見えたが、文亀二年（一五〇二）に第一次伊庭《いば》氏の乱が起きる。越前から上洛を図る中期義植幕府に味方しようとする六角高頼や蒲生《がもう》氏が、反対する伊庭氏を排除しようとしたのである。この騒動は、義澄幕府の細川政元が伊庭氏に与して仲裁に入り、和睦が成立した。

ところが、永正十一年（一五一四）に第二次伊庭氏の乱が起きる。伊庭氏の被官九里《くのり》氏が、後期義稙幕府に京都を追われた足利義澄を受け入れたが、永正八年に没すると、六角氏綱《うじつな》と伊庭貞隆の対立が激化したのである。六角氏綱の弟定頼は、大永二年（一五二二）以前に「惣国城郭停止」と近江一国の城破を命じ、大永五年九月には浅井氏と結んで挙兵した伊庭氏や九里氏を鎮圧すると、京極氏は尾張に没落し、浅井亮政は降伏した。ここに定頼は近江統一を成し遂げたのである。

前期義晴幕府が成立すると、六角定頼はこれに味方してたびたび京都に出兵し、義維幕府に敗れた将軍義晴と細川高国を庇護した。義晴は坂本や朽木、観音寺城の北麓にある桑実寺に滞在している。定頼は義維幕府の細川晴元との縁組を進め、切り崩しを図っていく。そして、晴元らが対処できなかった天文の一向一揆と法華一揆を鎮圧し、後期義晴幕府の成立に大きな役割を果たした。このため、幕政は在国する定頼の「意見」によって運営されるようになる。定頼は天文六年（一五三七）六月に近江守護職を回復し、細川晴元に娘を嫁がせると、その後も晴元配下の三好長慶や木沢長政の反乱を処理し、息子義賢《よしかた》に能登畠山義総の娘を迎えるなど、後期義晴幕府の屋台骨となっていく。自らが御産所役者を務めた足利義輝が坂本で元服し、将軍に就任した際には、加冠役を務め、事実上の管領となった。

また、弟の高保を佐々木一族の大原氏に送り込み、同じく弟の高実を伊勢の奉公衆である梅戸氏の養子とすることで、それぞれ近江北部と伊勢北部への支配の拡大も図っている。

定頼の跡を継いだ六角義賢は、三好長慶との和睦に方針を転換して、近江北部や伊勢への勢力拡大に注力し、浅井氏を従属させた。義賢は弘治三年（一五五七）に出家して「承禎」と称し、息子の義弼（義弼、義治、義堯）に家督を譲り、後見しながら政治を執った。ところが、永禄三年（一五六〇）に外交方針をめぐって両者は対立する。成り上がり者の長井新左衛門尉や斎藤道三の血を引く一色義龍の娘を妻とした義弼に対して、義賢は土岐頼芸を匿っているのに、反義龍方の朝倉義景や織田信長との関係をどうするのか、浅井長政や三好長慶と対峙している中で、義龍は頼りにできるのかと激怒し詰問した。

そして、永禄六年十月、観音寺騒動が起こる。義弼が独断で、宿老後藤氏の勢力拡大を危惧し殺害した。これに反発する永田・三上・池田・平井・進藤氏が、観音寺城内の屋敷を引き払い、浅井氏と結んで、観音寺城や麓の石寺《いしでら》を焼き払ったのである。義賢は蒲生氏、義弼は三雲氏の館へ退去した。

六角氏は内部に、義賢と義弼の対立、後藤・永田・三上・池田・平井・進藤氏と蒲生・三雲氏の対立という二つの対立関係を抱え込み、危機的状況を迎えていた。これを克服するため、永禄十年四月、「六角氏式目《ろつかくししきもく》」が制定された。六角氏から離反した者も含め、二十名の宿老が起草し、六角義賢・義弼と起請文を交わして、互いにその遵守を誓約した。式目では訴訟の取次を担う者を署判者に制限し、特権的な地位を確認することで、秩序の回復を求めたのである。その背景には、伊庭氏の乱後の六角氏の対応があった。六角氏は南北朝以来の譜代や戦国時代に成長した領主を平準化して「年寄」、当主の下で実務に当たる被官を「若衆」として把握し、奉行人奉書による領国支配の再編を目指していた。当主の指示を受け文面を作成する被官と、それを保障する被官による公正性の担保や、同じ案件に対する署判者と取次を別々にして、特定の被官への権力集中の回避が図られる。この中で、奉行人は当主との関係で次々と入れ替わり、外された被官は在地支配を深化させる傾向にあった。そこで後藤氏が殺害されたのを契機に、当主の恣意を抑制しようとしたのである。

その一方で、村々は年貢を納入せず、出入口を塞いで譴責使《けんせきし》を追い返したり、耕作を放棄して他所に逃れる逃散《ちようさん》をはじめ、六角氏に田畑を返上するとして耕作を放棄したりした。こうした脅しに、領主たちは六角氏の下に結束して対処せねばならなかった。六角氏は訴訟手続きにおいて、奉行人への礼銭を定額化し、財力のない村々も公正な裁判をおこなう方針を示して、取り込みを図る。

式目が制定された翌月に起こった進藤氏の借銭問題に端を発する芦浦安国寺相論において、すでに式目が持ち出されている。六角氏式目は急速に広く浸透したようだ。

一方、こうした混乱のため、奈良から脱出し近江に寓居した足利義昭の動きに全く対応できないまま、織田信長の侵攻を迎えることになる。

六　相対化される幕府

1　室町幕府と三好政権の対立

永禄改元をめぐる葛藤

弘治《こうじ》四年（一五五八）二月、正親町天皇《おおぎまちてんのう》は前年の践祚《せんそ》に伴い、永禄と改元した。改元は本来、天皇大権《たいけん》に属すが、鎌倉時代より武家が関与しており、室町・戦国時代には将軍への依存が進んで、両者の合意に基づいておこなわれるものとなっていた。将軍足利義満や義持《よしもち》が改元に同意せず、応永《おうえい》は異例の三十年余も続いたことはよく知られている。また、将軍の執奏と費用負担による改元は、その正当性を示すことになるため、将軍と敵対した鎌倉公方の足利持氏《もちうじ》・成氏《しげうじ》親子、応仁《おうにん》の乱の西軍、古河《こが》公方足利義氏《よしうじ》などは、しばしば改元に従わず、旧年号を使用した。近江に在国しているにも関わらず、足利義晴《よしはる》が享禄《きょうろく》や天文《てんぶん》の改元を執奏したように、将軍の地位が不安定化すると、正当性や権威の補強として利用することもある。しかし、朽木《くつき》に没落した足利義輝《よしてる》は、弘治と永禄の改元について、執奏も費用負担もおこなわなかった。

五月になって、義輝はようやく改元御礼として五百疋《ひき》を進上したが、万里小路《までのこうじ》惟房《これふさ》は前代未聞の少なさを嘆き、余りの遅延ぶりに怒っている。また、義輝は天皇より改元を正式には伝えられなかったため、その後も永禄元年ではなく、弘治四年を使い続けた。将軍の敵対者ではなく、将軍自身が、天皇が決定した改元に従わないのは、極めて異常な事態である。義輝は改元を伝えなかった武家《ぶけ》伝奏《てんそう》広橋国光《はしくにみつ》の懈怠《けたい》に怒っているのだと、惟房は考えていたが、改元は国家の重大事であり、一公家の懈怠に矮小化できることではない。むしろ、天皇は弘治年間から押領《おうりょう》された禁裏《きんり》御料《ごりょう》所の回復について三《み》好長慶《よしながよし》を頼っており、義輝が弘治改元の費用も負担しなかったことから、意図的に将軍を見限ったと考えるべきであろう。天皇は長慶が義輝に追従し、弘治年号を使用することはないと判断していた。

また、一色義龍は将軍を介さず、長慶と結ぶ政所執事伊勢貞孝を通じて、朝廷から治部大輔任官を認められる。天皇・朝廷だけでなく諸大名からも将軍が無視される状況を危惧した義輝は、四年半ぶりに京都に戻るため挙兵せざるを得なくなる。

43―正親町天皇画像（泉涌寺所蔵）

改元費用は発議者が負担するため、朝廷の発議は減少し、幕府が費用を調達できなかった永正《えいしょう》は十八年、天文は二十四年も続いた。しかし、弘治改元のわずか三年後の永禄改元の陣儀《じんのぎ》に八人もの公家が集まったのは、室町時代の改元を含めても多い部類に属し、「天下一統朝儀再興」の奇瑞と称えられている。三好氏が費用を負担したのであろう。

半年間にわたって、正親町天皇と三好氏が永禄を、前期義輝幕府が弘治を使用する状況は、南北朝時代であれば、三好氏が官軍であり、幕府自体が朝敵や賊軍であることを意味する。足利将軍家は南北朝の戦いの中で、南朝や足利一門の有力守護《しゅご》に対して、自らこそが北朝天皇家を輔弼《ほひつ》する存在として、その存在意義を示してきた。そして、幕府は北朝の軍隊として、京都や畿内の静謐《せいひつ》を維持する役割を果たしてきたが、そうした地位も失いかねない状況となった。

将軍に結集する主家に代わった大名

永禄元年（一五五八）六月頃より京都をめぐって、三好長慶と足利義輝の戦いが始まった。義輝と細川晴元《はるもと》は紀伊の根来寺《ねごろでら》や粉河寺《こかわでら》、波多野《はたの》氏を始めとする丹波の諸勢力を糾合しようとしていたが、六角義賢《よしかた》は和睦を主張し、晴元を支えてきた三好宗渭《そうい》も長慶に降ってしまう。一方の長慶も問題を抱えていた。同盟する畠山高政《たかまさ》が、宿老の安見宗房《やすみむねふさ》と対立して援軍を出すことができなかったのである。また、三好氏と毛利《もうり》氏は、前年に互いに防長平定と畿内平定を讃えあう関係であったが、毛利氏は一年近く永禄改元に従わなかった。異例な永禄改元を発端に引き起こされた戦争は、諸大名に将軍の存在意義を問い直すことになり、急進化した三好氏に同調する大名はいなかった。

九月になると、六角義賢と武田義統を調停者とした和睦交渉が進んでいることは公然となり、同月に義輝も永禄改元に従ったことで、十一月に和睦は成立した。

還京した義輝は、出雲の尼子《あまこ》晴久《はるひさ》と安芸の毛利元就《もとなり》・隆元父子に上洛を命じる。両者は承諾するが、実際には交戦中のため、上洛しなかった。義輝は他の大名にも上洛を促していたようで、永禄二年二月から四月にかけて、尾張の織田信長、美濃の一色義龍《いっしきよしたつ》、越後の上杉謙信が一斉に上洛した。越前の朝倉義景も名代を上洛させ、義輝の義兄近衛前久の許に遣わしている。義輝が上洛を催促した大名はどのような者たちであったのか。

尼子氏は元々出雲守護代家であったが、尼子経久《つねひさ》の時に守護京極《きょうごく》氏に取って代わり、孫の晴久が義輝より八か国の守護職に任じられていた。毛利氏は足利義稙《よしたね》を復位させた西国の覇者大内義興《おおうちよしおき》に服属する国人《こくじん》に過ぎなかった。ところが義興の子義隆は、宿老の陶晴賢《すえはるかた》らが毛利元就と連携して起こした反乱により討たれる。晴賢は義輝の下知を得て、義隆の甥で大友宗麟《おおともそうりん》の弟である義長を大内氏の当主に迎えるなど、室町幕府の家《か》格《かく》秩序を遵守しようとするが、元就は晴賢と義長を滅ぼして、大内氏領国を併呑した。織田信長は二つの尾張守護代家のうち織田大和守に仕える三奉行の家に生まれた。しかし、この頃、尾張守護斯波義銀《よしかね》や足利御三家の石橋忠義、もう一人の守護代織田伊勢守を国外に追放したばかりであった。一色義龍の父斎藤道三は守護土岐《とき》頼芸《よりのり》を追放したが、義輝は六角氏・今川氏・織田氏に頼芸の支援を命じる。しかし、諸大名は動かず、美濃は道三の支配するところになる。義龍はその道三を継ぎ、国主になっていた。上杉謙信は兄晴景を追い落とし越後守護代に就いたが、天文十九年（一五五〇）に後見人であった越後守護上杉定実《さだざね》が死去すると、義輝より事実上の越後守護として認められ、天文二十一年からは関東管領《かんとうかんれい》上杉憲政《のりまさ》を庇護していた。しかし、弘治二年（一五五六）には越後支配に苦悩し、突如出奔騒動を起こしている。

すなわち、彼らは旧来の守護家ではなかったり、前期義輝幕府段階に主家に取って代わったりしたばかりで、国主としての立場が不安定な者たちであった。しかも、義輝の支援した守護家になりかわった者もいる。彼らは領国支配の安定を図るため、将軍による公認を求め、幕府の秩序に位置付けられることを望んでいた。しかし、異例な永禄改元により、諸大名は依拠すべき将軍の権威が危機に瀕していると感じ、続々と上洛して、将軍支持を表明する。義輝は諸大名の望み通り、一色義龍に美濃守護代の斎藤から幕府四職の一色への改姓《かいせい》と義字の偏諱《へんき》を認め、上杉謙信にも越後守護代の長尾から関東管領の山内上杉へ改姓と関東管領就任を許した。朝倉義景は守護職を望んだのかもしれないが、近衛氏への工作の成果か、将軍義輝と同じ従四位下に叙せられている。

前述したように、義輝を近江に追放していた段階ですら、長慶は謙信や元就と友好関係にあった。それぞれの領国が接するなどの緊張関係がないにもかかわらず、謙信も元就も義輝を選択したのである。永禄元年の和睦の背景には、三好氏による足利将軍家を擁しない京都支配が恒常化し、天皇が将軍を見限った改元をおこなった結果、それを幕府存亡の危機と認識した新興の大名の反発があったのである。

楠氏の勅免

三好氏と和睦して成立した後期義輝幕府は、永禄元年（一五五八）末より安定して在京できるようになった。ただ、義輝に批判的な伊勢貞孝が政所執事《まんどころしつじ》として残り、対三好強硬派の上野信孝が三好氏との申次《もうしつぎ》になるなど、火種も残っていた。

また、新たな火種も発生する。三好長慶の宿老松永久秀《まつながひさひで》の被官に、備前国人の楠正虎《くすのきまさとら》がいた。正虎は、後醍醐《ごだいご》天皇に従って鎌倉幕府を倒すのに武功があった楠木正成《くすのきまさしげ》の末裔と称していた。しかし、正成は足利尊氏《たかうじ》に敗れて自害し、その子孫も南朝に忠節を尽くしたことで、北朝や幕府からは朝敵とされた。そのため、正虎は、楠木一族の和田氏の本貫地《ほんがんち》に因み、大饗《おおあえ》姓を名乗ったという。久秀は正虎が朝敵の汚名を晴らしたいという望みを持っていることを知り、北朝の正親町天皇に執奏する。その結果、永禄二年十一月に、正成の赦免と楠復姓、河内守任官を許可する綸旨《りんじ》を得た。この際、久秀は天皇だけなく、わざわざ幕府の承認も取りつけている。

正虎が本当に正成の末裔であったのか、正成を崇拝していただけなのかは不明であるし、そもそも正成の末裔とされる伊勢国人楠氏は誰はばかることなく楠氏を名乗っている。そうすると、三好氏の狙いは、足利将軍家に守護されてきたはずの北朝天皇家が、三好氏の執奏により、南朝の臣で足利将軍家の敵を勅免するという行為そのものと、それを幕府に認めさせることにあった。

正親町天皇は将軍義輝が在国して無力であり、後奈良天皇の葬礼費用や永禄改元の費用、自らの即位式の費用を調進しないことに不満を抱いていた。永禄改元と楠氏勅免は、正親町天皇と将軍義輝の分断状況を利用し、三好氏が天皇との結びつきを強めるという動向の同一線上に位置づけられる。

三好長慶と足利義輝の緊張緩和

永禄二年（一五五九）末から永禄三年初頭にかけて、天皇と将軍から三好氏にさまざまな栄典授与がおこなわれ、後期義輝幕府において、義輝と三好氏の協調関係が醸成されていった。永禄三年正月に正親町天皇の即位式が予定されており、京都で戦争が起こる状況は避けねばならなかった。即位式は、後柏原《ごかしわばら》天皇が践祚後二十一年、後奈良天皇は十年かかっていたが、正親町天皇は二年半後に、毛利氏・朝倉氏・三好氏より費用が献上されておこなうことができ、警固《けいご》を務めた長慶は天盃《てんぱい》と御剣《ぎょけん》を賜った。長慶の官は修理大夫に進み、御相伴衆《ごしょうばんしゅう》に加えられる。長慶の嫡子《ちゃくし》義興（義長、義興）は、筑前守に任官し、義輝からは自筆で偏諱を与えられ、御供衆《おともしゅう》となった。松永久秀も弾正少弼に任じられ、御供衆となった。当時、御相伴衆に任じられていたのは、北条氏康《ほうじょううじやす》・一色義龍・朝倉義景《よしかげ》・尼子晴久・毛利元就・大友宗麟・伊藤義祐《いとうよしすけ》といった有力大名であり、長慶もその一員として認められたのである。

また、京都方面での軍事的脅威がなくなった三好氏は、従来の戦いとは全く異質な、旧細川氏領国以外への拡大を志向するようになる。永禄二年、長慶は、同盟する畠山高政が安見宗房との不和により没落したため、宗房から河内を奪還し高政に与えた。ところが、宗房はすでに大和の筒井順慶《つついじゅんけい》を従える勢力に成長しており、宗房を排除したままでは、畠山氏の支配は立ち行かなくなっていた。そのため、永禄三年に高政は長慶に無断で宗房を赦免した。これに激怒した長慶は、河内を自らの領国に編入するため、もはや義就流畠山氏と連携することなく独力で出兵したのである。この時、三好氏は河内・大和・根来・若狭に同時侵攻したため、「近国の主になる覚悟」と世間で噂された。伊勢南部では三好氏に備えて各地で城が築かれ、伊賀では惣国一揆《そうくにいっき》の掟書に三好氏への被官化を禁止する条項が入る契機となる。その結果、三好氏は河内と大和を支配下に収めると、長慶が芥川山城から飯盛城へ、実休が阿波の勝瑞館から高屋城へ入城し、義興は芥川山城を与えられ、久秀は大和で翌年より多聞山城の築城を開始した。久秀の弟である内藤宗勝も丹後や若狭に攻め込み、翌年まで朝倉氏や武田氏と対陣することになる。

44—三好義興画像（京都大学総合博物館所蔵）

義輝は長慶に祝意を示し、細川氏と畠山氏の両管領家を越える勢力に成長した三好氏に対して、永禄三年後半から永禄四年にかけて、再び栄典を授与した。三好長逸・三好義興・松永久秀も従四位下に叙せられ、三好義興と三好実休が御相伴衆に加えられた。久秀には塗輿《ぬりこし》も免許されている。そして、長慶・義興父子と久秀が、義輝より桐御紋を拝領した。桐御紋はもともと天皇家に由来し、後醍醐天皇が倒幕に抜群の功績があった足利尊氏に下賜した紋である。三好氏は早くも御相伴衆を越えて、足利将軍家に準ずる家格を手に入れることになったのである。

京都では、三好義興や三好氏奉行人連署奉書《れんしょほうしょ》による安堵《あんど》と、室町幕府奉行人連署奉書による安堵がそれぞれ並存した。将軍義輝は朝倉義景に長慶・義興父子や久秀と相談するよう御内書《ごないしょ》を送ったし、洛中酒麴役をめぐる相論が起こった際にも、義興と久秀に訴えるよう命じている。永禄五年には毛利元就・隆元父子が尼子義久《よしひさ》との戦況を三好義興に伝える中で「上聞」を謝しているし、三好長逸は伊予の河野通宣《こうのみちのぶ》に「上辺相当之御用」は疎略にせず、義興に取り次ぐとしている。

永禄三年から四年前半にかけて、後期義輝幕府は唯一の構成員である三好義興に支えられ、かつてない安定期を迎えたのである。

2　足利義輝の改革

近衛一族との連携

前期義輝幕府が成立した天文十五年（一五四六）頃、足利義晴が整備した内談衆《ないだんしゅう》が解体し、細川晴元は細川氏綱に対して劣勢で、やがて三好長慶の台頭を許す。義輝を後見した義晴は天文十九年に、六角定頼はその翌年に相次いで死去した。そして、義輝が在京できなくなり、幕臣の経済基盤も崩壊すると、上野信孝や大館晴光など一部の側近しか従う者がいなくなった。そうした中、あくまでも義輝に付き従ったのが、義輝の母慶寿院《けいじゅいん》（近衛尚通娘）とその兄弟の前関白近衛《このえ》稙家《たねいえ》・聖護院門跡道増《しょうごいんもんぜきどうぞう》・大覚寺《だいかくじ》門跡義俊《ぎしゅん》・権大納言久我《こが》晴通《はるみち》たちであった。それまで将軍の正室を輩出していた日野《ひの》家に代わり、天文三年六月に将軍義晴の正室となった慶寿院は、義晴を支えて幕政に参与し、後家《ごけ》という立場でも義輝を後見する。また、義輝は近江在国時にも諸大名の紛争調停や任官斡旋、偏諱付与をおこなったが、外戚《がいせき》である稙家兄弟がその取次を務め、時には下国していた。

天文十六年に聖護院道増が陸奥伊達《だて》氏の内訌を調停するために下向し、天文二十四年には稙家が古河公方足利義氏への偏諱を取り次いだ。永禄二年（一五五九）には大友宗麟に九州探題《きゅうしゅうたんだい》の補任《ぶにん》を伝えるため、大覚寺義俊と久我晴通が下向する。翌年には、稙家が島津《しまづ》貴久《たかひさ》と伊東義祐の和睦を斡旋した。聖護院道増と久我晴通は、毛利氏と大友氏の和睦を調停するため、永禄六年にそれぞれ下向している。大覚寺義俊は永禄七年に上杉氏と北条氏の和睦の仲介を務めた。

また、近衛稙家や大覚寺義俊は、足利義稙の猶子《ゆうし》である醍醐寺三宝院門跡義堯と共に、それぞれ百名程度の軍勢を率いて、義輝と共に戦ったこともある。三宝院義堯は本末関係にあった紀伊の根来寺に、義輝の軍勢催促を伝達した。聖護院門跡は天台系修験道本山派《しゅげんどうほんざんは》の本山、三宝院門跡は真言系修験道当山派《とうざんは》の本山として、全国に影響力を持っており、それらを背景にして、彼らは義輝の取次の実務や軍勢催促を担ったのである。

義輝は長慶と和睦して五年ぶりに還京すると、権威回復のため父義晴と同じく近衛家より稙家の娘を正室に迎えた。近衛家は足利将軍家と二代にわたって外戚関係を結ぶことになり、その関係はより強化された。近衛前久《さきひさ》も義弟となった義輝の支援に本腰を入れ始める。上洛して、越後のことを捨て置き、将軍に忠節を尽くす覚悟を披露した上杉謙信と、謙信を深く信頼し関東管領就任を承認した義輝、そして、近衛稙家・前久親子が交渉を重ねた。前久は謙信と血書起請文《けつしょきしょうもん》を交わすと永禄三年九月には現職の関白でありながら越後に下向し、翌年になると上杉謙信と共に関東に攻め入って、上杉方の諸領主の任官を斡旋するなど支援する。

また、後期義輝幕府においても、慶寿院は幕府の裁許に影響を行使し、場合によっては室町幕府奉行人連署奉書の発給を差し止めようとした。慶寿院は永禄の変で義輝と共に討死しており、近衛家と足利将軍家の協調の要であったのである。

積極的な栄典付与

前期義輝幕府はほぼ在国を余儀なくされたため、近衛家を除き朝廷や京都における基盤を喪失する。それを穴埋めするかのように、地方の諸大名に積極的に栄典を授与し、その存在を示そうとした。天文十九年（一五五〇）には越後守護代の上杉謙信に白傘《しらかさ》袋《ぶくろ》・毛氈鞍覆《もうせんくらおおい》の栄典を授与し、守護の代行を認めた。天文二十一年になると、出雲と隠岐の守護職を持つ尼子晴久に、周辺の大名の守護職を削り、因幡・伯耆・備前・美作・備後・備中の守護職も与えた。天文二十二年には陶晴賢がクーデターで擁立した大内義長《よしなが》の家督《かとく》を承認し、御相伴衆に加える。

さらに、島津義久《よしひさ》・朝倉義景・六角義賢・武田義信・足利義氏・武田義統・尼子義久に、将軍家の通字《つうじ》である義字を偏諱として与えるなど、義晴段階には考えられなかった大盤振る舞いをおこなった。ただ、義輝の積極外交は一貫性のないものであった。天文二十年に赤松晴政が義輝の父義晴の一年忌の費用を献上したにも関わらず、その翌年には、晴政から備前・美作の守護職を没収して、尼子晴久に与えている。その結果、晴政は義輝と敵対する三好長慶と結んだ。結局、義輝は朽木に没落した天文二十二年八月に伊勢神宮に入洛を祈願する他、長慶に対して有効な対処ができなかった。

義輝の東国政策の中心となったのは上杉謙信であるが、そもそも義輝は、将軍が任命する関東管領上杉憲政を関東より追放した北条氏康が擁する足利義氏を従来よりも厚遇して、義字を偏諱として与えていた。その後も、謙信の関東侵攻と足利藤氏による鎌倉府再興を支援したにもかかわらず、謙信と川中島で戦う武田信玄に信濃守護職を与えている。

後期義輝幕府が成立すると、義輝は永禄二年（一五五九）に上洛した義龍を美濃守護代斎藤氏から侍所所司《さむらいどころしょし》一色氏に、謙信を越後守護代長尾《ながお》氏から関東管領山内上杉氏にと、新たに上位の家格を継がせて、幕府の秩序に位置付け、各地で進む新勢力を追認した。

さらに義輝は、同年の内に伝統的な大名も含めた秩序の再編に着手する。守護職を持つ甲斐だけでなく、信濃の大部分を支配下に収めた武田信玄の嫡子義信を准三管領《さんかんれい》とした。陸奥では、足利一門である斯波《しば》氏の末裔である大崎氏が奥州探題《おうしゅうたんだい》を代々務めてきたが、伊達晴宗《はるむね》を新たな奥州探題に任命する。九州でも、足利御三家《ごさんけ》の渋川《しぶかわ》氏が九州探題を受け継いできたが、九州のうち六か国の守護を兼ねるまでになった大友宗麟を新たな九州探題に補任した。管領や探題職は足利一門によって独占されてきたが、義輝は実力を失った足利一門よりも有力大名を登用して、将軍を頂点とする権威的秩序に包含することで、彼らとの関係を再構築することを優先した。

義輝は勅許を得て、飛驒《ひだ》国人の三木良頼・光頼《みつより》父子に飛驒国司古河姉小路《ふるかわあねのこうじ》氏を継がせている。良頼は上杉謙信のもとに下国した関白近衛前久（前嗣）より偏諱を受け、「嗣頼」と改名しており、三木氏に謙信を支援させたかったようだ。

伊達晴宗に刺激を受けた出羽《でわ》の最上義守《もがみよしもり》・義光《よしあき》親子は、永禄六年に上洛し、将軍の連枝や鎌倉（古河）公方一門に許される御所号を拝領した。

従来の慣習を打ち破ったのは、畿内近国でも同様である。三好氏は細川氏の陪臣《ばいしん》で阿波守護代格に過ぎなかったが、御相伴衆に加え、桐御紋などを免許した。また、義輝は姉か妹を若狭の武田義統に嫁がせているが、将軍家の女が大名に嫁ぐのは初めてであった。

しかし、こうした将軍義輝の幕府秩序の改革には、不満も多かった。尼子晴久や三好長慶の修理大夫任官は、代々修理大夫であった大友宗麟が、三好義興への義字の偏諱は公家の吉田兼右《よしだかねみぎ》が、肥後の相良義陽（頼房《よりふさ》、義頼、義陽）への偏諱は大友宗麟と島津義久が、松永久秀の御供衆就任は武蔵の太田《おおた》資正《すけまさ》が、それぞれ既存の家格秩序を乱すものとして激しく反発している。特に三好長慶・義興や松永久秀の場合は、朝倉氏のように数代を経ることもなく、また、北条氏綱《うじつな》や一色義龍、上杉謙信のように高い家格の名跡を継ごうとせずに、一代のうちに三好家や松永家自体の家格を上昇させたため、余りにも常識外れで秩序を破壊する行為として、反発を買ったのであろう。

義輝はとにかく現状の追認に徹して、新勢力を幕府秩序に位置づけることで、幕府の再建を図った。しかし、それは一方で、将軍自らが実力さえあれば家格の壁を超えることができることを認めたことになる。義輝の改革は足利一門という血を軽視し、将軍を頂点とする家格秩序を自己否定しかねない危険なものでもあった。

進まぬ和睦調停

前期義輝幕府は栄典授与と共に、和睦の調停にも熱心であった。陸奥の伊達稙《たね》宗《むね》・晴宗父子の抗争を調停し、その後も、本願寺《ほんがんじ》顕如《けんにょ》と朝倉義景や、武田信玄と上杉謙信の和睦を調停している。後期義輝幕府になると、東国の上杉氏と武田氏・北条氏、今川氏と徳川氏、西国では毛利氏と尼子氏・大友氏、島津氏と伊東氏などに和睦を命じ、上洛を求めた。

永禄二年（一五五九）十一月、大内氏領国をめぐって、大友宗麟と毛利元就が対立する中で、義輝は宗麟に九州探題だけでなく、大内氏家督まで与えてしまった。このため、宗麟は周防と長門も支配するべく、元就との戦いは激化する。同年初めには、元就は尼子晴久と交戦中であるため、上洛を承諾したものの動けないでいた。義輝としては、元就と宗麟の和睦も斡旋して、元就が上洛できる環境を整備しなければならなかったのに、事態は真逆となってしまった。その背景には、義輝の対大友氏外交に、松永久秀や三好氏と結ぶ堺の豪商若狭屋宗可が関与していたことがある。当時、三好氏は備讃海峡を挟んで、毛利氏と対峙していた。すなわち、三好氏は大友氏に肩入れし、その要望を義輝に丸呑みさせることで、大友氏と毛利氏の緊張をわざと高めたのだ。これにより、三好氏は東瀬戸内における毛利氏との緊張緩和に成功し、畿内で畠山氏との戦争に注力することができた。慌てた義輝が毛利氏と大友氏の和睦を斡旋するが、成立するのは永禄七年のことであった。

三好氏が義輝を利用した外交を展開できた背景には、畿内に亡命してきた旧守護家の存在もあった。彼らは探題や関東管領、守護から力を失った足利氏の血統を排除し、新たに台頭した大名たちを見境なく追認する将軍義輝ではなく、三好氏によって庇護されていた。武田信玄に追われた信濃守護小笠《おが》原長時《わらながとき》・貞慶《さだよし》父子は、同じ源 義光《みなもとのよしみつ》を祖先とする三好長慶を頼り、斎藤道三・一色義龍父子に追放された美濃守護土岐頼芸・頼次父子や、織田信長に敗れた尾張の足利御三家石橋忠義は、松永久秀に仕えている。三好氏は信濃源氏に美濃源氏、足利御三家を従える存在となった。永禄四年三月、義輝は北条氏康の小田原城を包囲する上杉謙信に、小笠原長時の信濃帰国に尽力するよう命じたが、これは武田信玄に認めた信濃守護職を撤回するものであった。三好氏はここで庇護する小笠原氏を復権させ、謙信を牽制しようとしたのである。

義輝は諸大名の名誉欲を刺激してコントロールしているつもりでも、各地域の個別事情に配慮できていなかった。そのため、毛利隆元は、和睦を命じる義輝の上意に背いたと批判されてもかまわないと、尼子義久との戦争を継続した。最も厚遇された上杉謙信でさえ、永禄七年五月に義輝より北条氏康との和睦を命じられたが、八月に義輝へ対して、坂東は鎌倉(古河)公方の管轄であると、二代将軍足利義詮《よしあきら》以来の由緒を説いて拒絶している。義輝の和睦調停は、場当たり的で、諸大名にとって迷惑この上もないものとなっていたのである。

また、義輝の外交は、外戚で貴種の近衛一族に依存し、御内書を発給する際の取次も政所執事伊勢貞孝の他は、側近の上野信孝と大館晴光などに限定されていた。義晴は内談衆だけでなく、細川高国や晴元、六角定頼といった有力大名を取次とし、将軍の個人的な意思ではなく、幕府の総意であることを示していた。しかし、伊勢氏を排斥した上、三好長慶・義興親子が義輝の御内書の取次や副状《そえじょう》を発給することはなかった。そうした点も、諸大名に軽んじられたのであろう。

3 永禄の変と天下再興

教興寺の戦い

永禄四年(一五六一)四月、三好長慶の弟で根来寺と対峙していた十河一存《そごうかずまさ》が死去し、五月に細川晴元が長慶に降ると、後期義輝幕府より排除されていた畠山高政と六角義賢が連携して挙兵した。三好氏は、京都で三好義興・松永久秀が六角義賢を防ぎ、和泉で三好実休が畠山高政や根来寺、紀伊国人で奉公衆《ほうこうしゅう》の湯河直光《ゆかわなおみつ》と戦っていた。しかし、永禄五年三月の久米田(大阪府岸和田市)の戦いで、実休が討たれ、畠山・根来寺・湯河連合軍が、長慶の居城である飯盛城を包囲する状況となった。久米田の戦いに勝利した当日に、高政は前年に関東管領に就任した上杉謙信に祝儀を送っている。また、従軍した湯河春定はこの勝利を「てんかの御かち」と喧伝した。六角義賢も三好義興に意趣があるが、義輝に他意はないと伝えている。畠山氏・六角氏・上杉氏は自分たちこそが真の後期義輝幕府であると認識し、三好氏を排除しようとしたのである。

義興と久秀は、幕臣の大館晴光の娘を人質に取り、足利義輝を石清水八幡宮寺《いわしみずはちまんぐうじ》に退去させた上で、京都を無血開城した。この際、政所執事伊勢貞孝は義輝や義興に同行せず在京し、六角氏の京都占領に手を貸している。三好氏は両面作戦を放棄して、畠山・根来寺・湯河連合軍に狙いを定め、五月の教興寺《きょうこうじ》（大阪府八尾市）の戦いで、湯河直光を討ち取る大勝利を収めた。また、三好義興は美濃の一色義紀と同盟交渉を進めていたため、六角氏は京都を捨て近江に退去する。この戦いの後、三好氏に敵対した義輝の伯父大覚寺義俊が朝倉義景の許へ逃走し、在京していた伊勢貞孝・貞良親子や大館晴光ら奉公衆も近江坂本へ退去した。細川氏被官の薬師寺《やくしじ》弼長は東国へ落ちたという。九月に三好義興と松永久秀は貞孝を討ち果たした。

教興寺の戦いは、後期義輝幕府が、義輝を擁する三好氏と、近衛一族・奉公衆・畠山氏・六角氏・上杉氏・朝倉氏に分裂して争った帰結であった。戦いの結果、三好氏による畿内近国支配が確立し、三好氏と義輝の対立が再燃し先鋭化していく。永禄六年三月に三好氏は義輝の八歳になる娘（総持寺《そうじじ》殿）を人質に取った。同月には細川晴元、四月には上野信孝と対三好氏強硬派が相次いで死去するが、八月には対幕府協調派の三好義興も死去した。この頃、清水寺《きよみずでら》と本国寺《ほんこくじ》が山の所有権をめぐって争い、義輝に訴え審議されていたが、松永久秀が強硬に介入して、無理やり本国寺の勝訴とする室町幕府奉行人連署奉書を発給させるに至る。十一月には義興の葬礼を、三好氏が深く帰依する大徳寺《だいとくじ》派《は》で南宗《なんしゅ》寺《うじ》住持の大林宗套《だいりんそうとう》が中心となって執行した。この時、将軍が住持の任命権を持ち、事実上の官寺《かんじ》として遇されてきた京都五山《きょうとござん》が、林下《りんか》の大徳寺《だいとくじ》や妙心寺《みょうしんじ》とは同席しない慣例を破り、諸仏事を勤仕させられた。三好氏が保護する大徳寺派が、将軍の葬礼を主催する五山の上に立つ状況に、世間は前代未聞と驚いている。将軍義輝と三好氏の決裂は決定的になっていく。

甲子改元

永禄六年（一五六三）十二月、細川氏綱が死去し、三好氏が配慮すべき人物がいなくなった。そして、三好長慶は、六人いる甥のうち、十河一存と九条稙通《くじょうたねみち》の養女の子義《よし》継《つぐ》（十河重存、三好重存、義重、義継）を後継者に据える。この決定の背景には、武家と公家にまたがる足利・近衛連合へ、三好・九条連合で対抗していこうとする意図がある。さらに松永久秀も嫡子久通（久通、義久、久通）に家督を譲り、久秀は朝廷との交渉、久通は義継の補佐へと役割を分担するようになった。

そして、甲子年にあたる永禄七年に、久秀は義兄で武家伝奏の広橋国光を通じて、朝廷に改元を執奏する。中国から導入された讖緯説《しんいせつ》の「辛酉革命《しんゆうかくめい》、甲子革令《かっしかくれい》（辛酉年に王朝交代がおこり、甲子年に徳を備えた人に天命が下される）」という考え方に基づき、日本では王朝交代を防ぐため、辛酉年は延喜《えんぎ》元年

(九〇一)、甲子年は康保《こうほ》元年(九六四)以降、必ず改元が行われてきたためである。ところが、将軍義輝は、弘治改元と永禄改元に続いて、辛酉年にあたる永禄四年も改元を執奏しなかった。甲子改元は基本的に二月におこなわれるが、義輝が執奏しないのを見て、三月に三好氏が執奏したのである。将軍でも公家でもない三好氏が改元を執奏することは、極めて異例であった。将軍の専権事項を三好氏がおこなったわけであるから、正親町天皇がそれに応じた場合、三好氏を事実上の将軍と認めることになり、義輝の権威は完全に失墜する。天皇は京都で再び戦争が起こることを回避するため、史上初めて改元しないという決断を下した。これが極めて異常であるのは、一世一元制が採用されるまで、甲子年に改元しなかったのは永禄七年のみ、辛酉年に改元しなかったのも永禄四年と元和《げんな》七年(一六二一)だけであることからわかる。

これにより、弘治・永禄・辛酉・甲子と四度の改元機会で、懈怠を繰り返した将軍義輝の怠慢や天皇軽視の姿勢は明白となった。こうした状況に反応したのは、伝統的に京都の将軍に対抗的な関東の将軍であった。足利義氏は北条氏康によって鎌倉に迎えられ、「鎌倉様」と称されるようになると、鎌倉公方基氏《もとうじ》以来の花押《かおう》形を改め、将軍義輝の花押を模倣した形に変更し、書札礼《しょさつれい》も尊大化した。義氏は自らを義輝に代わる将軍に擬していったのである。

永禄の変

三好氏と足利氏の対立が激化の一途を辿る中、永禄七年(一五六四)七月に三好長慶が死去した。しかし、その死は秘匿されており、当時の史料には何も記されていない。

永禄八年五月、三好義継と松永久通は一万の兵を率いて将軍義輝に出仕すると、それぞれ偏諱を受け、「重存」から「義重」、「久通」から「義久」と改名し、義継は左京太夫《さきょうたゆう》に任官した。義輝は三好氏を四職家待遇とし、松永氏を輝字の偏諱を与えた伊達氏・上杉氏・毛利氏より厚遇することで、教興寺の戦い以来の緊張緩和に努め、後期義輝幕府を支えてくれるよう期待した。

ところが同月十九日、義継と久通は、将軍義輝・鹿苑寺《ろくおんじ》周暠《しゅうこう》の兄弟、彼らの母の慶寿院、義輝の側室である小侍従局とその父で三好氏の申次であった進士《しんじ》晴舎《はるいえ》、奉公衆ら三十名余を討ったのである。義輝の外戚である近衛家や久我《こが》家も討たれると噂が流れたが、正親町天皇が三好長逸《ながやす》に御所の庭で酒を下賜して、三好氏の行動を公認すると、騒ぎも収まった。義継はすぐに「義重」から「義継」と改名し、久通は「義久」から「久通」と偏諱を解消する。

京都で白昼堂々と行われた永禄の変は、赤松満祐《あかまつみつすけ》が足利義教《よしのり》を自邸の酒宴に招き暗殺した嘉吉の乱や、明智光秀《あけちみつひで》が織田信長を殺害した本能寺の変のように、不意を襲ったものではなかった。また、室町時代には細川頼之《ほそかわよりゆき》が失脚した康暦《こうりゃく》の政変《せいへん》や伊勢貞親《いせさだちか》が罷免された文正《ぶんしょう》の政変など、将軍の右腕として幕政を主導する有力者の排除を求める御所巻が頻発したが、将軍がそれを拒否して戦死した例はない。そもそも、三好氏が排斥したいほどの政敵がいない。また、義稙《よしたね》流の足利義維《よしつな》・義栄《よしひで》（義親《よしちか》、義栄）父子が阿波から畿内に渡海するのは一年半後のことであり、三好義継が義維か義栄を将軍にすることを目的としていたとも考えられない。そもそも義維が諸大名に認められていなかったのは、義維

45—三好義継画像（京都市立芸術大学芸術資料館所蔵）

幕府段階ですでに明らかであった。

　そうすると、義継の目的は、足利将軍家に取って代わることにあったと考えられる。教興寺の戦い以降、三好氏と足利氏の対立は激化していた。かつて三好元長や長慶は将軍を追放するに止めたが、その時と比べて、義継は桐御紋を拝領し、九条《くじょう》家を外戚とするなど、三好氏の家格は比べ物にならないほど上昇していた。また、三好氏は当時「天下」と称された畿内およびその近国と四国を支配しており、義継は元長や長慶ほど家格秩序や実力の壁を感じていなかったであろう。ただ、三好氏全体がそうした方針で統一されていた訳ではない。久秀は久通が義輝の弟義昭《よしあき》を殺さないよう助命している。三好氏の外交を担ってきた久秀にすれば、将軍を殺せば全て解決できるという義継や久通の安易な発想には、賛同できなかったのであろう。

　六月には、朝廷が預かっていた足利将軍家の重宝である御小袖《おんこそで》という鎧《よろい》を収めた唐櫃《からびつ》について、かつてそれが鳴動すると、足利義教が殺害され、足利義政《よしまさ》にも御所の倒壊の危機を知らせるなどしてきたが、義輝は用心しなかったので運が尽きたと、その不覚悟を嘆く雑談が、山科言継《やましなときつぐ》と幕臣の大和晴完の間で交わされている。世論は義輝への批判へと転じていた。そもそも、義輝が安定的に在京できたのは、将軍在任二十一年のうち、後期義輝幕府の六年半に過ぎない。在京時でさえ、義輝は改元以外も、天皇に懈怠を続けていた。特に禁裏《きんり》の修理をめぐって、天皇と将軍の対立は深かった。永禄七年に松永久秀・久通父子が禁裏の修理を請け負ったが、同時に義輝が将軍御所の堀の造営費を京都に賦課したため、禁裏の修理費を辞退する者が続出し、永禄八年二月には延引に追い込まれている。正親町天皇にとって、義輝は自分ばかりを優先し将軍としての責務を果たさず、天皇を蔑ろにする存在であった。天皇もそんな義輝を足利将軍で唯一、従三位に昇進させなかった。

これに付け込んだのが、三好氏であった。義輝在国時の弘治二年(一五五六)にも、後奈良天皇は長慶と久秀に禁裏の修理を命じ、両者はこれに応えている。義継が義輝を討った永禄八年七月には、正親町天皇が義継と久秀に禁裏の修理を命じる綸旨を下したが、これは三好氏の宿老たちが事前に協議した上で、前もって申し出ていたものであった。この時、正親町天皇の長男である誠仁親王《さねひとしんのう》の元服《げんぶく》費用も議題になっており、将軍の不在や怠慢を機に朝廷と三好氏は結合を深めていた。

その結果、十月になると、朝廷は三好氏の要請に応じて、源氏《げんじ》の嫡流であるとともに、北朝天皇を護持する将軍の象徴として神聖視され、足利将軍家が代々受け継いできた御小袖の唐櫃を下賜した。天皇は三好義続を足利将軍家の継承者として認める方針を示したのである。

三好三人衆と松永久秀の対立

永禄の変の約一か月後の永禄八年（一五六五）六月、畠山高政から家督を継承していた秋高（政頼、秋高）の命令を受けた安見（遊佐）宗房が、上杉謙信の宿老である河田長親と直江景綱に、共闘を呼びかけている。宗房は「天下諸侍御主」である義輝が討たれたのは無念として、弔い合戦を訴えた。また、越前に亡命していた大覚寺義俊も、「天下御再興」は名誉であると謙信に率兵上洛を促し、宗房は秋高も挙兵すると伝えている。宗房や義俊が期待を寄せたのは、永禄改元を受けて上洛した上杉謙信や織田信長、使者を上洛させた朝倉義景や、義輝の義弟武田義統であった。彼らは将軍を中心とする秩序の維持を望み、将軍家の藩屏であった。永禄の変は、永禄改元にみる三好氏と将軍義輝の対立の延長線上にあった。それゆえ、義輝の対三好氏政策を元に、足利将軍家や幕府の再興が図られたのである。平時には薄らいでいた将軍への意識は、永禄改元や永禄の変といった急進的な変化によって、急激に呼び覚まされた。ただ、上杉氏は武田氏や北条氏、本願寺と対立して上洛できず、美濃一色氏が三好氏と同盟していたため、織田氏も動けなかった。

しかし、事態は急転する。朝倉義景の調略により、七月に久秀に助命された足利義昭が奈良を脱出し、近江の和田城（滋賀県甲賀市）に逃れたのである。八月には久秀の弟の内藤宗勝が荻野直正に敗れて討死し、三好氏は丹波を失った。大覚寺義俊は、義昭を自陣営に迎えたことで「公儀《こうぎ》御家督」が定まったと喜び、謙信に上洛を促す。宗房も丹波の荻野直正や紀伊の根来寺と連携した。義昭自身も武田氏・上杉氏・島津氏・相良《さがら》氏に支援を求め、矢島（滋賀県守山市）にまで進出しており、十月には丹波では波多野氏が、河内南部では畠山氏、大和では多武峰が軍事行動を開始する。

松永久秀は奸臣で専横な振る舞いがあったから、三好氏から排除されたとイメージされがちであるが、それらは江戸初期の創作であり、実際は異なる。久秀・宗勝兄弟の相次ぐ失態が原因で、三好氏は窮地に追い込まれてしまったため、長慶以来の宿老である三好長逸と、旧細川晴元方の被官の中心人物である三好宗渭、これに畿内出身の被官の代表であった松永氏の地位を引き継ぐことになる石成《いわなり》友通《ともみち》が、久秀の責任を問い糺し、三好義継に迫って排除するに至ったのである。

足利義昭と織田信長の上洛の構図

永禄八年（一五六五）十一月、三好長慶以来、畿内近国を支配してきた三好本宗家は、三好三人衆と松永久秀に分裂した。久秀は失脚したが、松永氏の私領として家臣が在番する滝山《たきやま》城をはじめ、下郡《しものこおり》の支配拠点である越水《こしみず》城、久秀の与力《よりき》今村氏の拠点である勝龍寺《しょうりゅうじ》城（京都府長岡京市）と、同じく小泉氏の居城である西院《さいいん》城（京都市右京区）、さらには、故細川氏綱の旧臣が守る淀《よど》城と氏綱《うじつな》の弟藤賢《ふじかた》が在城する堀城（大阪市淀川区）など、畿内の広範な領主が久秀に味方した。さらに、畠山秋高と足利義昭が久秀と同盟する。義昭にとって、久秀は命の恩人であった。永禄九年四月、義昭は還俗して「義秋」を名乗り、左馬頭に任官する。

これに対して、三好実休以来、四国を支配してきた阿波三好家の当主で実休の長男長治《ながはる》とその宿老の篠原長房《しのはらながふさ》は、三好三人衆方を支援し、六月に摂津へ渡海した。そして、同月のうちに、義継と長逸が二年間秘匿してきた長慶の葬礼を執行し、その正当性を示した。八月になると松永方の諸城をほとんど攻略し、畠山氏や根来寺も、久秀を見限って和睦に応じている。足利義昭は伊賀の仁木長頼に松永方の勝龍寺城への援軍を命じており、織田信長も伊勢から大和に救援に向かおうとしていたが、間に合わなかった。九月、義昭は越前に退去すると、入れ替わるように足利義維・義栄父子が越水城に入城する。義栄は無位無官ながらも、伊予の河野通宣に御内書を発給し忠節を求めた。十二月になると富田《とんだ》（大阪府高槻市）に移り、義昭と同等の従五位下左馬頭に叙任される。戦況は三好三人衆方の圧倒的優位に進んでいた。

ところが、永禄十年二月、三好義継が突如出奔し、松永久秀と同盟したのである。元々、義継は三好三人衆のクーデターによって、久秀と対立することになっただけで遺恨はなかった。むしろ、義輝を殺害した義継と、病中の義維に代わり、義栄を将軍に擁立しようとする篠原長房との間には、政権構想において大きな隔たりがあった。こうした混乱に厭きた畿内の人々は、ついに三好氏を見放していく。同月や十月には、京都の真如堂《しんにょどう》で足利義輝を供養する仏事や風流踊が盛大に催された。

ここに、三好三人衆・阿波三好家・筒井順慶・一色義紀・河野通宣によって構成される義栄幕府と、畠山秋高・三好義継・松永久秀・朝倉義景・武田義統・織田信長・上杉謙信・三木良頼・毛利元就によって構成される義昭幕府が概ね成立した。義継と義昭の間には葛藤がありそうであるが、歴代の室町将軍は弟たちを必ず僧籍に入れて、その政治的生命を絶ってきたことを踏まえれば、義継が義輝を殺害したおかげで、義昭が将軍になれるわけである。八月、一色義紀を追放して美濃を平定した織田信長は、「天下布武」印を使い始める。戦国時代には多くの場合、天下は五畿内を意味することから、信長が自らの武力による全国統一を表明したものではなく、畿内を平定して、義昭幕府の建設をめざすことを表明したものに他ならない。信長の「天下布武」は、畠山秋高や安見宗房が上杉謙信に標榜した「天下御再興」の延長線上にあった。

十月には、久秀が東大寺大仏殿に陣取る三好三人衆に夜襲をかけて、これを撃退した。信長もこれに呼応して、十二月に大和北部や山城南部の武士に朱《しゅ》印状《いんじょう》を一斉に発給し、多聞山城の久秀・久通父子に結集するよう伝えている。

この頃、足利義栄《よしひで》の将軍宣下《しょうぐんせんげ》に向けた交渉は膠着しており、それを打開するため、義栄が娘を誠仁《さねひと》親王に進めるという前代未聞の奇策も飛び出した。また、義輝が起用した摂津《せっつ》晴門《はるかど》に、世襲してきた政所執事を奪われた伊勢貞為《さだため》を復権させ、幕臣の整備を進めた。その結果、永禄十一年二月、義栄は上洛す

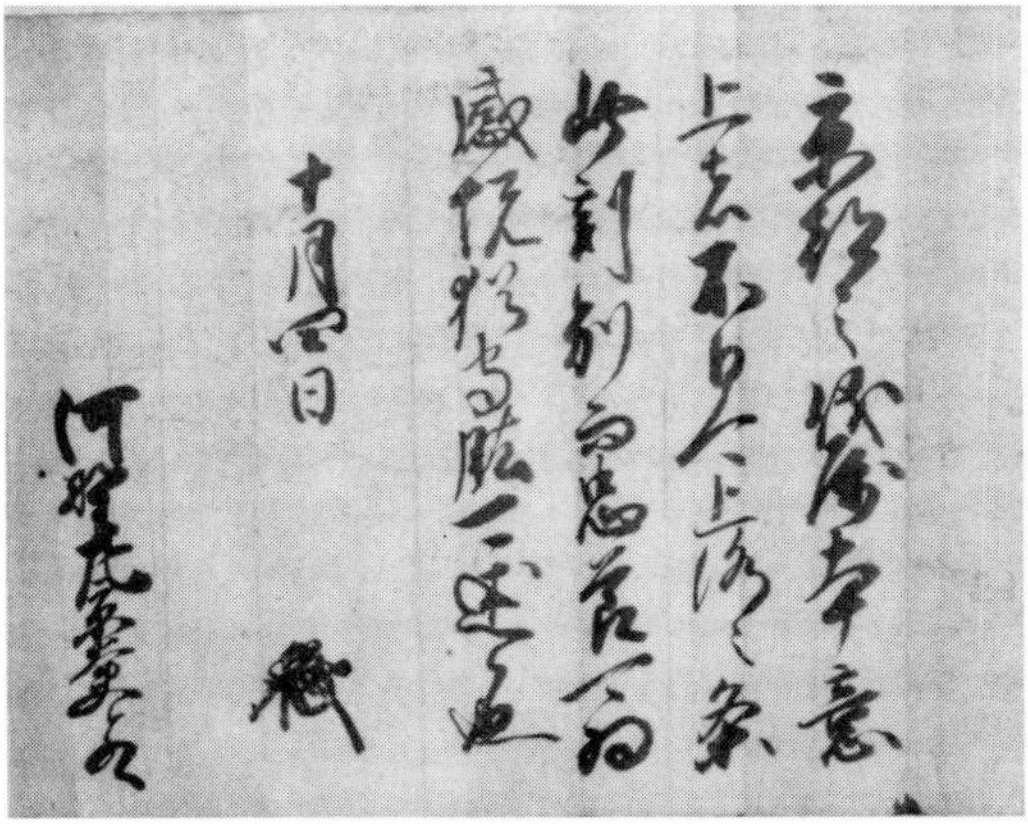

46—二神家文書・足利義栄御内書・10月4日付（神奈川大学日本常民文化研究所所蔵）

ることなく、摂津の富田に在国のまま将軍宣旨《せんじ》を受けることになる。

これにより、義栄幕府と義昭幕府の戦争は不可避となった。義栄は三好長逸を御供衆に加え、取り込みを図ったが、長逸は久秀との対立上、義栄を擁する篠原長房と結んだだけで、義栄を将軍に就ける気はなかったようだ。長逸は六角義賢より、足利義昭と朝倉義景、織田信長の情報を得ており、長逸自身も同盟する一色義紀の旧臣で信長に仕えていた稲葉《いなば》一鉄《いってつ》を通じ、信長とも交渉を続けていた。

四月に朝倉義景を加冠役として元服し「義秋」から「義昭」と改名した義昭は、七月に美濃の信長を頼る。八月には、三好三人衆と信長の双方から誘われた六角義賢が、信長から人質を出すよう要求されたことに怒り、信長への敵対を決意した。九月、義昭は信長を従えて美濃を出陣するが、これは信長だけではなく、大和の松永久秀や、中国地方の村上武吉・毛利元就と示し合わせたものであった。このため、義栄幕府は久秀に対抗するために木津平《きづひら》城（京都府木津川市）へ三好宗渭を、武吉や元就との戦いのために本太《もとふと》城（岡山県倉敷市）へ阿波三好家の軍勢を割かねばならなかった。それに加えて、将軍義栄自身が病床にあって九月末に死去しており、主力である篠原長房の軍勢の士気が上がらなかった。

信長は六角氏を破ると入京することなく、三好本宗家の居城であった芥川山城に進んだ。三好長逸や篠原長房は戦うことなく退去したため、信長はこれを接収する。義昭と信長は芥川山城において同盟する松永久秀や三好義継と会し、領国の配分をおこなった一方、敵対した筒井順慶の降伏を許さず追討した。これまで、信長が独力で上洛を果たし、久秀や義継を降伏させたと理解されてきたが、それは全くの事実誤認で、『信長公記』を無批判に利用してきた弊害である。

十月、足利義昭は京都に入って将軍就任を果たし、畿内近国では織田信長・三好義継・松永久秀・畠山秋高、遠国では上杉謙信や毛利元就を構成員とする前期義昭幕府が発足した。能登《のと》の畠山義綱《よしつな》（義胤《よしたね》、義綱）はこれを「天下之名誉」と称え、医師の曲直瀬道三《まなせどうさん》に近江や京都、南方の情報を求めている。

その近江には二度の将軍親征を退けた時と同じ戦術をとる六角義賢・義弼《よしすけ》親子が蠢動し、南方すなわち四国には決定的打撃を受けなかった三好三人衆と篠原長房の軍勢が無傷で温存されていた。また、越前や若狭には義昭を庇護しながらも、軍勢催促には従わなかった朝倉義景や武田義統《よしむね》を抱えたままでの前途多難な幕府再興であった。

統一政権の前提——エピローグ

「天下」とは、日本全国を漠然と指す用例よりも、将軍の体現する秩序、京都、大名の管轄する「国」とは区別される畿内、世論を形成する公的な場として使用された。

「天下」の変革

応仁の乱や明応の政変を経て、将軍家や管領家、幕府は分裂していく。このため、十六世紀前半は、分権化が進んだことは間違いない。ただ同時に、前将軍やその子弟といった将軍並の貴種が、室町殿《むろまちどの》御分国《ごぶんこく》を頻繁に廻国する状況が生まれる。足利義視《あしかがよしみ》は応仁の乱後に美濃に下った。その子の義稙《よしたね》は美濃から上洛して将軍になるも、明応の政変で越中に逃れ、しばらく越前で上洛の機をうかがっている。その後、周防に迎えられ将軍に再任した。再度京都を追われると今度は淡路や阿波に在国し、三度目の将軍就任を望んだ。義稙と将軍を争った義澄《よしずみ》は近江に退去し、その子の義晴《よしはる》は播磨で育った。義晴もたびたび京都を追われ近江に在国し、義輝《よしてる》は近江で将軍になる。義澄の子で義稙の養嗣子となった義維《よしつな》は、阿波から堺に渡海するが将軍になることはできず、その子の義栄《よしひで》が摂津で将軍に就任した。

義輝の弟義昭は越前に逃れ、その後美濃へ赴いた。

彼らを迎えた大名や国人は、幕府盛期とは異なり、自らの分国において、足利将軍家の権威や秩序、その文化に親しく接することができたのである。また、主家に代わり国主となった大名は、永禄改元《えいろくかいげん》や永禄の変を受けて、幕府再興の意識を高めた。将軍や幕府が大きな危機に瀕すると、むしろ中央へ集権化する意識が強まっている。強制力としての幕府権力は衰退したが、将軍の体現する秩序としての「天下」は、むしろ京都や畿内から拡大しつつあったのである。

国内を統一した地方の大名たちは、柴屋軒宗長《さいおくけんそうちょう》や谷宗養《たにそうよう》など連歌師《れんがし》や、三条西実隆《さんじょうにしさねたか》、清原宣賢《きよはらののぶかた》・枝《しげ》賢《かた》といった公家らとの交流だけでなく、宇治茶などの物産をも求め、京都の文化を旺盛に吸収していった。また、京都や畿内に本山を置く禅宗や法華宗、浄土真宗の教線も、日本全国を取り結び、日本列島だけでなくアジアとの人や物の移動までも活性化させていく。それゆえに地方の末寺の相論は、現地の大名のみで解決できず、裁許を求めて中央に持ち込まれていた。中央と地方のつながりは、再生産されていったのである。

京都盆地から大阪平野へ

十六世紀中葉になると、京都の卓越した地位にも動揺が起こる。この時期に民衆に広く受容された戦国仏教は、顕密《けんみつ》仏教や五山《ござん》禅宗とは異なり、経済基盤としての荘園を持たず、多くの檀那によって支えられていた。また、門徒や信徒の生業や遠隔地流通にも大きな影響を与えている。ところが、山科本願寺《やましなほんがんじ》が滅亡し、天文法華《てんぶんほっけ》の乱が起こった。また、キリスト教宣教師も京都から排除された。

京都盆地から追放された新しい宗教を受け入れたのは、大阪平野である。本願寺は本山を大坂に移し、浄土真宗系寺内町《じないまち》群に君臨しつつも、非門徒も居住し、唐船《からぶね》が来航する大坂寺内町を建設した。法華宗の諸本山寺院が避難したのは、堺であった。これらは、後に京都へ還住《げんじゅう》するが、永禄の規約に見えるように、堺にも中本山級の寺院群があり京都と同様に結合体を有している。また、尼崎《あまがさき》には、都市共同体を経済的に支配する法華宗系寺内町が建設された。兵庫津ではこの時期に台頭した豪商が、江戸時代の都市共同体を主導していく。

琉球《りゅうきゅう》貿易に関与する堺の豪商が、京都の大徳寺《だいとくじ》を支えていたし、飯盛城西麓の三箇（大阪府大東市）や岡山（大阪府四條畷《しじょうなわて》市）には、京都や堺からもキリシタンが集まる教会が設けられた。浄土真宗本願寺派、法華宗日隆《にちりゅう》門流、臨済宗大徳寺派、キリスト教は、海外貿易にも積極的で、従来の官製貿易が崩壊し、新たにヨーロッパ人が参加する東アジアの変動に対処していった。

首都京都を支えていた諸要素は、大阪平野へ移りつつあった。こうした動向を後押しする形で、大阪平野に進出したのが、三好氏であった。在京志向を持たなかった三好氏は、浄土真宗や法華宗の寺内町の町立《まちだて》を支援し、迫害されたキリスト教を保護し、布教を公認した。堺においては会合衆と結び、南宗寺《なんしゅうじ》や妙国寺《みょうこくじ》が造営された。政治・経済・宗教の結節点を作り出し、十六世紀に生まれた新たな発展性を涵養したのである。

そうした変化が、最も先鋭的に反映されたのが、細川氏と畠山氏の境界地域である淀川《よどがわ》左岸であった。幕府を支える大荘園が存在し、細川氏が河内十七箇所を、畠山氏が摂津闕郡《かけのこおり》をお互いにたびたび占領するなど、不安定な地域であった。ここに堺や大坂が発展し、両管領家を股に掛けて台頭する木沢長政《きざわながまさ》や、両管領家の領国を合わせて支配した三好長慶が居城とする飯盛城が存在した。

長慶と信長、そして久秀

天文の一向一揆と法華一揆を経た後の天文十年代から永禄初年にかけて、大きな変革期を迎える。在地社会ではさまざまな形で共同体が形成されていくが、それを主導する侍衆や豪商などの淘汰《とうた》が始まり、より新興の階層を排除するのか、受容して再編に向かうのか決断を迫られていた。そうした危機を乗り越え、地縁的な都市や村落共同体が明確な形で姿を見せ始める。従来は「地下中」「名主百姓中」宛であっても、その文書は京都の荘園領主や在地の寺社に手交され保管されていた。しかし、この時期より畿内でも、「惣中《そうちゅう》」宛の文書が江戸時代に続く庄屋《しょうや》や、共同体による共有文書として、保管されるようになる。自治を担う庄屋・年寄層や共同体が、半永続的な性格を持ち始め、幕府や三好氏はこれらへと支配対象を拡大していった。

また、戦争の枠組みも大きく変化する。足利将軍家や細川・畠山両管領家の分裂による戦争は克服され、義澄流足利氏と政長流畠山氏の勝利が確定し、高国流と澄元流の両細川氏が統一された。ところが幕府の政務は、将軍及びその側近と政所執事《まんどころしつじ》伊勢氏に分裂したままであり、主家細川氏の後見人や足利将軍家の直臣としての地位を固めた三好長慶は、将軍義輝の側近政治を戒め、幕府再建に取り組む。しかし、決裂すると義輝を追放し、「御造意」「御天罰」と批判して、自身が「京都御静謐」を担うと表明した。三好氏の動きは畿内近国に留まらず、宗教的な相論を通じて、直接利害関係のない出雲や上総といった遠国の大名や国人の政策にまで介入し始める。それは中途半端な調停ではなく、天皇の裁許を片手落ちと批判しやり直しを求めたり、私領への干渉は仁者ではないと非難されたりしても、三好氏の意向で決着させるものであった。

将軍義晴や義輝の在国は常態化していたが、長慶は戦国時代で初めて足利将軍家を擁立せず、在国のまま京都を支配した。義輝が四度の改元機会にあたって、天皇への勤任を怠り、天皇や首都の都市民を守護せず、我が身一人を守る築城に勤しむ中、長慶は天皇家に由来する桐御紋《きりのごもん》を得て、南朝遺臣楠氏の勅免《ちょくめん》や甲子《かっし》改元の執奏など、北朝天皇を護持する足利将軍家の正当性を揺るがし、義輝の娘を人質にするなど、現実の力関係を可視化していく。その行き着く先が、永禄の変であり、天皇が足利将軍家の象徴である御小袖の唐櫃を三好氏に授けた将軍家の交代であった。

このような三好長慶・義継と後期義輝幕府の関係は、織田信長と前期義昭幕府の関係を規定していく。信長は桐御紋や准管領待遇の裏書御免《うらがきごめん》などの栄典を授与されると、在国のまま幕府再建に取り組み、将軍義昭の側近政治を諌め、「天下御静謐」を担うべく、殿中掟《でんちゅうおきて》や条書《じょうしょ》を定めた。しかし、決裂すると、天皇の改元要求に従わない義昭に対して、義輝を先例に挙げ批判した。信長は三好氏を先例として将軍の「御謀叛《ごむほん》」と認定し、義昭を追放すると、天正《てんしょう》改元を執奏する。この頃より、松永久秀

47—松永久秀画像（高槻市立しろあと歴史館所蔵）

被官の楠正虎は信長の右筆《ゆうひつ》に登用される。織田氏が三好氏を越えた新政策を打ち出すのは、権大納言に任じられ公卿になると、義満・義持・義政・義尚・義晴と足利将軍家の家長が任官した右近衛大将を兼ね、義昭の子義尋の擁立を放棄して以降であった。

長慶も信長も、一門や譜代の宿老に依存せず、新たに取り立てた被官を重用し、自らが家中《かちゅう》で突出した主導的地位を築きあげた。そうした構造は、長慶が勝瑞《しょうずい》から越水《こしみず》、芥川《あくたがわ》、飯盛《いいもり》へ、信長が那古《なご》野《や》から清洲《きよす》、小牧《こまき》、岐阜《ぎふ》、安土《あづち》へと、領国拡大や政治課題に応じて、つぎつぎと居城を移していくことを可能にした。

ただ、三好氏が長慶死後の分裂の中で、義栄や義昭を擁したように、織田氏も信長死後の内紛の中で、羽柴秀吉や柴田《しばた》勝家《かついえ》、徳川家康《とくがわいえやす》が義昭を擁立しようとしており、足利将軍家を中心とする秩序の克服には、なお時間を必要としていた。

そのような家格《かかく》や身分秩序が根強く存在する中で、前代未聞の出世を遂げたのが、父親段階までは活動の痕跡も見えず、土豪層の出身とされる松永久秀である。戦国時代に低い身分の被官を登用する際には、大名の一門や宿老の名跡を継がせていた。武田《たけだ》氏は真田昌幸《さなだまさゆき》に一門の武藤姓を与え、上杉《うえすぎ》氏は樋口兼続《ひぐちかねつぐ》に宿老の直江《なおえ》氏を継がせた。織田氏では木下秀吉が羽柴《はしば》姓、明智光秀が惟任《これとう》姓と、織田家中とは全く関係のない姓に改めることで、従来の家格を棚上げする。しかし、久秀は松永姓のまま出世を重ねていき、天皇の相婿《あいむこ》となり、将軍の直臣格である御供衆《おともしゅう》だけでなく、将軍義晴《よしはる》が最も信頼し、天下の執権《しっけん》と認められていた六角定頼《ろっかくさだより》の官職《かんしょく》である弾正少弼《だんじょうのしょうひつ》に任官すると、将軍義輝と同じ従四位下に叙せられ、主家である三好氏と同様に桐御紋の使用を免許された。

従来、このような久秀の動向は、傲慢《ごうまん》さや主家を壟断《ろうだん》するものと解釈されてきたが、実際には長慶の意向に背いたことはなく、義継を支え主家の復興に尽くしている。下剋上の意味は、主家乗っ取りなどに矮小化《わいしょうか》すべきではなく、社会通念であった身分秩序の流動化や変革に求めるべきであり、信長や秀吉の出現は、そうした変革の延長線上におくことができよう。

あとがき

企画編集委員の池享・久保健一郎さんからお声かけいただき、本シリーズに参加することになり、私にとってはじめて通史を書く機会となった。時期や地域で分かれた全九巻のうち、担当することになったのは、十六世紀前半の近畿地方と中部地方西部である。

私は修士論文以来、三好氏を中心に畿内戦国史を研究し、対象とする時代は天文から天正年間（一五七三～九三）であったから、時期的には遡ることになった。多少戸惑いはあったものの、大学院の先輩や後輩には、まさしく担当する時期と地域を研究している方が多く、院の遠足や合宿でも訪れたこともあったので、お引き受けすることができた。

多くの読者にとって、明応の政変を引き起こした細川政元が暗殺され、織田信長が上洛するまでの畿内近国のイメージはどのようなものであろうか。「ない」というのが普通で、「同じような名前の将軍や守護が敵になったり、味方になったりして、よくわからない」というのがかなり詳しい方の率直な感想であろう。理由は多々あると思われるが、一つは、応仁の乱で中央の室町幕府が衰退したため、地方で戦国大名が割拠し、その一人の信長が上洛して統一政権を形成していくという教科書的な理解の結果、畿内近国に対する興味関心が失われたことにあるのではないか。すなわち、畿内近国は、応仁の乱によって荒廃し、信長の占領下でようやく復興した。また、この地域の大名はみな、信長に滅ぼされたといったステレオタイプな描かれ方が今もって多い。いわば、信長の引き立て役である。

そもそも、日本史に関心のない層にとっては、戦国時代とは信長の登場以降のことで、応仁の乱の次は桶狭間の戦い、ないし信長上洛である。ある公立大学で授業後に回収した感想ペーパーを確認すると、「応仁の乱で室町幕府は滅んでいなかったと知りました」や、「信長が室町幕府を滅ぼし、戦国時代が始まったと思っていました」とあって、信長以前の畿内近国の印象のなさを思い知らされる。

学界では畿内政治史について、今谷明氏が幕府の畿内政権化、細川氏の畿内領国化、京兆専制といった論点で整理して以降、それを相対化し乗り越えようとする形で、研究は進化してきた。地域支配を放棄しない幕府の志向、全国を覆う家格秩序の存在、足利将軍家や幕府の独自性、畠山氏や六角氏、三好氏をはじめ、赤松氏・若狭武田氏・朝倉氏・能登畠山氏・美濃一色氏・北畠氏といった大名の地域支配がつぎつぎと明らかにされてきている。

確かに彼らの関係は、時に複雑怪奇で簡単に読み解けるものではない。そこで本巻では仮説的に、「前期（後期）＋将軍名＋幕府」といった形で説明を試みた。少しでも理解しやすくなっていれば、幸いであるのだが。

また、武家が中心となる近世社会からすると、畿内を拠点とする公家や寺社は、良く言えば伝統的、

悪く言えば保守的で克服すべき対象として単純化されやすい。信長と延暦寺の描かれ方は、その典型かもしれない。しかし、顕密仏教の平泉寺が残した美しい石畳道や、戦国仏教の法華宗や禅宗のワールドワイドな活動を見ても、粛々と政務をおこなう天皇や、家領再建に尽力し新たな基盤を模索する公家の苦悩を見ても、退廃的などとはとても評価できない。つぎつぎと襲い来る、前例の通じない出来事に対して、営々と努力を積み重ねている。努力しなかったから、衰退したかのような、変な自己責任論では片づけられない。

絶え間のない戦争や、地域そのものを破壊しかねない自然災害を生き抜くため、人々は都市共同体や村落共同体に結集していく。しかし、没落する者や粛清される者も後を絶たず、一揆もさまざまな内部規制と隣り合わせであった。そうした状況下であっても、飽くなき身分上昇の機運がみなぎっていた。一晩で全財産を失いかねない世の中であるのに、商人は社会貢献を考え（まさしく有徳人）、学者は秘伝にこだわらず、新たに台頭する階層の知的欲求に応えようとする。

日本だけではなく、東アジアの変動を恐れず受容し、鉄炮を背中に担ぎ、漁船を繰り出し、茶の湯でキリスト教宣教師をもてなす、好奇心に満ち溢れた新しい武士が闊歩した。この時代の風潮を示す下剋上とは、主家乗っ取りなどに矮小化されたものではなく、家格秩序や身分の変革を目指す運動となる。そして、将軍や幕府なき世を現出していく。畿内近国は、信長や秀吉といった外圧ではなく、内発的な発展の結果として、ポスト室町幕府の社会を準備していたのである。

本巻は、多くの先行研究の成果の上に成り立っている。本文の中では逐一誰の成果に依拠しているかは、煩雑になるため明示しなかった。巻末の参考文献も紙幅の関係上、一部の著書に絞り込んでいる。書店などで手に入りそうなものを優先させてもらった。挙げ切れなかった研究論文や、一般書は多数あるが、ご海容願いたい。読者にはお手数だが、参考文献の註からどんどん遡っていって欲しい。

また、自治体史の史料編や通史編は、さまざまな切り口から地域社会の姿を明らかにしてきた。博物館や資料館も、毎年有無を言わさず削減されていく予算の中で、地域に生きた人々の姿を、工夫を凝らして展示している。優れた自治体史や図録も枚挙に暇なく、出版社から刊行し、インターネットや書店で売れば、ベストセラーになるものも少なくないだろう。しかし、近年はそうした文化財行政を担う人や学芸員を嘲弄し軽んずる発言も増え、そうした道を志す学生を戸惑わせ、悲しませているのは嘆かわしい。自治体史や図録にも、本巻は多いに助けてもらった。

多くの研究成果を活かしきれたかどうか、はなはだ心もとないが、畿内近国の豊かな実像を、少しでも感じて貰えればありがたい。

二〇二〇年六月二日

天野忠幸

参考文献

天野忠幸『三好長慶　諸人之を仰ぐこと北斗泰山』（ミネルヴァ書房、二〇一四年）
天野忠幸『増補版　戦国期三好政権の研究』（清文堂出版、二〇一五年）
天野忠幸『松永久秀と下剋上　室町の身分秩序を覆す』（平凡社、二〇一八年）
天野忠幸編『松永久秀　歪められた戦国の〝梟雄〟の実像』（宮帯出版社、二〇一七年）
石原比伊呂『足利将軍と室町幕府』（戎光祥出版、二〇一八年）
伊藤幸司『中世日本の外交と禅宗』（吉川弘文館、二〇〇二年）
今谷　明『言継卿記　公家社会と町衆文化の接点』（そしえて、一九八〇年。二〇〇二年に講談社学術文庫『戦国時代の貴族　『言継卿記』が描く京都』として再版）
内堀信雄・鈴木正貴・仁木　宏・三宅唯美編『守護所と戦国城下町』高志書院、二〇〇六年）
大澤研一『戦国・織豊期大坂の都市史的研究』（思文閣出版、二〇一九年）
岡野友彦『戦国期貴族の生き残り戦略』（吉川弘文館、二〇一五年）
勝山市編『白山平泉寺　よみがえる宗教都市』（吉川弘文館、二〇一七年）
河内将芳『中世京都の民衆と社会』（思文閣出版、二〇〇〇年）
神田千里『戦国時代の自力と秩序』（吉川弘文館、二〇一三年）
鍛代敏雄『戦国期の石清水と本願寺　都市と交通の視座』（法蔵館、二〇〇八年）

木下　聡『斎藤氏四代　人天を守護し仏想を伝えず』（ミネルヴァ書房、二〇二〇年）
木下　聡編『若狭武田氏』（戎光祥出版、二〇一四年）
木下昌規編『足利義晴』（戎光祥出版、二〇一七年）
木下昌規編『足利義輝』（戎光祥出版、二〇一八年）
久留島典子『日本の歴史　一三　一揆と戦国大名』（講談社、二〇〇一年）
黒島　敏『中世の権力と列島』（高志書院、二〇一二年）
小島道裕『洛中洛外図屏風』（吉川弘文館、二〇一六年）
小谷利明『畿内戦国期守護と地域社会』（清文堂出版、二〇〇三年）
小谷利明・弓倉弘年編『南近畿の戦国時代』（戎光祥出版、二〇一七年）
新谷和之『戦国期六角氏権力と地域社会』（思文閣出版、二〇一八年）
末柄　豊『戦国時代の天皇』（山川出版社、二〇一八年）
銭　静怡『戦国期の村落と領主権力』（吉川弘文館、二〇一八年）
谷　晃『茶会記の研究』（淡交社、二〇〇一年）
高木久志『撰銭とビタ一文の戦国史』（平凡社、二〇一八年）
谷口雄太『中世足利氏の血統と権威』（吉川弘文館、二〇一九年）
中世都市研究会編『「宗教都市」奈良を考える』（山川出版社、二〇一七年）
鶴崎裕雄『戦国の権力と寄合の文芸』（和泉書院、一九八八年）
長澤伸樹『楽市楽座はあったのか』（平凡社、二〇一九年）
仁木　宏『京都の都市共同体と権力』（思文閣出版、二〇一〇年）

仁木　宏・福島克彦編『近畿の名城を歩く　大阪・兵庫・和歌山編』（吉川弘文館、二〇一五年）
仁木　宏・福島克彦編『近畿の名城を歩く　滋賀・京都・奈良編』（吉川弘文館、二〇一五年）
日本史史料研究会監修・神田裕理編『戦国時代の天皇と公家衆たち』（洋泉社、二〇一五年）
日本史史料研究会監修・平野明夫編『室町幕府全将軍・管領列伝』（星海社、二〇一八年）
馬部隆弘『戦国期細川権力の研究』（吉川弘文館、二〇一八年）
長谷川裕子『戦国期の地域権力と惣国一揆』（岩田書院、二〇一六年）
福井県郷土誌懇談会編『越前・若狭の戦国』（岩田書院、二〇一八年）
福島克彦『戦争の日本史　一一　畿内・近国の戦国合戦』（吉川弘文館、二〇〇九年）
古野　貢『中世後期細川氏の権力構造』（吉川弘文館、二〇〇八年）
本願寺史料研究所編『増補改訂　本願寺史　第一巻』（本願寺出版社、二〇一〇年）
水野智之『室町時代公武関係の研究』（吉川弘文館、二〇〇五年）
宮島敬一『浅井氏三代』（吉川弘文館、二〇〇八年）
村井祐樹『戦国大名佐々木六角氏の基礎的研究』（思文閣出版、二〇一二年）
元木泰雄・松園斉編『日記で読む日本中世史』（ミネルヴァ書房、二〇一一年）
矢田俊文『中世の巨大地震』（吉川弘文館、二〇〇九年）
山岸常人『歴史のなかの根来寺』（勉誠出版、二〇一七年）
山田康弘『足利義稙　戦国時代に生きた不屈の大将軍』（戎光祥出版、二〇一六年）
弓倉弘年『中世後期畿内近国守護の研究』（清文堂出版、二〇〇六年）
渡邊大門『戦国時代の貧乏天皇』（柏書房、二〇一二年）

系図

細川氏略系図

京兆家

- 頼元
  - 満元
    - 持之
      - 勝元
        - 政元
          - 高国（養子）
            - 稙国
            - 北畠晴具室
            - 山名豊定室
          - 澄之（九条政基子）（養子）
          - 澄元（養子）＝澄元後家＝畠山尚順
            - 晴元＝六角定頼女
              - 信良＝織田信秀女
              - 朝倉義景室
            - 持隆
            - 畠山義堯室
        - 赤松政則室（洞松院）
    - 持賢（典厩家）

典厩家

- 持賢
  - 政国（養子）
    - 政賢（養子）
      - 澄賢
        - 晴賢
      - 尹賢（養子）
        - 氏綱＝

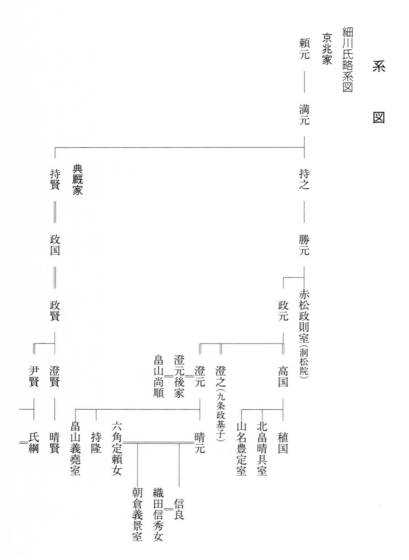

- 畠山尚順女＝（藤賢）
- 藤賢

野州家

- 満国
  - 持春
    - 教春
      - 政春
        - 畠山尚順室
        - 高国
        - 晴国
      - 春倶
        - 尹賢
        - 高基
    - 政国

阿波守護家

- 義之＝満久
  - 持常＝成之
  - 教祐
    - 成之
      - 政之
      - 義春
        - 澄元
        - 之持＝持隆（持隆＝大内義興女）
          - 真之
- 大内義興女＝足利義維
  - 足利義栄

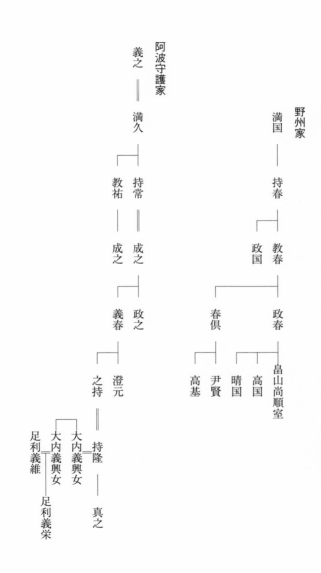

畠山氏略系図

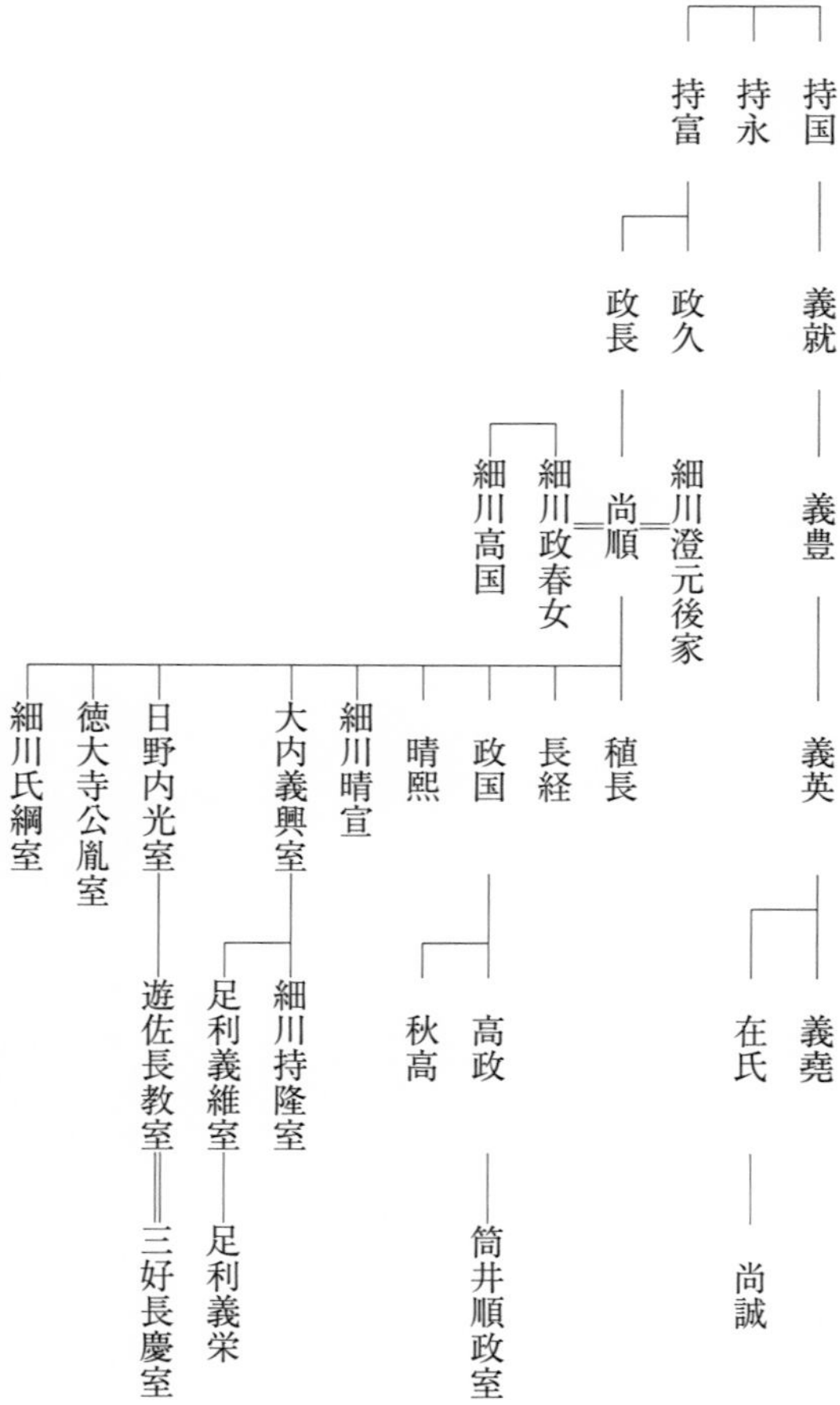
持国
持永
持富
義就
政久
政長
義豊
細川澄元後家
尚順
細川政春女
細川高国
義英
稙長
長経
政国
晴熙
細川晴宣
大内義興室
日野内光室
徳大寺公胤室
細川氏綱室
義堯
在氏
高政
秋高
細川持隆室
足利義維室
遊佐長教室
尚誠
筒井順政室
足利義栄
三好長慶室

足利氏と近衛氏の略系図

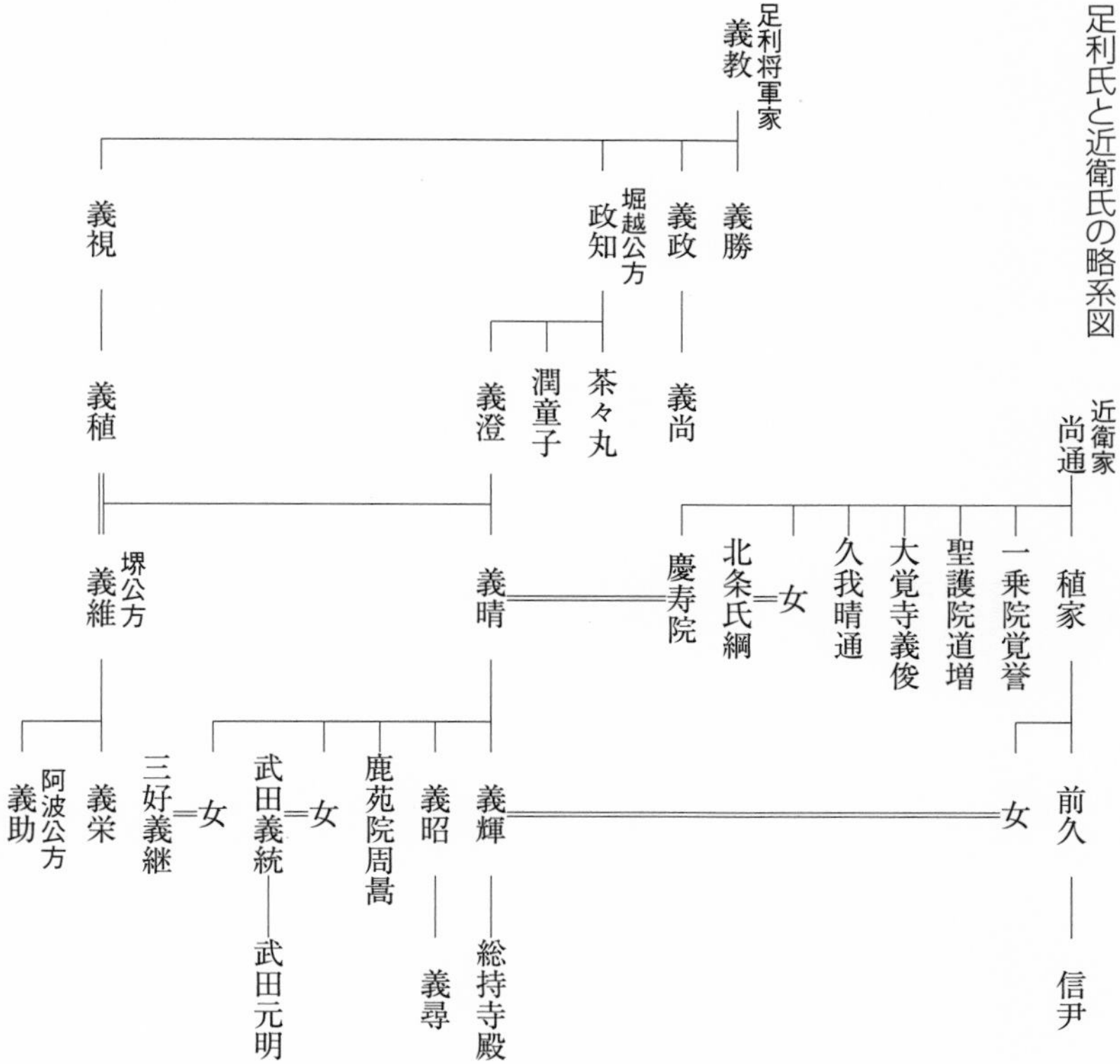

三好氏と遊佐氏の略系図

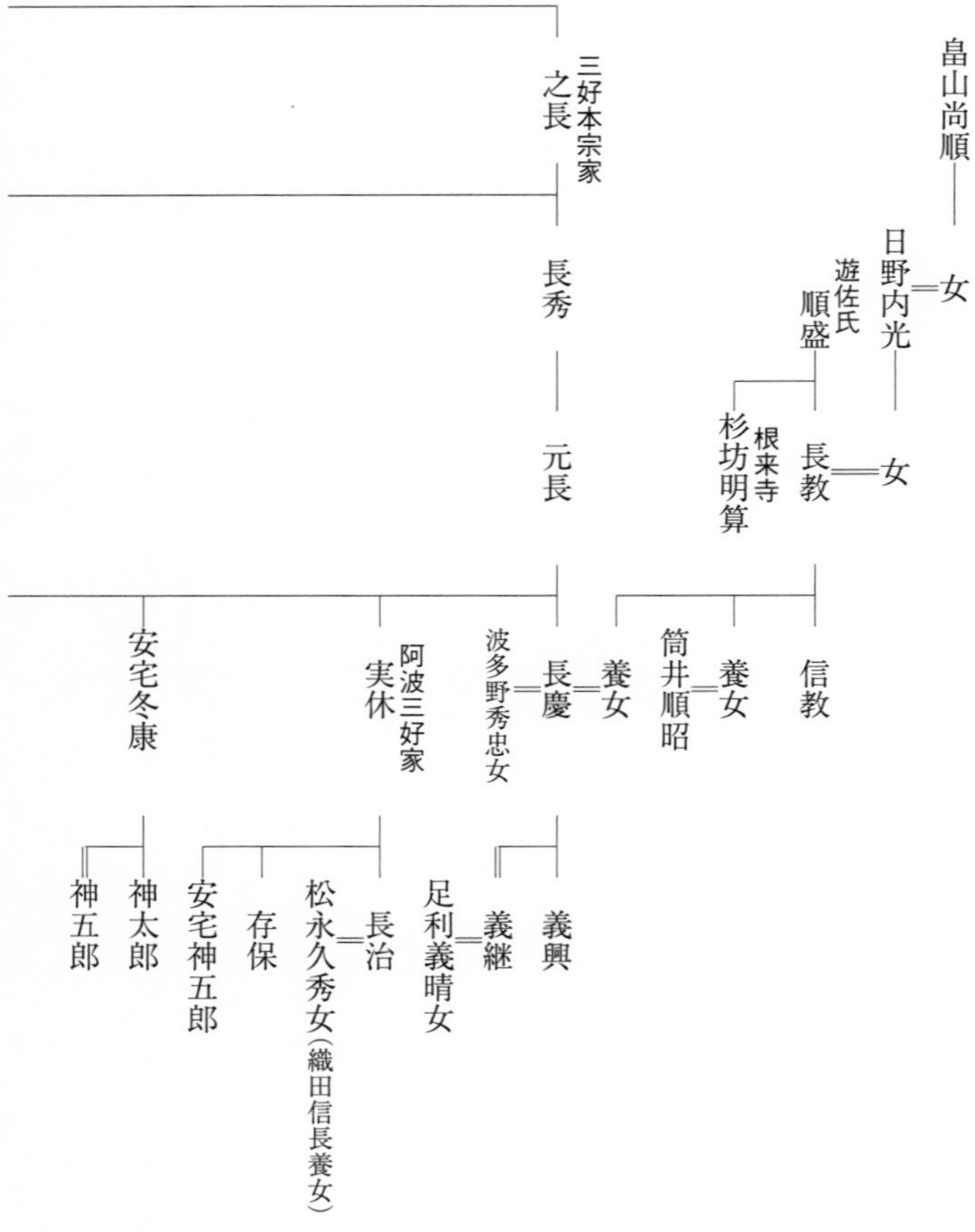

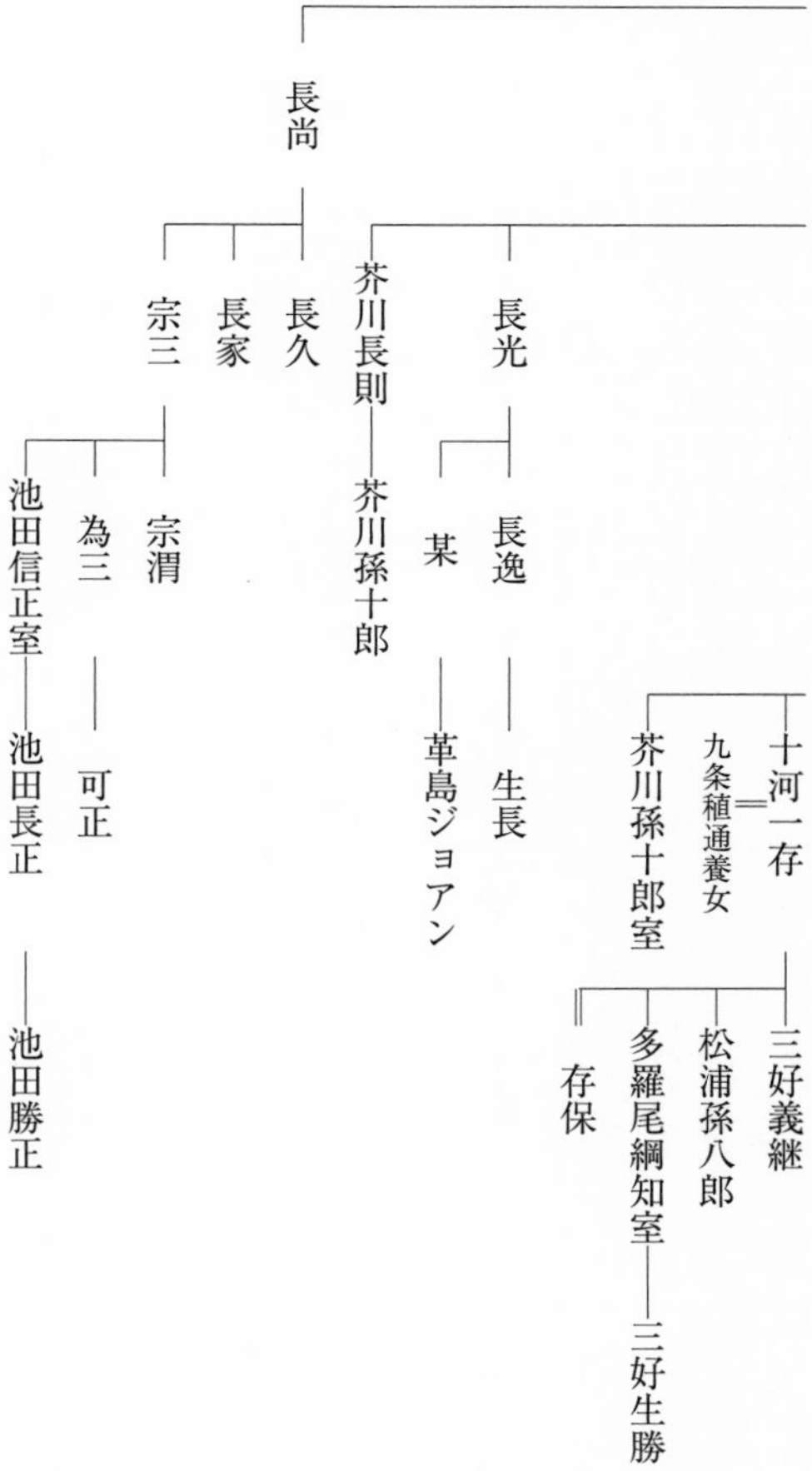

長尚
長光
長逸
生長
某
革島ジョアン
芥川長則
芥川孫十郎
長久
長家
宗三
宗渭
為三
可正
池田信正室
池田長正
池田勝正
十河一存
九条稙通養女
芥川孫十郎室
三好義継
松浦孫八郎
多羅尾綱知室
三好生勝
存保

略年表

年号	西暦	事項
永正四	一五〇七	六月、香西元長らが細川政元を討つ。細川澄元が近江に退去する。八月、細川高国が細川澄之を討ち、細川澄元が家督を継ぐ。
永正五	一五〇八	三月、細川高国と細川澄元が対立する。四月、足利義稙や大内義興が堺に渡海する。足利義澄が近江に退去する。七月、足利義稙が将軍に再任する。
永正六	一五〇九	六月、細川高国・大内義興が如意嶽で三好之長を破る。八月、北畠材親が伊勢で三好長秀を討つ。
永正七	一五一〇	二月、足利義澄が近江で細川高国を破る。八月、畿内で地震が起こり、寺社の倒壊が相つぐ。
永正八	一五一一	七月、細川澄元が阿波で挙兵する。八月、足利義澄が近江の岡山で死去する。細川高国が船岡山で細川澄元を破る。
永正九	一五一二	六月、洞松院が尼崎で細川高国と会談し赤松義村と和睦させる。
永正十	一五一三	三月、足利義稙が細川高国や大内義興と対立し甲賀に出奔する。五月、足利義稙が帰京する。
永正十一	一五一四	二月、六角氏綱が伊庭氏を攻める。
永正十二	一五一五	八月、赤松義村が式目を定め洞松院らの政治介入を禁じる。十月、畠山義元が死去する。
永正十三	一五一六	四月、足利義稙が大内義興に遣明船の永代管掌を許可する。
永正十四	一五一七	四月、足利義稙が畠山順光に大和平定を命じる。
永正十五	一五一八	四月、延暦寺の根本中堂が竣工する。八月、大内義興が堺を出発し周防に下る。
永正十六	一五一九	十一月、細川澄元が兵庫津に渡海する。

永正　十七	一五二〇	五月、細川高国が京都で三好之長を討つ。六月、細川澄元が死去する。
永正　十八（大永元）	一五二一	三月、足利義稙が淡路へ出奔する。七月、足利義晴が播磨より京都に迎えられる。九月、浦上村宗が赤松義村を討つ。十月、畠山尚順と畠山義英が和睦し足利義稙が堺へ渡海する。十二月、足利義晴が将軍に就任する。
大永　二	一五二二	八月、畠山尚順が死去する。
大永　三	一五二三	四月、足利義稙が撫養で死去する。寧波の乱が起こる。
大永　五	一五二五	四月、細川稙国が家督を継ぐ。九月、六角定頼が京極氏を追放し浅井亮政を降伏させる。十月、細川稙国が死去する。山城で地震が起こる。
大永　六	一五二六	四月、後柏原天皇が死去する。十月、波多野元清・柳本賢治が細川高国から離反する。
大永　七	一五二七	二月、三好宗三・柳本賢治らが桂川で細川高国・武田元光を破る。三月、足利義維・細川晴元・三好元長が堺に渡海する。七月、足利義維が左馬頭に就任する。八月、足利義晴が明に勘合を求める。十月、朝倉孝景が足利義晴の軍勢催促に応じ朝倉宗滴を京都へ派遣する。
大永　八（享禄元）	一五二八	五月、細川高国が失脚し京都を退去し近江に移る。七月、阿佐井野宗瑞が『医書大全』を刊行する。閏九月、柳本賢治が大和を平定する。
享禄　二	一五二九	七月、六角定頼が九里半街道の通商圏を保内証人に認める。
享禄　三	一五三〇	二月、柳本賢治が京都で勧進猿楽を催す。六月、柳本賢治が東条谷で討たれる。十二月、木沢長政が飯盛城より入京する。
享禄　四	一五三一	閏五月、加賀で大小一揆が起こる。六月、三好元長が天王寺・尼崎大物で細川高国・浦上村宗を討つ。八月、朝倉孝景が加賀の大小一揆に介入する。十月、武田元光が若狭の百姓の訴えにより徳政令を発布する。
享禄　五（天文元）	一五三二	六月、一向一揆が三好元長・畠山義堯を討つ。七月、一向一揆が奈良でも起こる。八月、法華一揆・六角定頼が山科本願寺を焼く。

年号	西暦	事項
天文　二	一五三三	二月、一向一揆が細川晴元を淡路に追い落とす。六月、細川晴元と本願寺証如が和睦する。十二月、法華一揆が京都七口の警固を行う。
天文　三	一五三四	六月、足利義晴が近衛尚通の娘慶寿院を室に迎える。八月、浅井亮政が京極高清・高広父子を小谷城で饗応する。
天文　四	一五三五	二月、美濃で洪水が起こり、守護所が大桑に移る。十一月、本願寺証如が細川晴元と和睦する。
天文　五	一五三六	正月、木沢長政が本願寺証如より大和守護と認められる。二月、法華宗と延暦寺が宗論におよぶ。六月、木沢長政が信貴山城を築く。七月、延暦寺・六角定頼が法華一揆を破って京都を焼く。十二月、足利義晴が上洛する。
天文　六	一五三七	八月、六角定頼が守護に任じられる。
天文　七	一五三八	七月、細川晴元が大坂本願寺の諸公事を免除する。
天文　八	一五三九	七月、三好長慶が越水城に入城する。八月、近畿で洪水が起こる。
天文　九	一五四〇	二月、細川氏綱が挙兵する。
天文　十	一五四一	十月、木沢長政が挙兵し京都に迫る。十一月、大内義隆が足利義晴に訴え細川晴元の遣明船を差し止める。
天文　十一	一五四二	二月、生野銀山が銀を産出する。三月、遊佐長教が太平寺で木沢長政を討つ。十一月、後奈良天皇が法華宗の還京を認める。
天文　十二	一五四三	七月、細川氏綱が和泉で挙兵する。
天文　十三	一五四四	七月、近畿で洪水が起こる。
天文　十四	一五四五	五月、畠山稙長が死去する。細川晴元が宇治で細川氏綱を破る。
天文　十五	一五四六	八月、細川氏綱・遊佐長教が挙兵し細川晴元・三好長慶を破る。十月、幕府が分一徳政令を

		発布する。十二月、足利義輝が坂本で将軍に就任する。
天文 十六	一五四七	七月、細川晴元・三好長慶・畠山在氏が舎利寺で細川氏綱・遊佐長教を破る。十月、細川晴元が細川国慶を討つ。十一月、足利義維が堺に渡海する。
天文 十七	一五四八	八月、三好長慶が細川晴元から離反する。
天文 十八	一五四九	六月、三好長慶・遊佐長教が江口で細川晴元・三好宗三を破る。
天文 十九	一五五〇	二月、足利義晴が鉄炮に対する備えを施した中尾城を築く。五月、足利義晴が穴太で死去する。七月、清原宣賢が一乗谷で死去する。年末頃、斎藤道三が土岐頼芸を追放する。
天文 二十	一五五一	正月、ザビエルが上洛する。伊勢貞孝が三好長慶と結ぶ。三月、畠山義続が七人衆に七尾城を追われる。五月、遊佐長教が死去する。
天文二十一	一五五二	正月、六角定頼が死去する。三好長慶と足利義輝が和睦する。二月、安見宗房が飯盛城で萱振賢継を討つ。
天文二十二	一五五三	二月、三好長慶・伊勢貞孝・細川藤賢が足利義輝に殿中の改革を求める。六月、三好実休が細川持隆を討つ。八月、三好長慶が足利義輝を京都より追放する。九月、三好宗渭・波多野元秀が丹波で松永久秀・内藤国貞を破る。上杉謙信が上洛する。
天文二十三	一五五四	四月、加賀で白山が噴火する。八月、本願寺証如が死去する。
天文二十四（弘治元）	一五五五	七月、松永久秀が永原重興に足利義輝を批判する書状を送る。
弘治 二	一五五六	四月、一色義龍が長良川で斎藤道三を討つ。七月、松永久秀が三好長慶を招き瀧山千句を催す。八月、後奈良天皇が三好長慶と松永久秀に禁裏の修理を命じる。
弘治 三	一五五七	九月、後奈良天皇が死去する。
弘治 四（永禄元）	一五五八	二月、大和国宇智郡で一揆が結ばれる。正親町天皇が足利義輝を無視して改元する。十一月、三好長慶と足利義輝が和睦する。
永禄 二	一五五九	二月、織田信長が上洛する。五月、上杉謙信が足利義輝に謁見する。十一月、足利義輝が大

年号	西暦	事項
永禄二	一五五九	友宗麟を九州探題に任じる。正親町天皇が楠正虎を勅免する。十二月、本願寺顕如が門跡となる。
永禄三	一五六〇	正月、足利義輝がキリスト教の布教を公認する。二月、三木良頼が姉小路氏を継ぐ。六月、内藤宗勝が丹後・若狭を攻める。八月、浅井長政が野良田で六角義賢を破る。九月、近衛前久が上杉謙信のもとに下向する。十月、三好長慶が畠山高政を破って河内・大和を平定する。十二月、伊賀の惣国一揆が掟書を定める。
永禄四	一五六一	正月、朝倉氏・武田氏が高浜の戦いで内藤宗勝・逸見昌経を破る。三月、三好長慶が足利義輝より桐御紋が免許される。五月、一色義龍が死去する。三好長慶が飯盛千句を催す。六月、京都と奈良で洪水が起こる。七月、畠山高政と六角義賢が三好長慶を挟撃する。
永禄五	一五六二	三月、畠山高政・根来寺が久米田で三好実休を討つ。五月、三好長慶が教興寺で畠山高政・根来寺を破る。八月、松永久秀が多聞山城の棟上を行う。九月、三好義興が伊勢貞孝を討つ。
永禄六	一五六三	三月、細川晴元が死去する。松永久秀が足利義輝の娘を人質にとる。八月、三好義興が死去する。十月、六角氏で観音寺騒動が起こる。十二月、細川氏綱が死去する。
永禄七	一五六四	三月、松永久秀が甲子改元を執奏する。六月、三好長慶がキリスト教の布教を公認する。七月、三好長慶が死去する。八月、京都の法華宗が永禄の規約を結ぶ。
永禄八	一五六五	五月、三好義継・松永久通が足利義輝を討つ。六月、畠山秋高が上杉謙信に足利義輝の弔い合戦を呼びかける。七月、正親町天皇が伴天連追放令を発布する。正親町天皇が三好義継と松永久通に禁裏の修理を命じる。足利義昭が奈良から甲賀へ逃れる。八月、荻野直正が丹波で内藤宗勝を討つ。十月、正親町天皇が三好氏に御小袖の唐櫃を下賜する。十一月、三好三人衆が松永久秀と対立する。
永禄九	一五六六	三月、甲賀の伴・山中・美濃部三方が起請文を作成する。八月、足利義昭が仁木長頼に松永

		久秀の救援を命じる。九月、足利義栄が渡海し越水城に入る。
永禄　十	一五六七	二月、三好義継が松永久秀と結ぶ。四月、六角氏式目が制定される。七月、朝倉義景が琉球渡海勘合について島津義久に返礼する。八月、織田信長が一色義紀を美濃より追放する。十月、松永久秀が三好三人衆と戦った際に東大寺大仏殿が延焼する。十二月、織田信長が山城や大和の国人に松永久秀の救援を命じる。
永禄　十一	一五六八	二月、足利義栄が富田で将軍に就任する。九月、足利義栄が死去する。十月、足利義昭と織田信長が芥川山城を攻略した後に上洛する。

著者略歴
一九七六年、兵庫県神戸市に生まれる
二〇〇七年、大阪市立大学大学院文学研究科後期博士課程修了
現　在、天理大学文学部准教授、博士（文学）

〔主要著書〕
『三好長慶』（ミネルヴァ書房、二〇一四年）
『増補版　戦国期三好政権の研究』（清文堂出版、二〇一五年）
『三好一族と織田信長』（戎光祥出版、二〇一六年）
『松永久秀と下剋上』（平凡社、二〇一八年）

列島の戦国史4
室町幕府分裂と畿内近国の胎動

二〇二〇年（令和二）八月十日　第一刷発行

著　者　天野《あまの》忠幸《ただゆき》
発行者　吉川道郎
発行所　株式会社　吉川弘文館
郵便番号一一三―〇〇三三
東京都文京区本郷七丁目二番八号
電話〇三―三八一三―九一五一〈代表〉
振替口座〇〇一〇〇―五―二四四
http://www.yoshikawa-k.co.jp/
印刷＝株式会社　三秀舎
製本＝誠製本株式会社
装幀＝河村　誠

ISBN978-4-642-06851-2

列島の戦国史

1 享徳の乱と戦国時代　久保健一郎著　＊

2 応仁・文明の乱と明応の政変　大薮　海著

3 大内氏の興亡と西日本社会　長谷川博史著　＊

4 室町幕府分裂と畿内近国の胎動　天野忠幸著　＊

5 東日本の動乱と戦国大名の発展　丸島和洋著

6 毛利領国の拡大と尼子・大友氏　池　享著

7 東日本の統合と織豊政権　竹井英文著

8 織田政権の登場と戦国社会　平井上総著

9 天下人の誕生と戦国の終焉　光成準治著

本体各2500円（税別）　毎月1冊ずつ配本予定　＊は既刊

吉川弘文館